中國學術思想 研究輯刊

三一編

林慶彰 主編

第17冊

北宋《論語》學研究
——從注疏之學到義理之學(上)

陳雅玲 著

花木蘭文化事業有限公司

國家圖書館出版品預行編目資料

北宋《論語》學研究——從注疏之學到義理之學（上）／陳
雅玲 著 -- 初版 -- 新北市：花木蘭文化事業有限公司，2020
〔民 109〕
目 2+170 面：19×26 公分
（中國學術思想研究輯刊 三一編：第 17 冊）
ISBN 978-986-518-007-2（精裝）
1. 論語 2. 研究考訂 3. 北宋
030.8   109000277

ISBN-978-986-518-007-2

9 789865 180072

中國學術思想研究輯刊
三一編　第十七冊　　　　　　　ISBN：978-986-518-007-2

北宋《論語》學研究
——從注疏之學到義理之學（上）

作　　　者　陳雅玲
主　　　編　林慶彰
總 編 輯　杜潔祥
副總編輯　楊嘉樂
編　　　輯　許郁翎、張雅淋　美術編輯　陳逸婷
出　　　版　花木蘭文化事業有限公司
發 行 人　高小娟
聯絡地址　235 新北市中和區中安街七二號十三樓
　　　　　　電話：02-2923-1455／傳真：02-2923-1452
網　　　址　http://www.huamulan.tw 信箱 hml810518@gmail.com
印　　　刷　普羅文化出版廣告事業
封面設計　劉開工作室
初　　　版　2020 年 3 月
全書字數　309457 字
定　　　價　三一編 25 冊（精裝）新台幣 50,000 元　　版權所有・請勿翻印

北宋《論語》學研究
——從注疏之學到義理之學（上）

陳雅玲　著

作者簡介

陳雅玲，女，臺北市人。國立臺灣師範大學國文學系畢業，國立臺灣師範大學國文研究所碩士，淡江大學中國文學學系博士。發表作品有《唐代妓女研究》、〈南宋遺民謝枋得詩文初探〉、〈錢穆先生的《左傳》學初探〉、〈試由《劉向歆父子年譜》論錢穆的疑古與考古〉、〈《左傳》的「叛」文化初探〉等。

提　要

　　本論文探討北宋時期《論語》學研究成果。將此一階段分三大派論述：注疏派、古文派及理學派。同時試圖建立一條從注疏之學發展到義理之學的脈絡，冀能清晰表述北宋時期的《論語》學發展面貌，有助於對此一階段學術實況的理解。

　　注疏派以探討邢昺《論語注疏》為主，首先將邢書與何晏《論語集解》、皇侃《論語集解義疏》並觀論列，以見其狀況。另又透過與唐寫本《論語鄭氏注》比照，可以很明白的呈現《論語注疏》的最大特點就是精於訓詁名物制度，詳賅豐富，此已臻《論語》注疏學的頂點，亦是保持著傳統儒者的守經精神。

　　在古文家的《論語》學中，本文探究了劉敞《論語小傳》、蘇軾《論語說》、蘇轍的《論語拾遺》。此三人在詮解《論語》時，都以古文家寫作的手法，多方引書為證，這種模式與注疏之學其實相差不大，是可視為注疏學之延續，但他們引書為證的目的並不在於解釋舊說，而是為自己立論，此又為義理說經的精神。可見古文家扮演了承上啓下的角色。

　　理學派的部分，依時間先後介紹胡瑗、孫復、周敦頤、張載、二程。胡瑗的《論語》學是實踐的學問。孫復引用《論語》之言，在《春秋尊王發微》中極力的闡發「尊王」與「尊聖」的觀點。周敦頤由誠談聖，極力抬升孔子的地位，同時也注意到顏回，為日後理學之範疇立下規模。張載與周敦頤的《論語》學有許多相同之處。到了二程，對於「仁」有更深的體會與創發。並在周、張的基礎上，進一步敬重與推闡顏回；另外弟子曾子、子夏，亦被二程稱譽。從整個理學派的情況來看，《論語》是成德成聖的依歸，《論語》學已從實際經術變成性理之學。

　　從邢昺的注疏之學到二程的義理之學，其中的異同、消長，構成了北宋《論語》學的面貌，顯示出《論語》學的重點偏移。同時這些探求的成就也正是朱熹《論語》學的基礎，四書學的基礎，甚至是日後理學的基礎。要了解儒學的復興，要了解理學數百年的發展脈絡，一定要先了解《論語》學的發展，而北宋《論語》學的重要性即在此。

目

次

第一章　緒　論

第一節　研究動機

　　《論語》之學大約從西漢開始，即所謂的齊、魯、古三《論》。後來，《論語》學作爲經學的一個分枝，其內容包括對《論語》名稱的由來及含義的研究，對《論語》的編纂者、結集年代、文本變遷、篇章結構、海內外注本的研究，以及《論語》名物考釋、文字訓詁、篇章眞僞、學派風氣和《論語》學發展階段的研究等，涉及哲學史、經學史、倫理史、教育史、文化史、中外文化交流史、歷史學、文字學、版本學、校讎學等多門學科。〔註1〕這當然不是在同一個時代就全部產生的，是經過長時期的演化而來，而本文的著眼點則在北宋。

　　北宋的《論語》學有何價值？爲何值得注意？首先是相關研究作品數量龐大，從《宋史・藝文志》、《四庫全書總目》、《續修四庫全書總目提要》、朱彝尊《經義考》等史志書目，所錄宋人有關《論語》著述甚夥，〔註2〕遠多於漢代、魏晉南北朝、隋唐五代時期。而再經筆者整理統計，其中北宋作品即達一百二十五部。〔註3〕從這麼多的研究數量，就可以知道宋代是《論語》學

〔註1〕張岱年主編：《孔子大辭典》（上海：上海辭書出版社，1993年），頁318。
〔註2〕據今人王鵬凱《歷代論語著述綜錄》所計，共有二百八十五種。王鵬凱：《歷代論語著述綜錄》（新北市：花木蘭文化工作坊，2005年），頁39～55。
〔註3〕有關北宋《論語》著作，詳見附表二。

發展的高峰，這是一個相當值得注意的現象。相對於當時著作的豐富，今人的相關研究卻不多，有關北宋的部分更少，〔註4〕所以顯示此一課題實有進一步探究的必要與價值。

其次，北宋是理學興起的時代，有人認為理學就是四書學，這恐怕是受到後來朱熹學大盛的影響而發的。朱熹是南宋時代的人，北宋四書學是否如朱熹時一般盛呢？恐怕大有問題。四書學的盛行，從北宋到朱熹學大行，應該都還是在發展的階段，因此，要把理學就當作四書學是稍嫌粗糙的。但是，若把四書學當作理學的基礎，筆者是完全贊同的。同樣的道理，筆者也認為宋代四書學的基礎就是《論語》學。北宋學者在推行儒學復興運動時，就對《論語》學產生自覺與不自覺的新發展，這發展後來影響到其他儒學經典的發揮，更簡單的說：「《論語》學的形成，是來自於理解《論語》的不同層次，包括對孔子思想的理解、對《論語》編纂者的理解，與對歷代《論語》注疏家思想的理解。」〔註5〕這些不同層次的理解，使得理學由《論語》學帶動發展，再發展成四書學，最後帶動整體儒家經典的新發展，才形成完整的理學史。因此，北宋《論語》學可以說是中國理學史發展的重要樞紐。

再者，北宋理學家的儒學復興運動，也與當時的文學運動有密切關係。古文運動的重鎮——蜀學，後來雖然與理學家的洛學勢同水火，可是站在道統上卻無多大分歧，這是因為從歐陽修與宋初三先生以來都是認同文以載道、都是推崇孔子的，所以蜀學與洛學就算所見有異同，對於《論語》的重視卻無不同。這也引起吾人想一探二者在此一共同點上之實際內容的興趣。同時經書的注疏之學，在宋初依舊是基本的研讀傳統，今日的十三經注疏本採邢昺的《論語注疏》，可見其影響力不容小覷。雖說宋學以義理為盛，但邢昺的《論語注疏》也是宋代《論語》學的另一風貌，必須注意，才能獲得整個發展較完整的形貌。朱熹的《論語集註》，雖是理學的教科書，但在註解的方式上，仍回歸到邢昺的傳統注解模式，不只純粹說義理而已，這應是《論語注疏》的深遠影響吧！

基於以上原因，筆者選擇此一研究課題，希望填補學術上的空白，對於中國學術研究略盡綿薄之力，敬祈各方前輩同好不吝指教。

〔註4〕詳見附表三。

〔註5〕宋志潤：〈從哲學詮釋學的角度看理解《論語》的三種層次〉，《哈爾濱學院學報》第23卷第5期（2002年5月），頁37。

第二節　文獻探討及研究方法

一、相關文獻探討

上一節已言北宋的《論語》專著極其豐富，然未見、亡佚者甚多，今日能見僅有：邢昺《論語注疏》二十卷、蘇軾《論語解》、蘇轍《論語拾遺》一卷、陳祥道《論語全解》十卷、程頤《論語說》一卷、游酢《論語雜解》一卷、程俱《論語進講》一卷、張九成《論語絕句》一卷、王之望《論語講義》、王十朋《論語解》。

宋太宗致道二年（996）李至建議朝廷整理七經疏義，〔註6〕邢昺《論語注疏》即是以皇侃的《論語集解義疏》爲藍本，加以刪修，之後頒布天下。此書屬官方教科書性質，內容所重在訓詁名物制度，注疏之學是其特色，茲待下章論述。蘇軾《論語解》久未見，幸賴今人輯佚，方能稍知其部分，其中非孟、重人情、經史並重的精神，能呈現獨特的蜀學特色。蘇轍《論語拾遺》一卷，共有二十七則，據其序所記，乃爲孫講解《論語》之心得，其中對於仁、學、道、三駁蘇軾等有所論列，資料雖不多，但已能略窺蘇轍的《論語》學。蘇氏二人之說，將於本論文的「古文派」論述。陳祥道《論語全解》十卷，是除了《論語注疏》外，所留下最完整豐富的作品。陳祥道師事王安石，王安石與子王雱有關《論語》的著作皆已佚，所以《論語全解》可說是荊公新學的代表。據晁公武《郡齋讀書志》言，此書亦爲當時科考的參考書，頗爲士子所重。〔註7〕陳祥道原擅長禮學，故常以禮釋《論語》；又王學本不避道家之說，是以全書中，時可見引老、莊、楊朱、列子等，在義理上兼容儒、道二家，但也使《論語》歧出儒學之外。程頤《論語說》一卷，原屬《河南程氏經說》卷第六，只記〈學而〉至〈子罕〉，以雜論方式呈現，並非專著之書，從中可見伊川義理說經的特色，然雖以義理爲主，仍有不廢注疏處，應是其早期作品。游酢是二程的四大弟子之一，《論語雜解》今收入《游廌山集》，所論基本上本於程子，屬理學派風格。程俱《論語進講》共四講，收入其《北山小集》中，此文是關於《論語·雍也》的講義。其釋經不涉及字義的考據，而重義理的闡釋。〔註8〕張九成《論語絕句》一卷，以七言詩寫成。其中有對《論語》的讚譽，也有對

〔註6〕〔元〕脫脫等：《宋史》，卷266，頁16。
〔註7〕〔宋〕晁公武：《郡齋讀書志》，卷4，頁84。
〔註8〕楊豔燕：〈《經義考·論語》補遺〉，《中國文哲研究通訊》第18卷第3期（2008年9月），頁119。

孔子提出質疑的。因多與學佛者交往，亦好佛說，在說釋《論語》時不免透顯出一些佛學思想，可謂援佛入儒。〔註9〕王之望《論語講義》，收入其《漢濱集》卷三，在「發題」中強調《論語》與「六經」的密切關係；正文就「為政以德」、「道之以德」等九個章節，闡發自己見解。同時亦會引用《尚書》、《孟子》、《荀子》等先秦作品與《論語》互解。〔註10〕王十朋《論語解》收入《梅溪先生文集》後集卷二十七，內容僅限於〈學而〉、〈為政〉二篇，且只從中選取〈學而時習之〉、〈有子曰其為人也孝弟〉、〈為政以德〉三章進行解說，釋經時既重義理的發揮，又兼及文字的解釋。〔註11〕

就整個《論語》學史的研究，相關的學位論文不少，如：田春來《漢代《論語》的流傳與演變》、蔣煥芹《《論語》及其在漢代的流傳》、唐明貴《《論語》學的形成、發展與中衰——漢魏六朝隋唐《論語》研究》、柯金木《魏晉論語學考述》、江淑君《魏晉論語學之玄學化研究》、閆春新《魏晉論語學研究》、宋鋼《六朝論語學研究》、汪楠《魏晉論語學述論》、王家泠《從玄學到理學——魏晉、唐宋之間《論語》詮釋史研究》、蔣鴻青《傳承與新變——漢代至北宋《論語》學史考論》、廖雲仙《元代論語學研究》、張清泉《清代論語學》、朱華忠《清代《論語》簡論》、柳宏《清代《論語》詮釋史論》、劉斌《民國論語學研究》等等。其中與北宋有關的只有一本——《傳承與新變——漢代至北宋《論語》學史考論》，該書分論西漢、東漢、魏晉、東晉、南朝、隋唐、北宋，其中第八章的標題為「北宋：從漢學到宋學」，第一節為「邢昺：推動漢學與宋學的轉型」，第二節為「程頤：精義為本　默識心通」，只討論邢昺和程頤二人，認為邢昺仍是漢學系統之作，程頤特點是以「理」解「仁」，以「禮」治國，揚棄章句之學。但論述篇幅不多，實有待再深入。

其餘《論語》學史專著，如最早的皮錫瑞《經學歷史》，置宋代於〈經學變古時代〉，但未談到《論語》，只在疑經改經部分，提到：「朱子注《論語》，不刪重出之章。」〔註12〕傅武光《四書學考》卷三，分「三、魏晉至宋初（慶

〔註9〕　楊豔燕：〈《經義考·論語》補遺〉，《中國文哲研究通訊》第18卷第3期（2008年9月），頁120～121。

〔註10〕　楊豔燕：〈《經義考·論語》補遺〉，《中國文哲研究通訊》第18卷第3期（2008年9月），頁121～122。

〔註11〕　楊豔燕：〈《經義考·論語》補遺〉，《中國文哲研究通訊》第18卷第3期（2008年9月），頁122～123。

〔註12〕　〔清〕皮錫瑞：《經學歷史》（新北市：漢京文化事業有限公司，1983年），頁264。

曆以前）論語學流別」及「四、宋元明論語學流別」，將宋代《論語》學分作二個階段，就不同派別羅列著錄書目，以供研究參考，並未對北宋《論語》學內涵有所探討。〔註13〕日本學者松川健二所編《論語思想史》，共分四部，第一部爲漢魏、六朝、唐之部，第二部爲宋元之部，第三部爲明清之部，第四部則朝鮮、日本之部。其中，第二部宋元之部由五位學者分論此時期七篇《論語》作品，包括：第一章〈張載「橫渠論語說」──「虛」和生死觀〉、第二章〈程顥、程頤《二程遺書》和《論語》──道學的確立〉、第三章〈謝良佐「謝顯道論語解」──仁說的一展開〉、第四章〈陳祥道《論語全解》──主體的釋義〉、第五章〈張九成《論語百篇詩》──充滿禪味的思想詩〉、第六章〈朱熹《論語集注》──理學的成熟〉、第七章〈陳天祥《論語辨疑》──元代的《集注》批判〉。但因隸屬不同作者的單篇論文，彼此間並無相關聯繫，不能呈顯演化的過程，唯對於個人的研究可參考。又因此書是經翻譯而成，不免有字句不順之瑕疵。〔註14〕唐明貴《論語學史》，從先秦時期一直論及清代，是較早頗完整的一部《論語》學史，其中的第五章即爲〈宋代的《論語》學〉，但並未分說北宋與南宋。討論範疇爲：《論語注疏》、《論語解》（二程），朱子、朱子後學，將劉敞《論語小傳》、陳祥道《論語全解》稱爲「理學以外的《論語》學著作」，可見作者是以理學觀點分判作品。〔註15〕一般的研究多以整個宋代而言，吳國武《經術與性理──北宋儒學轉型考論》，是少數只就北宋時期考察儒學的變化發展，其第四章第四節第二項談到──「傳道立言」：北宋論語學與理學。認爲《論語》學是理學思想的重要來源，而北宋《論語》學思想最大的特點是發展「仁學」，其次就是提倡聖賢氣象。北宋諸儒從《論語》中尋找聖人之道、聖人之行，理學的形成使得北宋《論語》學從訓詁之學轉入義理之學。雖然所論篇幅甚少，但言簡意賅，頗具參考價值。〔註16〕戴維《論語研究史》是目前筆者所能見最齊備的作品，其將北宋《論語》研究與南宋分開，是一個新視野的展開。在北宋部分提到了諸多學者與《論語》著述，有一鳥瞰式的大輪廓呈現，可收介紹

〔註13〕傅武光：《四書學考》（出版地不詳，1974 年），頁 60～75。

〔註14〕〔日〕松川建二編，林慶彰、金培懿、陳靜慧、楊菁合譯：《論語思想史》（臺北市：萬卷樓圖書股份有限公司，2006 年），頁 175～355。

〔註15〕唐明貴：《論語學史》（北京市：中國社會科學出版社，2009 年），頁 268～327。

〔註16〕吳國武：《經術與性理──北宋儒學轉型考論》（北京市：學苑出版社，2009年），頁 186～189。

之功。〔註17〕

　　關於宋代《論語》學的研究狀況，由附表三可知，從 1967 年迄今，〔註18〕這將近半世紀的時間，包括臺灣與中國，只見二十四部博碩士論文，實為不多。又其中十三部與南宋朱熹及其《論語集註》有關，數量已超過全部二分之一。有關北宋《論語》學的作品僅有八本：《論語邢昺疏研究》、《皇侃《論語義疏》與邢昺《論語正義》解經思想比較研究》、《謝良佐《論語說》思想研究》、《楊時《論語解》研究》、《范祖禹《論語說》研究》、《《論語注疏》校議》、《張載《論語》學研究》、《傳承與新變──漢代至北宋《論語》學史考論》，前七部皆為碩士學位論文，其中六本是以個人著作為對象，一本針對皇侃與邢昺做比較，但這樣的個人研究，對於整個時代《論語》學的演化較無法一窺全貌。

　　有關邢昺《論語》學研究，筆者目前所見並不多，學位論文部分，蔡娟穎的《論語邢昺疏研究》是最早出現的，主要介紹邢疏中的「道」、「天」、「命」、「性」等觀念，及其對理學的影響。作者自己表明研究重點在儒家義理，不在名物制度，卻又說：「北宋初始，《論語》注本以邢疏為主而宗漢學，殆及伊洛之學出，為《論語》之學者乃由章句字義之考釋，進而轉取乎成人成德之教義，變訓詁釋義之功，求為生活日用之道，修為內聖外王之功矣。宜乎《四庫全書總目》謂其『漢學、宋學，茲其轉關也。』」〔註19〕既將邢疏定位於漢學系統，卻不講其名物制度，則對此書不能有真正的理解。又在第三章介紹周敦頤、張載、程顥的思想，但就所敘內容，似乎與邢疏無甚大關係，有離題之嫌；亦令人懷疑這三位理學家是否真受了邢疏影響。又因邢疏是在皇侃之《義疏》上完成，故將邢昺疏與皇侃之《義疏》加以對照，是常見的比較研究，從中以見其因襲或出新，如早期的胡健財：〈論語邢昺正義評述〉一文；〔註20〕而王家泠《皇侃《論語義疏》與邢昺《論語正義》解經思想比較研究》碩士論文，就對此二書裡有關《論語》的「人性觀」、「性」與「情」、「道」與「理」、以及「聖人之教」等主題概念的解釋，加以比較。此和上述《論語邢昺疏研究》一樣，完全從義理角度去看待邢疏。但除了從思想層面去比照，筆者以為邢疏與皇侃一書

〔註17〕　戴維：《論語研究史》（長沙市：嶽麓書社，2011 年），頁 210～253。
〔註18〕　中國的博碩士論文從 1999 年迄今。以下介紹不注出版項，請參考附表三。
〔註19〕　蔡娟穎：《論語邢昺疏研究》（國立臺灣師範大學國文研究所碩士論文，1990 年），頁 29。
〔註20〕　胡健財：〈論語邢昺正義評述〉，《孔孟月刊》第 27 卷第 2 期，1988 年 10 月。

體例與內容的相關性，亦應有所交代，才爲完整。李紹戶〈唐論語注本及邢昺
疏〉、〔註21〕柯金木〈邢昺「論語正義」論略〉，〔註22〕就邢昺疏文歸納出其特
色；再加上胡健財〈論語邢昺正義評述〉，〔註23〕這三篇論文年代都相當早，之
後少見邢疏相關研究，反映早期臺灣研究《論語注疏》的狀況。姜勝〈《論語注
疏》邢疏校讀晬語〉，〔註24〕是作者將阮刻本《論語注疏》與日本宮內廳書陵部
所藏南宋蜀大字本《論語注疏》勘對，辨異同、考得失後的心得，共計十七處。
馮榮珍〈對《論語注疏》幾處的不同看法〉，〔註25〕是針對邢疏與何晏注比較後，
所提出的十二則看法。唐明貴〈邢昺《論語注疏》的注釋特色〉〔註26〕基本上
與其《論語學史》中所述差不多，可說是抽出之單行文。另外張友群〈從《論
語注疏》看《論語》文獻編撰的系統性〉〔註27〕與楊新勛〈論邢昺《論語注疏》
解題對皇侃《論語義疏》解題的繼承、調整與創新〉，〔註28〕注意到邢昺對皇侃
解題的改善，並認爲經由邢昺調整後，能呈顯出《論語》篇次安排是有意義的，
同時展現《論語》全書是結構完備的。

　　有關古文家劉敞、蘇軾、蘇轍的學位論文，都沒有出現就其《論語》學
專門探討者。劉敞的研究甚少，馮曉庭《宋人劉敞的經學述論》將劉敞的經
學專著區分爲二大部分，一是《春秋》類作品，一是「經解類」的《七經小
傳》；於《七經小傳》方面，以各經「〈小傳〉」爲討論單元，其中第七章爲〈《七
經小傳》對於《論語》的詮說〉。作者分三項：「駁正舊解、另立新說」、「尋
求深層解說及經書義理」、「討論與仁有關的問題」來說明，欲藉此表現劉敞
對於經典的自身觀點，以及對於「漢、唐注疏之學」的批判與反駁。〔註29〕
然筆者認爲除了分析經說的內容與性質，《論語小傳》的解經方式，與蘇軾、
蘇轍的古文手法，頗有相通處，這是論文未嘗觸及的，故筆者願於此有所補

〔註21〕李紹戶：〈唐論語注本及邢昺疏〉，《建設》第 23 卷第 8 期，1975 年 1 月。

〔註22〕柯金木：〈邢昺「論語正義」論略〉，《中華學苑》第 50 期，1997 年 7 月。

〔註23〕胡健財：〈論語邢昺正義評述〉，《孔孟月刊》第 27 卷第 2 期，1988 年 10 月。

〔註24〕姜勝：〈《論語注疏》邢疏校讀晬語〉，《山東教育學院學報》2009 年第 6 期。

〔註25〕馮榮珍：〈對《論語注疏》幾處的不同看法〉，《語文學刊》2006 年第 18 期。

〔註26〕唐明貴：〈邢昺《論語注疏》的注釋特色〉，《儒家典籍與思想研究》2009 年。

〔註27〕張友群：《從《論語注疏》看《論語》文獻編撰的系統性》，《畢節學院學報》
　　　　2007 年第 3 期。

〔註28〕楊新勛：〈論邢昺《論語注疏》解題對皇侃《論語義疏》解題的繼承、調整與
　　　　創新〉，《儒家典籍與思想研究》2012 年。

〔註29〕馮曉庭：《宋人劉敞的經學述論》（東吳大學中國文學研究所博士論文，1999
　　　　年）。

充討論。學界對蘇軾、蘇轍的關注，仍在其文學藝術的成就，思想部分研究較少。尤其蘇軾之《論語說》久佚未見，無從窺其學說。幸賴馬德富〈蘇軾《論語說》鉤沉〉、〔註30〕卿三祥〈蘇軾《論語說》鉤沉〉、〔註31〕舒大剛〈蘇軾《論語說》輯補〉〔註32〕的發表，使《論語說》得以重見天日，雖不完整，已屬不易，而所有的輯出資料全收於曾棗莊、舒大剛合編的《三蘇全書》中。舒大剛〈蘇軾《論語說》流傳存佚考〉〔註33〕簡要說明《論語說》的成書、流傳、影響、散亡、輯佚，有助於對此書的了解。之後，谷建〈蘇軾《論語說》輯佚補正〉〔註34〕一文，在前人的基礎上，予以糾謬補充，冀能更完善文本。楊勝寬〈蘇軾《論語說》三題〉，〔註35〕開始對《論語說》的思想加以考察，包括：「思無邪」、「性的善惡」、「與蘇轍《論語拾遺》關係」等三部分。至於蘇轍《論語拾遺》，吳武雄〈〈蘇轍論語拾遺〉探討〉、〔註36〕陳昇輝〈蘇轍《論語拾遺》試探〉、〔註37〕唐明貴〈蘇轍《論語拾遺》的詮釋特色〉，〔註38〕都有不同角度的研究心得，值得參閱。

　　研究胡瑗、孫復、周敦頤、張載、二程等人的學位論文，數量頗多，然唯有邱忠堂《張載《論語》學研究》是針對其《論語》學而作者。此文認為天、性、學是張載《論語》學三個重要概念，在張載哲學中，天便是太虛，屬於本體論層面；性即天地之性和氣質之性，是人性論層面；學即學至聖人的修養論層面，三者統而為一，一起支撐起張載解讀《論語》的一貫系統。其他如《二程「四書」理學思想研究》，在題目上提及「四書」，應與《論語》學較有關，但作者僅在首章緒論和最後的結論，以極少的篇幅敘述「二程對《論

〔註30〕 馬德富：〈蘇軾《論語說》鉤沉〉，《四川大學學報（哲學社會科學版）》1992年第 4 期。

〔註31〕 卿三祥：〈蘇軾《論語說》鉤沉〉，《孔子研究》1989 年第 2 期。

〔註32〕 舒大剛：〈蘇軾《論語說》輯補〉，《四川大學學報（哲學社會科學版）》，2001年第 3 期。

〔註33〕 舒大剛：〈蘇軾《論語說》流傳存佚考〉，《西南民族學院學報‧哲學社會科學版》第 6 期，2001 年 6 月。

〔註34〕 谷建：《蘇軾《論語說》輯佚補正》，《孔子研究》2008 年第 3 期。

〔註35〕 楊勝寬：〈蘇軾《論語說》三題〉，《達縣師範高等專科學校學報（社會科學版）》第 15 卷第 6 期，2005 年 11 月。

〔註36〕 吳武雄：〈〈蘇轍論語拾遺〉探討〉，《中臺人文社會學報》第 1 卷第 15 期，2004年 2 月。

〔註37〕 陳昇輝：〈蘇轍《論語拾遺》試探〉，《問學集》第 12 期，2003 年 6 月。

〔註38〕 唐明貴：〈蘇轍《論語拾遺》的詮釋特色〉，《中國哲學史》2013 年第 1 期。

語〉、《孟子》的表彰」與「有關《論語》的繼承與發揮」，未能觸及二程《論語》學的實質內容，反似落入一種附帶性質的陳述。蔣鴻青、田漢雲〈精義爲本　默識心通——論程頤《論語解》的理學特色〉〔註39〕一文，從題目及內容看，當是從其論文《傳承與新變——漢代至北宋《論語》學史考論》中撮取而成，未有新義。黃勇〈程頤對《論語》8.9 及 17.3 的哲學解釋〉，〔註40〕乃討論程頤對「民可使由之，不可使知之」和「唯上智與下愚不移」的哲學解釋，以呈現其思想特色。姜海軍〈二程《論語》解釋學方法論〉，〔註41〕觀察到二程對《論語》的解說，不再是關注語言文字訓詁、經典的語意轉換，而是以讀者個人的心靈體察爲基本方法，以領悟作者的創作意圖爲宗旨，乃結合了孟子「以意逆志」、「不以辭害意」，與禪宗「心解」、「妙悟」的方式，可做參考。

　　此外游薏雙《謝良佐《論語說》思想研究》與張仕芳《楊時《論語解》研究》二論文，皆完成於 2008 年。《謝良佐《論語說》思想研究》討論了上蔡的「讀《論語》以識聖人心」的道德本體論、「一處理窮，觸處皆通」的工夫論、「勿忘勿助長」的道德境界論、「莊、老、釋氏之道，非無可觀」的思考。《楊時《論語解》研究》探討了楊時《論語解》中關於論人性、論仁、論學及其政治社會思想。謝良佐、楊時是二程的弟子，基本上他們是沿著程子所開展的路線前進。范祖禹約與二程同時或稍後，但如《范祖禹《論語說》研究》所言，其與二程雖非師弟子關係，亦受程子影響，至於會通《孟子》、《大學》與《中庸》，談性、誠、學、成聖之道、天理（善）人欲（惡）之辨……等等，不出於周、張、二程的系統。這些個人的研究，雖不在本文的論述範圍，亦可供參考。

　　由上所述，可知關於北宋的《論語》學，在前人的論說中尚未清楚呈現，甚或不足，仍有許多待開發的領域。

二、研究方法與困境

　　本文選定邢昺，劉敞、蘇軾、蘇轍，胡瑗、孫復、周敦頤、張載、二程爲一系列的探討對象，希望能夠從中勾勒出《論語》學在北宋的發展軌跡。

〔註39〕蔣鴻青、田漢雲：〈精義爲本　默識心通——論程頤《論語解》的理學特色〉，《南京師大學報》2011 年第 2 期。
〔註40〕黃勇：〈程頤對《論語》8.9 及 17.3 的哲學解釋〉，《原道》2008 年。
〔註41〕姜海軍：〈二程《論語》解釋學方法論〉，《洛陽師範學院學報》第 30 卷第 3 期，2011 年 3 月。

　　邢昺的《論語》學以注疏為主，但是邢昺之後，宋學進入義理之學的發展階段。筆者經過詳細比較邢昺疏與何注、皇侃疏之後，認為四庫館臣說他是「漢學」、「宋學」的過渡期，是可信的，也可見宋學的真正起步痕跡。另外，出土的唐寫本《論語鄭氏注》，為吾人提供了另一觀察面向，是以本文在第四章就針對邢昺疏與鄭玄注加以比較，以找出邢昺與鄭玄之間的異同，這或許更可以看出「漢學」、「宋學」的詳細差別所在，並由此顯出邢疏之特色。

　　劉敞與三蘇的《論語》學亦值得重視，劉敞的《七經小傳》言人所不敢言、疑人所不敢疑，大開宋學疑經、改經之風。他關於《論語》的著作不多，是以《論語小傳》彌足珍貴。與劉敞一樣的是蘇軾兄弟，他們的《論語》著作也留下不多，但是所表現的論述方式，與當時二程的語錄體很不一樣。二蘇所代表的是孫復式的古文家法，都大量利用史事融鑄成散文，成就一篇文情並茂的翻案文章，對於《論語》義理或是儒家思想都有一定的衝擊與影響。故筆者之所以將劉敞置於古文家的角度下考察，正是注意到其解經方式，頗有古文寫作的味道，與蘇軾、蘇轍兄弟非常相近。

　　胡瑗與孫復、石介是宋代理學的先聲，號稱「宋初三先生」，第六章將胡瑗、孫復、周敦頤、張載放在一起觀察。三先生的《論語》專著都已亡佚，所以只能從其他著作中慢慢堆砌他們《論語》學的模型。筆者發現，胡瑗對於《論語》的闡述，的確是與後來周、張、程、朱等理學正統一樣，較以純義理詮釋《論語》上的句子或事例，而不是用注疏體的方式。而孫復的功勞，在於將道統論加強，以便對抗所謂異端。比較偏重利用史學來發揚孔子思想，發揮道統的影響力，可以說《論語》學的理論發展基礎，在三先生時代就種下，所以周敦頤與張載是憑藉此一基礎更向前發展，以銜接到二程。周敦頤的《論語》著作已亡佚，其他著作中以《通書》有關《論語》的記錄最多，是以在談論其《論語》學時，就僅以此書為探討範圍。張載沒有《論語》的專著，但各種作品提及《論語》處卻相當多，筆者須經由其散見的各處說法，將之歸納，提鍊成為較有主題之系統。

　　《論語》學在北宋最終的發展就要算二程了。二程與胡瑗、周、張都接觸過，程頤死時，已到宋徽宗之時，所以更可看作是北宋與南宋《論語》學的傳接者。程頤的《論語》學當然比不上南宋朱熹，但是他所承接的北宋《論語》學的規模，卻已經與朱熹相近。朱熹可以說是在二程的規模上，再做精

微的工作，就像二程在之前的基礎上所做的一樣。二程的《論語》學、四書學，與其他經學之間的分別已經很困難，這是因為他們在儒學復興上，經過前人的推展，而有了更開闊的空間可以發展。他們把以《論語》為中心、以孔子思想為中心的儒學，向外劃出一圈又一圈的同心圓，使學者從其他經典可以直達孔子思想，從四書也可以直達孔子思想，甚至從生活周遭都可以直達孔子思想，這樣儒學與學者息息相通，更可以存在一般人的生活當中。如此，才可以對抗佛、道的深入民心，道統的恢復才可以見到效果。北宋《論語》學與四書學的價值，真正確立就在二程的後期。程頤有《論語說》，但只記到〈子罕篇〉，不夠完整；且因為二程的《論語》學本來就跟其他經典有高度聯結，所以也很難完全切割。本文試著專就其《論語》學而發，從中爬梳，算是一種新嘗試，但還是難免要與其他經典的詮釋，進行分析與參照的工作。

　　以上是本文研究與寫作的方式。不過，研究過程仍有許多不足之處，茲分述如下：

　　1. 由於篇幅與時間所限，不能夠全面檢視所有宋儒的作品，只能挑出可能影響較大者，與彼此聯貫性較強者來寫，故本文原擬「北宋《論語》學研究」，後來限於所選題材不夠全面，而改成如今的題目。

　　2. 限於個人學力不足，無法掌握外文著作，所以有關外國學者的《論語》學作品無法參考。在此國際漢學發達之時，實是一大遺憾。個人願意在此範圍再努力自修，以利將來填補這方面的不足之處。

　　3. 新學中有陳祥道的《論語全解》，因為分量龐大，又非語錄之作，在北宋《論語》學中是特出之作，它的特色有如南宋呂祖謙的《左氏博議》。〔註42〕前者以《論語》句義為題，發而為篇篇古文，前後完整；後者以《左傳》的事例為主，發而為篇篇古文。兩者都有理學基礎融入，所以都是當時準備科考的學子的寶典。但是本文限於篇幅與題目，無法將陳祥道的作品融入，只好等待日後完整研究北宋《論語》學時再行補入。

　　以上三點大約是筆者認為本文的最大缺憾所在，其他疏漏之處想必亦所在多有，希望各方前輩先生不吝指教。

〔註42〕〔清〕永瑢等：《四庫全書總目》：「蓋此本每題之下附載左氏傳文，中間徵引典故，亦略注釋。」（臺北市：臺灣商務印書館，2009 年《景印文淵閣四庫全書》）卷 27，頁 1。

第三節　北宋《論語》學發展背景

　　北宋有關《論語》的著作極豐富，已於前述。以下分四點探討北宋《論語》學發展之背景。

一、右文政策

　　西元九六○年，後周殿前都典檢趙匡胤發動陳橋兵變，黃袍加身，即位稱帝，建立了北宋，結束了晚唐五代的紛亂。這一以「叛變」而建立的王朝，首先要面對的是如何穩固其統治的地位。據李燾所記，趙匡胤曾問趙普：「天下自唐季以來，數十年間，帝王凡易八姓，戰鬥不息，生民塗地，故何也？吾欲息天下之兵，爲國家長久計，其道何如？」趙普回答：「此非他故，方鎮太重，君弱臣強而已。今所以治之，亦無他奇巧，惟稍奪其權，制其錢穀，收其精兵，則天下自安矣。」〔註43〕有鑑於前代武人跋扈，地方割據之教訓，所以宋初的立國政策是中央集權，同時確立抑武右文的崇儒政策。

　　宋太祖即位親自書寫〈先聖亞聖贊〉，且「三幸國子監，謁文宣王廟」。〔註44〕增修國子監，畫七十二賢人和二十一人像於板壁上。〔註45〕建隆二年（961）下詔貢舉人到國子監參拜孔子，並成爲定例。次年再下令用一品禮祀孔廟。〔註46〕他本身雖出身行伍，但已漸能明白文士的功用，曾說：「宰相須用讀書人。」〔註47〕並勸人讀書。〔註48〕

　　繼位的宋太宗也體認到「王者雖以武功克定，終須用文德致治」。〔註49〕故「當天下無事，留意藝文」，〔註50〕「以文化成天下」。〔註51〕「命河南府

〔註43〕〔宋〕李燾：《續資治通鑑長編》（臺北市：臺灣商務印書館，2009年《景印文淵閣四庫全書》），卷2，頁15。

〔註44〕〔元〕脫脫等：《宋史》，卷105，頁1。

〔註45〕〔元〕馬端臨：《文獻通考》（臺北市：臺灣商務印書館，2009年《景印文淵閣四庫全書》），卷42，頁1。

〔註46〕〔元〕脫脫等：《宋史》，卷105，頁5。

〔註47〕〔宋〕李燾：《續資治通鑑長編》，卷7，頁8。

〔註48〕如趙普「少習吏事，寡學術，及爲相，太祖常勸以讀書」。後果熟讀《論語》以爲資治，有「半部《論語》治天下」之言。見〔元〕脫脫等：《宋史》，卷256，頁12。

〔註49〕〔宋〕李燾：《續資治通鑑長編》，卷23，頁21。

〔註50〕〔宋〕葉夢得：《石林燕語》（臺北市：臺灣商務印書館，2009年《景印文淵閣四庫全書》），卷8，頁7。

〔註51〕〔宋〕趙與時：《賓退錄》（臺北市：臺灣商務印書館，2009年《景印文淵閣四庫全書》），卷9，頁13。

建國子監文宣王廟，置官講說及賜《九經》書。」〔註52〕召見孔子後人孔宜，「擢右贊善大夫，襲封文宣公」。〔註53〕下詔重修曲阜孔廟〔註54〕等等。眞宗登基之初，即下令尋訪孔子嫡孫，又親至曲阜拜謁孔廟，追尊孔子爲玄聖文宣王。〔註55〕詔：「南宮北宅大將軍以下，各勤講肄，諸子十歲以上，并受經學書，勿令廢惰。」〔註56〕端拱年間詔令國子監雕版《五經正義》，並先派學者予以校勘。咸平二年詔命邢昺等完成九經疏義，書成廣爲摹印頒行。〔註57〕

眞宗也親自寫〈崇儒術論〉，並於國子監勒石，〔註58〕評述讚賞儒家思想對國家社會的貢獻。個人亦好讀書，「聽政之暇，唯務觀書」。〔註59〕注重經筵講讀，如請「(邢)昺在東宮及內廷，侍上講《孝經》、《禮記》、《論語》、《書》、《易》、《詩》、《左氏傳》」。〔註60〕被大臣稱作：「每奉清問，語及儒教，未嘗不以六經爲首，邇來文風丕變，實由陛下化之。」〔註61〕可見雅好儒術。

直到仁宗，還接受祖無擇的建議，將孔子後裔的「文宣公」稱號，改封爲「衍聖公」。〔註62〕范仲淹、歐陽脩倡議設學校，程顥、呂大臨亦在治下興學，教授儒學。總之，如尹洙所言：「宋興八十載，天下久承平。天子端拱率

〔註52〕〔元〕脫脫等：《宋史》，卷105，頁1。
〔註53〕〔宋〕李燾：《續資治通鑑長編》，卷19，頁19。
〔註54〕〔元〕脫脫等：《宋史》，卷105，頁1。
〔註55〕〔元〕脫脫等：《宋史》：「內外設黃麾仗，孔氏宗屬並陪位，帝服靴袍，行酌獻禮。又幸叔梁紇堂，命官分奠七十二弟子、先儒洎叔梁紇、顏氏。初有司定儀肅揖，帝特展拜，以表嚴師崇儒之意，親製贊，刻石廟中。復幸孔林，以樹擁隘，降輿乘馬，至文宣王墓設奠再拜。詔追諡曰玄聖文宣王，祝文進署，祭以太牢，修飾祠宇，給便近十戶奉塋廟。」卷105，頁2。
〔註56〕〔元〕脫脫等：《宋史》，卷7，頁29。
〔註57〕〔元〕脫脫等：《宋史》記李上書要求「惟二傳、二禮、《孝經》、《論語》、《爾雅》七經疏未備，……望令重加校讎，以備刊刻。」卷266，頁16。及〔宋〕王應麟：《玉海》（臺北市：臺灣商務印書館，2009年《景印文淵閣四庫全書》），卷43，頁20。
〔註58〕內容云：「儒術汙隆，其應實大，國家崇替，何莫由斯。故秦衰則經籍道息，漢盛則學校興行。其後命歷迭改，而風教一揆。有唐文物最盛，朱梁而下，王風寖微。太祖、太宗丕變弊俗，崇尚斯文。朕獲紹先業，謹導聖訓，禮樂交舉，儒術化成，實二后垂裕之所致也。」見〔元〕脫脫等：《宋史》，卷287，頁28。
〔註59〕〔宋〕曾慥：《類說》（臺北市：臺灣商務印書館，2009年《景印文淵閣四庫全書》），卷4，頁26。
〔註60〕〔元〕脫脫等：《宋史》，卷431，頁10。
〔註61〕〔宋〕李燾：《續資治通鑑長編》，卷65，頁23。
〔註62〕〔元〕脫脫等：《宋史》，卷331，頁21。

祖宗法度，講禮文，登俊賢，欲一以聲教格民於太和。爲吏者循上化其治，大概務寬平，恥以持法刺奸取能名，專用厚風俗嚮廉讓爲體，故郡府立學校，尊先聖廟十六七。……今朝廷向儒術，西都建學官，聚生員，爲郡國始倡。」〔註63〕形成「君汲汲於道藝，輔治之臣莫不以經術爲先務」〔註64〕的祀孔崇經情形。

《論語》是記錄孔子言行思想的作品，儒學及孔子地位的提升，自然使《論語》受到重視。統治者的文化政策無疑對社會有重大影響力，甚至起支配作用。《論語》學在北宋儒學復興的契機下，展現了新的生命。

二、疑經風氣

如前所言，宋統治者扶持文教，較優禮文士，「不以文字罪人」，也「不得殺士大夫及上書言事人」。〔註65〕學術需要自由的空氣，在相對寬鬆的環境下，才能自在研究，百家爭鳴。

疑經惑傳的風氣，唐已有之，「大曆（766～779）時，助、匡、質以《春秋》；施士匄以《詩》，仲子陵、袁彝、韋彤、韋茝以《禮》，蔡廣成以《易》，強蒙以《論語》，皆自名其學」。〔註66〕〈贊〉又云：「啖助在唐，名治《春秋》，摭訕三家，不本所承，自用名學，憑私臆決，尊之曰『孔子意也』，趙、陸從而唱之，遂顯於時。」〔註67〕以啖助、趙匡、陸質（淳）學派對《春秋》及其三傳的懷疑最爲有名，晁公武評曰：「大抵啖、趙以前，學者皆專門名家，苟有不通，寧言經誤，其失也固陋。啖、趙以後，學者喜援經擊傳，其或未明，則憑私臆決，其失也穿鑿。」〔註68〕另外如韓愈〈寄盧仝〉：「《春

〔註63〕　〔宋〕尹洙：〈鞏縣孔子廟記〉，《河南集》（臺北市：臺灣商務印書館，2009 年《景印文淵閣四庫全書》），卷 4，頁 2。

〔註64〕　〔元〕脫脫等：《宋史》，卷 202，頁 1。

〔註65〕　〔明〕陶宗儀：《說郛》（臺北市：臺灣商務印書館，2009 年《景印文淵閣四庫全書》），卷 39 上，頁 23。

〔註66〕　〔宋〕歐陽脩：《新唐書》，卷 200，頁 25。

〔註67〕　〔宋〕歐陽脩：《新唐書》，卷 200，頁 26。

〔註68〕　〔元〕馬端臨：〈春秋集傳纂例辨疑〉，《文獻通考》，卷 182，頁 27。又皮錫瑞在《經學歷史》中評道：「唐人經說傳今世者，唯陸淳本啖助、趙匡之說，作《春秋纂例》、《微旨》、《辨疑》。謂左氏六國時人，非《論語》之丘明；雜採諸書，多不可信。《公》、《穀》口授，子夏所傳；後人據其大義，散配經文，故多乖謬，失其綱統。此等議論，頗能發前人所未發。惟三傳自古各自成說，無兼採三傳以成一書者。是開通學之途，背顓門之法矣。」皮錫瑞：《經學歷

秋》三傳束高閣，獨抱遺經究終始。」〔註69〕並認爲《孟子》非孟子自作。司空圖以《春秋》中雜有非聖人之言，〔註70〕沈朗力主《詩經・關雎》乃述「后妃之德」，不可爲三百篇之首，今卻爲首篇，是先儒編次有誤，故「別撰二篇爲堯、舜詩，取〈虞人之箴〉爲禹詩，取《大雅・文王》之篇爲文王詩，請以此四詩置〈關雎〉之前，所以先帝王而後后妃，尊卑之義也」〔註71〕等等。

　　至宋，除了不拘於句讀之學，〔註72〕更接續上述唐代之疑風，變本加厲，王應麟談到其中的演變說：

> 自漢儒至於慶曆間，談經者守故訓而不鑿。《七經小傳》出，而稍尚
> 新奇矣。至《三經義》行，視漢儒之學若土梗。〔註73〕

又引陸游言：

> 唐及國初，學者不敢議孔安國、鄭康成，況聖人乎？自慶曆後，諸
> 儒發明經旨，非前人所及。然排〈繫辭〉，毀《周禮》，疑《孟子》，
> 譏《書》之〈胤征〉、〈顧命〉，黜《詩》之〈序〉，不難於議經，況
> 傳注乎！〔註74〕

皮錫瑞也記道：「宋儒撥棄傳注，遂不難於議經。排〈繫辭〉謂歐陽脩，毀《周禮》謂脩與蘇軾、蘇轍，疑《孟子》謂李覯、司馬光，譏《書》謂蘇軾，黜《詩序》謂晁說之。此皆慶曆及慶曆稍後人，可見其時風氣如此，亦不獨咎劉敞、王安石。」〔註75〕故全祖望在《宋元學案》的〈士劉諸儒學案〉說：

> 慶曆之際，學統四起。齊、魯則有士建中、劉顏夾輔泰山而興。浙
> 東則有明州楊、杜五子，永嘉之儒志、經行二子，浙西則有杭之吳
> 存仁，皆與安定湖學相應。閩中又有章望之、黃晞，亦古靈一輩人

　　　史》，頁214～215。皮氏雖有批判，但亦不否定有其貢獻。

〔註69〕〔唐〕韓愈：《東雅堂昌黎集註》（臺北市：臺灣商務印書館，2009年《景印文淵閣四庫全書》），卷5，頁5。

〔註70〕〔唐〕司空圖：《司空表聖文集》（臺北市：臺灣商務印書館，2009年《景印文淵閣四庫全書》），卷3，頁1。

〔註71〕〔唐〕丘光庭：〈沈朗新添〉，《兼明書》（臺北市：臺灣商務印書館，2009年《景印文淵閣四庫全書》），卷2，頁7。

〔註72〕〔宋〕黃震：〈讀論語〉：「自本朝講明理學，脫去訓詁。」《黃氏日鈔》（臺北市：臺灣商務印書館，2009年《景印文淵閣四庫全書》），卷2，頁1。

〔註73〕〔宋〕王應麟：《困學紀聞》，卷8，頁39。

〔註74〕〔宋〕王應麟：《困學紀聞》，卷8，頁40。

〔註75〕〔清〕皮錫瑞：《經學歷史》，頁200。

也。關中之申、侯二子，實開橫渠之先。蜀有宇文止止，實開范正
獻公之先。篳路藍縷，用啓山林，皆序錄者所不當遺。〔註76〕

可見諸家蠡起，多元發展。

　　雖然，一般多將北宋風氣的改變，歸於慶曆之際，但其實宋初的范諤昌
已疑〈十翼〉非完全由孔子所作，雜有文王、周公之作。〔註77〕古文先驅柳
開「凡誦經籍，不從講學，不由疏義，悉曉其大旨。注解之流，多爲其指摘」。
〔註78〕被錢大昕認爲宋人疑經傳「實倡之」的孫復，〔註79〕就曾說：

　　專主王弼、韓康伯之說而求於大《易》，吾未見其能盡於大《易》者
　　也；專守《左氏》、《公羊》、《穀梁》、杜預、何休、范寧之說而求於
　　《春秋》，吾未見其能盡於《春秋》者也；專守毛萇、鄭康成之說而
　　求於《詩》，吾未見其能盡於《詩》也；專守孔安國之說而求於《書》，
　　吾未見其能盡於《書》者也。彼數子之說，既不能盡於聖人之經，
　　而可藏於太學行於天下哉？又後之作疏者，無所發明，但委曲踵於
　　舊之注說而已。……廣詔天下鴻儒碩老置於太學，俾之講求爲義，
　　殫精極神，參之古今，復其歸趣，取諸卓識絕見，大出王、韓、左、
　　穀、公、杜、何、范、毛、鄭、孔之右者，重爲注解，俾我《六經》
　　廓然瑩然如揭日月於上，而學者庶乎得其門而入也。如是，則虞、
　　夏、商、周之治可不日而復矣。〔註80〕

「重爲注解」正是大膽推翻傳統注疏，反對官方壟斷解釋權的意思。孫復最重

〔註76〕〔清〕黃宗羲撰，全祖望補訂：《增補宋元學案》（臺北市：臺灣中華書局，
　　　　1984年），卷6，頁1。

〔註77〕葉國良：《宋人疑經改經考》（臺北市：國立臺灣大學出版委員會，1980年），
　　　　頁116。

〔註78〕〔宋〕柳開撰，張景編：《河東集》（臺北市：臺灣商務印書館，2009年《景
　　　　印文淵閣四庫全書》），卷16，頁1。又石介：〈過魏東郊〉稱柳開：「《六經》
　　　　皆自曉，不看注與疏。」《徂徠集》（臺北市：臺灣商務印書館，2009年《景
　　　　印文淵閣四庫全書》），卷2，頁12。

〔註79〕〔清〕錢大昕：〈重刻孫明復小集序〉，《潛研堂集》（上海，上海古籍出版社，
　　　　1989年），卷26，頁430。

〔註80〕〔宋〕孫復：《孫明復小集》（臺北市：臺灣商務印書館，2009年《景印文淵
　　　　閣四庫全書》），頁27。又：「國家以王弼、韓康伯之《易》，《左氏》、《公羊》、
　　　　《穀梁》、杜預、何休、范寧之《春秋》，毛萇、鄭康成之《詩》，孔安國之《尚
　　　　書》，鏤版藏於太學，頒於天下。又每歲禮闈設科取士，執爲準的。多士較藝
　　　　之際，有一違戾於注說者，即皆駁放而斥逐之。」亦爲相同之意。見《孫明
　　　　復小集》，頁26。

要的《春秋尊王發微》，歐陽脩稱其「不惑傳注，不爲曲說以亂經。其言簡易，明於諸侯大夫功罪，以考時之盛衰，而推見王道之治亂，得於經之本義爲多。」〔註81〕但四庫館臣也看到是書「上祖陸淳，而下開胡安國。謂《春秋》有貶無褒，大抵以深刻爲主。……過於深求，而反失《春秋》之本旨，實自復始」。〔註82〕而劉敞的關鍵地位更是被屢屢言及，如：「宋代改經之例，敞導其先。宜其視改傳爲固然矣。然論其大致，則得經義者爲多。蓋北宋以來，出新意解《春秋》，自孫復與敞始。復沿啖、趙餘波，幾於盡廢三傳。敞則不盡從傳，亦不盡廢傳。」〔註83〕又：「蓋好以己意改經，變先儒淳實之風者，實自敞始……謂敞之說經，開南宋臆斷之弊，敞不得辭。」〔註84〕吳曾《能改齋漫錄》卷二〈注疏之學〉引宋舊《國史》：「慶曆以前，學者尙文辭，多守章句注疏之學。至劉原父爲《七經小傳》，始異諸儒之說。王荊公修經義，蓋本於原父云。」〔註85〕可見一斑。到歐陽脩明言：「經不待傳而通者十七八，因傳而惑者十五六。」〔註86〕且談論自己的讀書態度是：「正經首唐虞，僞說起秦、漢。篇章異句讀，解詁及箋傳。是非自相攻，去取在勇斷。初如兩軍交，承勝方酣戰。當其旗鼓催，不覺人馬汗。至哉天下樂，終日在几案。」〔註87〕正是葉適所言：「以經爲正，而不泪於章讀箋詁，此歐陽氏讀書法也。」〔註88〕

　　在著名學者及有影響力的大臣帶領下，各類研究如百花齊放，在《易》學上，歐陽脩《易童子問》否認〈十翼〉爲孔子作。蘇軾《東坡易傳》改動〈雜卦〉文字次序。《書》學部分，程頤《伊川經說》改動〈武成〉文字次序。《詩》則蘇轍的《詩集傳》認爲〈國風〉篇第次序有誤。《禮》學上，晁說之〈中庸傳〉謂文句當調動者多處，亦有誤入部分。《春秋》被王安石譏爲「斷

〔註81〕〔宋〕歐陽修：《文忠集》（臺北市：臺灣商務印書館，2009 年《景印文淵閣四庫全書》），卷 27，頁 14。

〔註82〕〔清〕永瑢等：《欽定四庫全書總目》，卷 26，頁 22。

〔註83〕〔清〕永瑢等：《欽定四庫全書總目》，卷 26，頁 27。

〔註84〕〔清〕永瑢等：《欽定四庫全書總目》，卷 33，頁 9。

〔註85〕〔宋〕吳曾：《能改齋漫錄》（臺北市：臺灣商務印書館，2009 年《景印文淵閣四庫全書》），卷 2，頁 14。

〔註86〕〔宋〕歐陽脩：《文忠集》，卷 18，頁 14。又如〈廖氏文集序〉：「自孔子沒而周衰，接乎戰國，秦遂焚書，六經於是中絕。漢興，蓋久而後出，其散亂磨滅，既失其傳，然後諸儒因得措其異說於其間。如《河圖》、《洛書》怪妄之尤甚者。」見《文忠集》，卷 43，頁 4。

〔註87〕〔宋〕歐陽脩：〈讀書〉，《文忠集》，卷 9，頁 5。

〔註88〕〔宋〕葉適：《習學記言》，卷 4，頁 11。

爛朝報」。《孟子》更是爭議不斷,有司馬光〈疑孟論〉、馮休〈刪孟〉、何涉〈刪孟〉、晁說之〈詆孟〉、黃次〈評孟〉、邵博〈疑孟〉等。甚至對於《論語》,歐陽脩在〈三年無改問〉一文,大膽懷疑〈學而〉篇〈父在觀其志〉章及〈里仁〉篇〈三年無改於父之道〉章爲僞作。〔註 89〕這股風氣之盛,令司馬光在熙寧二年時,忍不住批評道:

> 近歲公卿大夫,好爲高奇之論,……流及科場,亦相習尚。新進後
> 生,未知臧否,口傳耳剽,翕然成風。至有讀《易》未識卦爻,已
> 謂〈十翼〉非孔子之言;讀《禮》未識篇數,已謂《周官》爲戰國
> 之書;讀《詩》未盡〈周南〉、〈召南〉,已謂毛、鄭爲章句之學;讀
> 《春秋》未知十二公,已謂《三傳》可束之高閣。循守注疏者,謂
> 之腐儒;穿鑿臆說者,謂之精義。〔註 90〕

可見當時風起雲湧的新浪潮。

梁啓超曾說:「凡文化發展之國,其國民於一時期中,因環境變遷,與夫心理之感召,不期而思想之進路,同趨於一方向,於是相與呼應洶湧,如潮然。始焉其勢甚微,幾莫之覺。浸假而漲——漲——漲,而達於滿度。過時焉則落,以漸至於衰熄。凡『思』非皆能成潮,能成『潮』者,則其『思』必有相當之價值,而又適合於其時代之要求者也。凡『時代』非皆有『思潮』,有思潮之時代,必文化昂進之時代也。……凡時代思潮無不由繼續的群眾運動而成。所謂『運動』者,非必有意識、有計畫、有組織,不能分誰主動、誰被動。其參加運動之人員,每各不相謀,各不相知。其從事運動時所任職役,各各不同。所採之手段亦互異。於同一運動之下,往往分無數小支派,甚至相嫉視、相排擊。雖然,其中必有一種或數種共通觀念焉,同根據之爲思想之出發點。」〔註 91〕若以梁任公此段言論對照上述北宋學術的開展,當更能使吾人了解。

在這種相對自由寬鬆的學術風氣下,自然也提供《論語》學發展的契機,著作數量大增,各式新說出現,呈現蓬勃的氣象。

〔註 89〕 葉國良:《宋人疑經改經考》,頁 127。
〔註 90〕 〔宋〕司馬光:〈論風俗箚子〉,《傳家集》(臺北市:臺灣商務印書館,2009
年《景印文淵閣四庫全書》),卷 42,頁 10。
〔註 91〕 〔清〕梁啓超:《清代學術概論》,《中國近三百年學術史》(臺北市:里仁書
局,1995 年),頁 6。

三、排拒佛老

佛教傳入中國之後，歷經長時的發展，至唐代已甚爲壯大，不論上層階級或一般百姓，皆深受影響，此由韓愈諫迎佛骨一事，即可見其風靡社會的狀況。〔註92〕韓愈認爲佛老因儒學之衰而興，遂使原本儒家的道德仁義之學不傳，反以爲老釋之說爲「道」，故云：「其所謂道，道其所道，非吾所謂道也。其所謂德，德其所德，非吾所謂德也。凡吾所謂道德云者，合仁與義言之也。」〔註93〕佛教之道不在世俗道德；老子之道德，是去仁與義，故與儒家絕不相類。又佛道二家有道統之說，以示自身淵遠流長，根基深厚。韓愈爲與佛老相抗，也提出儒家的道統，建構儒家的傳承，是以曰：「斯吾之所謂道也，非向所謂老與佛之道也。堯以是傳之舜，舜以是傳之禹，禹以是傳之湯，湯以是傳之文、武、周公，文、武、周公傳之孔子，孔子傳之孟軻，軻之死，不得其傳焉。」〔註94〕他建立了從堯、舜、禹、湯、文、武、周公、孔子、孟子的道統體系，與佛道抗衡。而後李翱依據〈中庸〉和《易傳》，寫了〈復性書〉，辯明儒學中自有「性命之道」，反駁儒家非徒爲世間法而已，並從實際層面上批判：「夫不可使天下舉而行之，則非聖人之道也。故其徒也，不蠶而衣裳具，弗耨而飲食充，安居不作，役物以養己者，至於幾千百萬人。推是而凍餒者幾何人可知矣。」〔註95〕就僧徒不事生產，提出異議。

到了宋代，佛老之盛，不下於前代。尤其禪佛幾乎是人人談之。面對這種情勢，爲了解除佛教對儒家文化與社會傳統的威脅，許多儒者都提出嚴正的呼籲和批判。如孫復〈儒辱〉云：「佛老之徒，橫乎中國。」「夫仁義禮樂治世之本也，王道之所由興，人倫之所由正，舍其本則何所爲哉！」「儒者不以仁義爲心則已，若以爲心，則得不鳴鼓而攻之乎？」〔註96〕〈無爲指下〉曰：「歷代諸儒不能揚孔子之言，輔而明之，俾其炳炳如也。故佛老之徒得以其怪亂之說刻於其間，爲千古害。」〔註97〕歐陽脩更說：「佛爲中國大患，非止中人以下，聰明之智，一有惑焉，有不能解者矣。」〔註98〕另有〈本論〉

〔註92〕〔後晉〕劉煦等：《舊唐書》，卷15，頁34。
〔註93〕〔唐〕韓愈：〈原道〉，《東雅堂昌黎集註》，卷11，頁2。
〔註94〕〔唐〕韓愈：〈原道〉，《東雅堂昌黎集註》，卷11，頁6。
〔註95〕〔唐〕李翱：〈去佛齋并序〉，《李文公集》（臺北市：臺灣商務印書館，2009年《景印文淵閣四庫全書》），卷4，頁4。
〔註96〕〔宋〕孫復：《孫明復小集》，頁37。
〔註97〕〔宋〕孫復：《孫明復小集》，頁22。
〔註98〕〔宋〕歐陽脩：〈唐司刑寺大腳跡敕〉，《文忠集》，卷139，頁6。

二篇談到:「佛法爲中國患千餘歲,世之卓然不惑而有力者,莫不欲去之。已嘗去矣,而復大集。攻之暫破而愈堅,撲之未滅而愈熾,遂至於無可奈何。」指出佛教的堅韌生命力。進而他找出爲何佛教會凌駕於儒家之學的原因是:「堯、舜、三代之際,王政修明,禮義之教充於天下。於此時,雖有佛而無由而入。及三代衰,王政闕,禮義廢,後二百年而佛至乎中國。由是言之,佛所以爲吾患者,乘其闕廢之時而來,此受患之本。」正是禮義王政的衰微,才使佛家思想乘隙而入。而佛教之禍害是:「彼爲佛者,棄其父子,絕其夫婦,於人之性甚戾,又有蠶食蟲蠹之弊。」「然而民皆相率而歸焉者,以佛有爲善之說故也。」又指出其能引人入勝處,故無足怪哉。經由如此分析,所以「禮義者,勝佛之本也。今一介之士知禮義者,尚能不爲之屈,使天下皆知禮義,則勝之矣,此自然之勢也」。「今堯、舜、三代之政,其說尚傳,其具皆在,誠能講而修之,行之以勤而浸之以漸,使民皆樂而趣焉,則充行乎天下,而佛無所施矣。《傳》曰:『物莫能兩大。』自然之勢也。奚必火其書而廬其居哉!」〔註99〕再次強調回復儒家禮義之道,才是解決此問題的惟一根本大法。

張載也說:「其語到實際,則以人生爲幻妄,有爲爲疣贅,以世界爲陰濁,遂厭而不有,遺而弗存,就使得之,乃誠而惡明者也。儒者則因明致誠,因誠致明,故天人合一。致學而可以成聖,得天而未始遺人。」〔註100〕指出以捨離爲主旨的佛教,不能肯定世間人事與文化。又:「自其說熾傳中國,儒者未容窺聖學門牆,已爲引取。淪胥期間,指爲大道。其俗達之天下,致善惡智愚,男女臧獲,人人著信。使英才間氣,生則溺耳目恬習之事,長則師世儒宗尚之言,遂冥然被驅,因謂聖人可不脩而至,大道可不學而知。故未識聖人心,已謂不必求其迹。未見君子志,已謂不必事其文。此人倫所以不察,庶物所以不明,治所以忽,德所以亂。」謂佛教的影響,將使文化衰落。對於道教「彼語寂滅者,往而不反。徇生執有者,物而不化。二者雖有間矣,以言乎失道,則均焉」。〔註101〕二程之時,風氣依舊,其曾記道:「昨日之會,大率談禪,使人情思不樂,歸而悵恨者久之。此說天下已成風,其何能救!古亦有釋氏,盛時尚只是崇設像教,其害至小。今日之風,便先言性命道德,先驅了知者,才愈高明,

---

〔註99〕以上〈本論〉之文字皆出於〔宋〕歐陽脩:《文忠集》,卷17,頁3~5。

〔註100〕以下張載之論皆出於〔宋〕張載:《張載集》(新北市:漢京文化事業有限公司,2004年),頁64~65。

〔註101〕〔清〕黃宗羲撰,全祖望補訂:《增補宋元學案》,卷17,頁6。

則陷溺愈深。在某，則才卑德薄，無可奈何它。」〔註102〕這次聚會經驗更令他們憂慮大勢已去，足見佛教之盛況。明道之排佛，如批判《楞嚴經》「山河大地之說與我無關，要簡易明白易行。」又如批評《華嚴經》的「光明變相，只是聖人一心之光明」。又如評論《涅盤經》要旨「一切眾生皆有佛性」為「蠢動含靈，皆有佛性為非是」。餘如：「道之不明，異端害之也。昔之害近而易知，今之害深而難見。昔之惑人也，乘其暗迷；今之惑人也，由其高明。與云窮神知化，而不足開物成務。其言無不同偏，實外於倫理，窮深極微而不入堯、舜之道。」批評禪的方法：「唯覺之理，雖有敬以直內，然無義以方外，故流於枯槁或恣肆。」〔註103〕「釋氏與道家說鬼神甚可笑。道家狂妄尤甚，以至說人身上耳目口鼻皆有神。」〔註104〕等等。對於佛老異端多有反省攻擊。

四、科舉取士

　　科舉取士始於隋、唐，但事實上唐代經由科考進入政權體制的並不多，每年的進士不過三十而已。宋太祖時錄取進士每年多者二百，少者僅數人，平均不到五十位。而到了太宗，只在即位的當年，就一舉錄取了進士及諸科五百人，常年亦有三四百人。真宗更作〈勸學詩〉：「富家不必買良田，書中自有千鍾粟。安房不必架高樑，書中自有黃金屋。娶妻莫恨無良媒，書中自有顏如玉。出門莫愁無隨人，書中車馬多如簇。男兒欲遂平生志，六經勤向窗前讀。」真宗咸平三年曾詔：「去歲天下舉人數逾萬人，考核之際，謬濫居多。」最後則錄取了一千八百餘人。〔註105〕之後陸續增加，也因此社會上讀書之人大幅成長。

　　北宋的考試內容，初期有「進士科」與「學究科」。「進士科」試詩、賦、論各一首，策五道，帖《論語》十帖，對《春秋》或《禮記》墨義十條。「學究科」則《毛詩》對墨義五十條，《論語》十條，《爾雅》、《孝經》共十條，《周易》、《尚書》各二十五條。〔註106〕所謂帖經，是「以所習經掩其兩端，中間開唯一行，裁紙為帖，凡帖三字，隨時增損，可否不一，或得四得五得六者

〔註102〕〔宋〕程顥、程頤：《二程集》（新北市：漢京文化事業有限公司，1983年），頁129。

〔註103〕南懷瑾：〈宋明理學與禪宗〉，《孔孟學報》，第23期，頁33～34。

〔註104〕〔宋〕程顥、程頤：《二程集》，頁289。

〔註105〕此段所敘之概況，請參賈志揚：《宋代科舉》（臺北市：東大圖書股份有限公司，1995年），頁73～80。

〔註106〕〔元〕脫脫等：《宋史》，卷15，頁3。

爲通」。〔註107〕即類似今日的「塡充題」。「墨義」則爲問答式默寫。之後,增設「明經」,試法則是:凡明兩經或三經、五經,各問大義十條,兩經通八,三經通六,五經通五爲合格,兼以《論語》、《孝經》,策時務三條,出身與進士等。〔註108〕神宗熙寧四年二月,只留進士一科,且罷詩賦、帖經、墨義,各占治《詩》、《書》、《易》、《周禮》、《禮記》一經,兼以《論語》、《孟子》。每試四場,初本經;次兼經,並大義十道,務通義理,不須盡用注疏;次論一首;次時務策三道,中書頒大義式頒行。〔註109〕「大義」是一種新的文體,以通經而有文采者爲合格,不能強記章句,即所謂「經義」,與論相似,不過限於以經書語句作題目,限於以經書意思去解釋推演,而不能批評。〔註110〕

元祐元年十一月,劉摯建議設立經義、詩賦二科。以四場考試通定高下,專經者以經義定取捨,兼詩賦者以詩賦決去留;名次高下則於策論參之。考詩賦者,於《詩》、《書》、《易》、《周禮》、《禮記》、《春秋左氏傳》內聽習一經。第一場,試本經義二道,《論》、《孟》義各一道;第二場賦及律詩各一道;第三場,論一道;第四場,試子史、時務策二道。專經詩賦者,須習二經。以《詩》、《周禮》、《禮記》、《左氏春秋》爲大經;《書》、《易》、《公羊》、《穀梁》、《儀禮》爲中經。允許占兩大經,但不能占兩中經。第一場,本經義三道,《論語》義一道;第二場本經義三道,《孟子》義一道;第三四場論、策

〔註107〕〔唐〕杜佑:《通典》(臺北市:臺灣商務印書館,2009 年《景印文淵閣四庫全書》),卷 15,頁 5。

〔註108〕〔元〕脫脫等:《宋史》,卷 155,頁 17。

〔註109〕〔元〕佚名:《宋史全文》(臺北市:臺灣商務印書館,2009 年《景印文淵閣四庫全書》),卷 11,頁 45。

〔註110〕陳東原:《中國科舉時代之教育》(上海:商務印書館,1934 年),頁 26。如王安石曾撰〈里仁爲美〉爲例:「爲善必愼其習,故所居必擇其地。善在我耳,人何損焉?而君子必擇所居之地者,蓋愼其習也。孔子曰:里仁爲美。意以此歟?一薰一蕕,十年有臭,非以其化之之故耶?一日暴,十日寒,無復能生之物。傳者寡而咻者眾,雖日撻不可爲齊語。非以其害之之故耶?善不勝惡,舊矣。爲善而不求善之資,在我未保其全,而惡習固已亂之矣。此擇不處仁,所以謂之不智,而里仁所以爲美也。夫苟處仁,則朝夕之所親無非仁也,議論之所契無非仁也。耳之所聞皆仁人之言,目之所睹皆仁人之事。相與磨礱,相與漸漬,日加益而不知矣。不亦美乎?夷之里,貪夫可以廉;惠之里,鄙夫可以寬。既居仁者之里矣,雖欲不仁,得乎?以墨氏而已有所不及,以孟子之家爲數遷,可以餘人而不擇其地乎?然至賢者不能渝,至潔者不能污。彼誠仁者,性之而非假也,安之而弗強也。動與仁俱行,靜與仁俱至,蓋無往而不存,尚何以擇爲哉!」

與詩賦科相同。元祐二年十一月，考試進士分四場，第一場試本經義二道，《論語》或《孟子》義一道；第二場試律賦一首，律詩一首；第三場試論一首；第四場問子史時務策三道。元祐四年的經義進士，第一場試本經義三道，《論語》義一道；第二場試本經義三道，《孟子》義一道。〔註 111〕紹聖元年五月，罷進士試詩賦，專習經義。徽宗崇寧年間，大興學校，全面「舍選」，諸州發解與禮部考試取消。宣和三年，恢復科考與「舍選」並行。欽宗靖康元年，用詩賦取士，廢除科舉新制。〔註 112〕以上是北宋的科考概況，可見不論試「進士」、「學究」、「明經」，或「經義」、「詩賦」的爭議，《論語》都是各類考試中應考的科目，完全不受影響，所以必然受到相當的重視。

　　馬端臨《文獻通考》曾見東陽麗澤呂氏家塾印有宋初呂夷簡應本州鄉舉試卷，文字如下：「【原題】『作者七人矣。』請以七人之名對。【對】七人，某某也。謹對。」〔註 113〕要考生寫出此「七人」是誰，屬於墨義的考法。而本題內容出於《論語》的〈憲問〉篇。〔註 114〕另外，如在太宗淳化三年三月四日帝御崇政殿，試禮部奏名進士，內出〈卮言日出賦〉、〈射不主皮詩〉、〈儒行論〉題。〔註 115〕「射不主皮」出於〈八佾〉篇。〔註 116〕真宗咸平三年三月十七日帝御崇政殿，試禮部奏名進士，內出〈為政寬猛先後論〉題。〔註 117〕咸平五年南省試進士〈有教無類賦〉，王沂公為第一。〔註 118〕景德二年，賈邊論「當仁不讓於師」，因為「舍注疏立異論」而被黜。〔註 119〕歐陽脩曾出考題：「問：古之為聖人者，莫如舜賢；而與聖人近者，莫如顏回。仲尼稱虞舜不可及，而顏氏其殆庶幾。至其稱舜之所為，則曰：好問，而好察邇言而已。稱顏氏之好學，則曰不遷怒、不貳過而已。然則如是者，是為不可及與庶幾乎？」〔註 120〕以《論語》中顏回「不遷怒不貳過」入題。

〔註 111〕〔元〕脫脫等：《宋史》，頁 155，頁 24。
〔註 112〕〔元〕脫脫等：《宋史》，頁 155，頁 25。
〔註 113〕〔元〕馬端臨《文獻通考》，卷 30，頁 15。
〔註 114〕〈憲問〉：子曰：「賢者辟世，其次辟地，其次辟色，其次辟言。」子曰：「作者七人矣。」
〔註 115〕〔清〕徐松：《宋會要輯稿》（國立北平圖書館影印，1936 年），頁 4358。
〔註 116〕〈八佾〉：子曰：「射不主皮，為力不同科，古之道也。」
〔註 117〕〔清〕徐松：《宋會要輯稿》，頁 4358。
〔註 118〕〔宋〕歐陽脩：《文忠集》，卷 127，頁 7。
〔註 119〕〔宋〕李燾：《續資治通鑑長編》，卷 59，頁 20。亦見於〔元〕馬端臨：《文獻通考》，卷 30，頁 31。
〔註 120〕〔宋〕歐陽脩：〈問進士策題五道〉，《文忠集》，卷 70，頁 1。

　　另外，《論語》亦是地方學校的上課內容，如徽宗大觀三年二月，提舉黔南路學事戴安仁上書皇帝，曰：「新民學生就學，其間亦有秀異，今欲乞立勸沮之法，分爲上中下三等。上等爲能誦《孝經》、《論語》、《孟子》及一經略通義理者，特與推恩。中等爲能通《孝經》、《論語》、《孟子》者，與賜帛及給冠帶。下等爲能誦《孝經》、《論語》或《孟子》者，給與紙筆硯墨之費。」〔註121〕徽宗政和四年禮部上奏皇帝：「六月二十五日，禮部言：『新差揚州司戶高公粹乞外州軍小學生，并置功課簿籍。國子監狀，檢承小學令，諸學并分上中下三等，能通經爲文者爲上；日誦本經二百字，《論語》或《孟子》一百字以上爲中；若本經一百字，《論語》或《孟子》五十字者爲下，仍置歷書之。欲依本官所請。』詔從之。」〔註122〕俱顯示出學校教育對《論語》的重視，將學習《論語》的成績，作爲分級與獎勵學生的條件。而創於崇寧三年的「書學」，大觀四年由翰林書苑局管轄，課程分練習及研究兩門。練習以篆、隸、草三體字爲主，研究以《說文》、《字說》、《爾雅》等爲主，亦須兼通《論語》、《孟子》義。〔註123〕可見《論語》是各類學子的基本教材，當時《論語》的學習已是極爲普遍。

　　考試制度的保證，考試內容的要求，在一定程度上有利於《論語》的誦習傳播，所謂「考試領導教學」，雖然可議，卻是不爭的事實。同時考試方式除了傳統的背誦記憶，更有策論經義的發揮要求，爲求考官青睞，新人耳目，解釋推演是必須的，如仁宗皇祐元年，劉恕舉進士，應詔試講經，「先列注疏，次引先儒異說，末乃斷以己意。凡二十問，所對皆然，主司異之，擢爲第一」。〔註124〕如此，在無形中自然也有助於《論語》學的發展。

　　北宋時期，在抑武右文的基本國策下，儒學有了新發展契機，隨之而來的疑經惑傳的學術風潮、拒斥佛老的時代任務、科舉取士的社會需求，都是促成《論語》學興盛的背景。

〔註121〕〔清〕徐松：《宋會要輯稿》，頁 2194。
〔註122〕〔清〕徐松：《宋會要輯稿》，頁 2198。
〔註123〕劉伯驥：《宋代政教史》（臺北市：臺灣中華書局，1971 年），頁 802。
〔註124〕〔元〕脫脫等：《宋史》，卷 444，頁 12。

第二章　宋以前《論語》學概述

以下依時代先後，略述北宋之前《論語》學發展概況。

第一節　先秦《論語》學

《論語》出現於先秦，有關其成書、內涵、作者、流傳等，簡述如下。

一、《論語》之成書

（一）《論語》的書名及內容

現存最早提及《論語》書名者，爲《禮記・坊記》，其云：「《論語》曰：三年無改於父之道，可謂孝矣。」〔註1〕《禮記》各篇原是戰國時流傳的單篇記禮文章，這代表《論語》至少已在戰國時期成書。

《論語》爲什麼會以「論」、「語」二字命名？又與其內容的相關性如何？最早的說法，應是班固在《漢書・藝文志》所說的：「《論語》者，孔子應答弟子、時人及弟子相與言而接聞於夫子之語也。當時弟子各有所記，夫子既卒，門人相與輯而論纂，故謂之《論語》。」〔註2〕何晏《論語集解・序》引劉向云：「皆孔子弟子記諸善言也。」〔註3〕王充《論衡・正說》：「夫《論語》

〔註1〕《禮記註疏》（臺北市：臺灣商務印書館，2009 年《景印文淵閣四庫全書》），卷 51，頁 23。

〔註2〕〔漢〕班固：《漢書》（臺北市：臺灣商務印書館，2009 年《景印文淵閣四庫全書》），卷 30，頁 14。

〔註3〕〔宋〕邢昺：《論語注疏》，（《重刊宋本十三經注疏附校勘記》，〔清〕嘉慶二十年〔1815〕南昌府學刊本），頁 2。

者，弟子共紀孔子言行。」〔註4〕《漢書・匡衡傳》：「《論語》、《孝經》，聖人言行之要，宜究其意。」〔註5〕皆很簡要的定義《論語》的內容，就是記錄孔子的言行。的確，如〈衛靈公・子張問行〉章，子曰：「言忠信，行篤敬，雖蠻陌之邦，行矣。言不忠信，行不篤敬，雖州里，行乎哉？立，則見其參於前也，在輿，則見其倚於衡也，夫然後行。」子張書諸紳。又〈子罕〉：「牢曰『子云：吾不試，故藝。』」此二則正是孔子弟子直接的記錄。至劉熙《釋名・釋典藝》則云：「《論語》，記孔子與弟子所語之言也。」「論，倫也，有倫理也。」〔註6〕〈釋語言〉曰：「語，敘也，敘己所欲說也。」〔註7〕用音訓的方法，指出爲倫理之語。開始對書名「論語」二字，分別有所探討。而劉勰的《文心雕龍・論說》道：「聖哲彝訓曰『經』，述經敘理曰『論』。『論』者，倫也。倫理無爽，則聖意不墜。昔仲尼微言，門人追記，故仰其經目，稱爲《論語》。」〔註8〕同以「論」爲「倫」，有倫理，則《論語》就是有次序、有條理的把話記錄下來。

後來陸德明《經典釋文・敘》以《漢書・藝文志》爲準，曰：「夫子既終，微言已絕，弟子恐離居以後，各生異見，而聖言永滅，故相與論撰，因輯時賢及古明王之語，合成一法，謂之《論語》。」〔註9〕引申之而認爲「論」是論撰，「語」是時賢及古明王之語，《論語》就是論撰所記「時賢」與「古明王」之作品。

皇侃的《論語集解義疏・序》，有一段相當具綜合性的文字：

> 《論語通》曰：《論語》者，是孔子沒後，七十弟子之門徒共所撰錄也。夫聖人應世，事跡多端，隨感而起，故爲教不一，或負扆御眾，服龍袞於廟堂之上，或南面聚徒，衣縫掖於黌校之中，但聖師孔子符應頹周，生魯長宋，遊歷諸國，以魯哀公十一年冬從衛反魯，刪

〔註4〕〔漢〕王充：《論衡》（臺北市：臺灣商務印書館，2009 年《景印文淵閣四庫全書》），卷 28，頁 8。

〔註5〕〔漢〕班固：《漢書》，卷 81，頁 12。

〔註6〕〔漢〕劉熙：《釋名》（臺北市：臺灣商務印書館，2009 年《景印文淵閣四庫全書》），卷 6，頁 5。

〔註7〕〔漢〕劉熙：《釋名》，卷 4，頁 2。

〔註8〕〔梁〕劉勰：《文心雕龍》（臺北市：臺灣商務印書館，2009 年《景印文淵閣四庫全書》），卷 4，頁 8。

〔註9〕〔唐〕陸德明：《經典釋文》（臺北市：臺灣商務印書館，2009 年《景印文淵閣四庫全書》），卷 1，頁 35。

詩，定禮於洙泗之間。門徒三千人，達者七十有二，但聖人雖異人
者神明，而同人者五情，五情既同，則朽沒之期亦等，故歎發吾衰，
悲因逝水，託夢兩楹，寄歌頹壞。至哀公十六年，哲人其萎，徂背
之後，過隙巨駟。門人痛大山長毀，哀梁木永摧，隱几非昔，離索
行涕，微言一絕，景行莫書。於是弟子僉陳往訓，各記舊聞，撰爲
此書，成而實錄，上以尊仰聖師，下則垂軌萬代。既方爲世典，不
可無名。然名書之法，必據體以立稱。猶如以孝爲體者，則謂之《孝
經》；以莊敬爲體者，則謂之爲《禮記》。然此書之體，適會多途，
皆夫子平生，應機作教，事無常準。或與時君抗厲，或共弟子抑揚，
或自顯示物，或混迹齊凡。問同答異，言近意深，詩書互錯綜，典
誥相紛紜。義既不定於一方名，故難求乎諸類，因題《論語》兩字，
以爲此書之名也。〔註10〕

此段文字將《論語》的編者及成書動機、命名、內容，作了簡要介紹。而因
爲書中多層次的內涵，即所謂的「皆夫子平生，應機作教，事無常準。或與
時君抗厲，或共弟子抑揚，或自顯示物，或混迹齊凡」、「義既不定於一方名，
故難求乎諸類」，所以無法如《孝經》、《禮記》一般，以主題式的定位來命名，
故才稱作《論語》。之後，皇侃更深入的說道：

凡通此論字，大判有三途。第一，捨字制音，呼之爲倫。一捨音依
字，而號曰論。一云倫論二稱，義無異也。第一捨字從音爲倫，說
者乃眾，的可見者，不出四家：一云倫者，次也，言此書事義相生，
首末相次也。二云倫者，理也，言此書之中，蘊含萬理也。三云倫
者，綸也，言此書經綸今古也。四云倫者，輪也，言此書義旨周備，
圓轉無窮，如車之輪也。第二捨音依字爲論者，言此書出自門徒，
必先詳論，人人僉允，然後乃記，記必已論，故曰論也。第三云倫
論無異者，蓋是楚夏音殊，南北語異耳。南人呼倫事爲論事，北士
呼論事爲倫事，音字雖不同，而義趣猶一也。侃案三途之說，皆有
道理，但南北語異如何似未詳，師說不取，今亦捨之。而從音依字
二途，并錄以會成一義。何者？今字作論者，明此書之出，不專一
人，妙通深遠，非論不暢。而音作倫者，明此書義含妙理，經綸今

〔註10〕　〔梁〕皇侃：《論語集解義疏》（臺北市：臺灣商務印書館，2009 年《景印文
淵閣四庫全書》），頁 1。

古，自首臻末，輪環不窮。依字則證事，立文取音則據理爲義。義
文兩立，理事雙該，圓通之教，如或應示。〔註11〕

這就是今人或讀爲二聲ㄌㄨㄣ ˊ或四聲ㄌㄨㄣ ˋ的原因。如果讀爲ㄌㄨㄣ ˊ，
就是皇侃的「捨字制音」，其義有四：次也、理也、綸也、輪也，合起來可解作：
「明此書義含妙理，經綸今古，自首臻末，輪環不窮。」如果讀作ㄌㄨㄣ ˋ，
是「捨音依字」，依其本字本音，謂「詳論」，討論，「明此書之出，不專一人，
妙通深遠，非論不暢」。最後皇侃折衷二說，融合爲「依字則證事，立文取音
則據理爲義。義文兩立，理事雙該，圓通之教，如或應示」。

至於「語」字，皇侃再曰：

語者，論難答述之謂也。《毛詩傳》云：「直言曰言，論難曰語。」鄭
注《周禮》云：「發端曰言，答述爲語。」今按此書既是論難答述之事，
宜以論爲其名，故名爲《論語》也。然此語是孔子在時所說，而論是
孔子沒後方論，論在語後，應曰《語論》，而今不曰《語論》，而云《論
語》者，其義有二：一則恐後有穿鑿之嫌，故以語在論下，急標論在
上，示非率爾故也。二則欲現此語非徒然之說，萬代之繩準，所以先
論已，以備有圓周之理。理在於事前，故以論居語先也。〔註12〕

除了解釋「語」字，還順道一并說明爲何是《論語》而非《語論》的理由。
而最後結論爲：

故蔡公爲此書爲圓通之喻，云物有大而不普，小而兼通者，譬如巨
鏡百尋，所照必徧；明珠一寸，鑒色六合。以蔡公斯喻，故言《論
語》小而圓通，有如明珠。諸典大而偏用，譬若巨鏡。誠哉是言也。
〔註13〕

以理事雙該、理在事前解釋「論語」一名及內容，可謂至廣大而盡精微了。
宋代邢昺繼之而言：

論者，倫也、綸也、輪也、理也、次也、撰也，以此書可以經綸世
務，故曰綸也。圓轉天穹，故曰輪也。蘊含萬理，故曰理也。篇章
有序，故曰次也。群賢集定，故曰撰也。鄭玄《周禮注》云：「答述
曰語。」以此書所載皆仲尼應答弟子及時人之辭，故曰語。而在論

<hr>

〔註11〕〔梁〕皇侃：《論語集解義疏》，頁2。
〔註12〕〔梁〕皇侃：《論語集解義疏》，頁3。
〔註13〕〔梁〕皇侃：《論語集解義疏》，頁3。

下者，必經論撰，然後載之，以示非妄也。〔註14〕

　　很清楚的，邢昺基本上是用皇侃「捨字制音，呼之爲倫」的説法。其他如宋人陳祥道，將「論」解作「言理」（言義則謂之「議」），並引莊子曰：六合之外，聖人存而不論。六合之内，聖人論而勿議。《春秋》經世，先王之志也，聖人議而勿辨。蓋夫論則及理耳，所麗者道。議則及義耳，所麗者理。聖人豈不欲廢去應問，體道以自冥哉。道無問，問無應，不發一言下與萬物同患，此特畸人耳，非聖人之所尚。然則孔子雖欲忘言，豈可得哉！不得已而言理，以答學者之問而已，夫是之爲《論語》。〔註15〕

以道家莊子來看孔子，指出孔子本欲忘言，但「不得已而言理，以答學者之問」，才稱《論語》。元代的何異孫則曰：「《論語》有記夫子之言者，有夫子答弟子問者，有弟子自相答者，又有時人相言者，有師弟子對大夫之問者，皆所以討論文義，故謂之《論語》。」〔註16〕則以對《論語》中的内容作分類，認爲此書是討論文義之書。王充《論衡・正説》：「説《論》者，皆知説文解語而已，不知《論語》本幾何篇；但周以八寸爲尺，不知《論語》所獨一尺之意。」〔註17〕又：「夫《論語》者，弟子共紀孔子之言行，勑記之時甚多，數十百篇，以八寸爲尺，紀之約省，懷持之便也。以其遺非經，傳文紀識恐忘，故以但八寸尺，不二尺四寸也。」〔註18〕指出除了記孔子之言行，與其竹簡形制也有關。

　　《論語》一名，早期在使用上，並不是很統一，它曾被稱爲《傳》、《記》、《語》、《論》等。如《史記・封禪書》：「《傳》曰：三年不爲禮，禮必廢；三年不爲樂，樂必壞。」〔註19〕此引文原見於《論語・陽貨》。王充《論衡・正説》指出在宣帝時仍「名之曰《傳》」。〔註20〕邢昺《論語集解・序》中對「魯

〔註14〕　〔宋〕邢昺：《論語注疏》，頁1。
〔註15〕　〔宋〕陳祥道：《論語全解》（臺北市：臺灣商務印書館，2009年《景印文淵閣四庫全書》），頁1。
〔註16〕　〔元〕何異孫：《十一經問對》（臺北市：臺灣商務印書館，2009年《景印文淵閣四庫全書》），卷1，頁1。
〔註17〕　〔漢〕王充：《論衡》，卷28，頁7。
〔註18〕　〔漢〕王充：《論衡》，卷28，頁8。
〔註19〕　〔漢〕司馬遷：《史記》（臺北市：臺灣商務印書館，2009年《景印文淵閣四庫全書》），卷28，頁1。
〔註20〕　〔漢〕王充：《論衡》，卷28，頁8。

共王時，嘗欲以孔子宅爲官，壞，得古文《論語》」疏曰：「於其壁中得古文經傳，即謂此《論語》及《孝經》爲傳也。故漢武帝謂東方朔云：《傳》曰：『時然後言，人不厭其言。』又成帝賜翟方進策書云：《傳》曰：『高而不危，所以長守貴也。』是漢世通謂《論語》、《孝經》爲《傳》。以《論語》、《孝經》非先王之書，是孔子所傳說，故謂之《傳》，所以異於先王之書也。」等等。〔註21〕

（二）《論語》的編撰者

關於《論語》的作者問題，歷來眾說紛紜，但基本上有三大觀點，一爲孔子弟子所編，另一爲成於孔子弟子的門人，三是有弟子亦有再傳弟子。以下分述之。

1. 孔子弟子編撰

何晏《論語集解·序》引劉向云：「皆孔子弟子記諸善言也。」班固《漢書·藝文志》曰：「《論語》者，孔子應答弟子、時人及弟子相與言而接聞於夫子之語也。當時弟子各有所記，夫子既卒，門人相與輯而論纂，故謂之《論語》。」顏師古注曰：「輯與集同。纂與撰同。」〔註22〕明確指出是孔子「門人」所作。〔註23〕王充《論衡·正說》：「夫《論語》者，弟子共記孔子言行。」〔註24〕趙岐〈孟子題辭〉：「七十子之疇，會集夫子所言，

〔註21〕　〔宋〕邢昺：《論語注疏》，頁4。另外如《後漢書·趙咨傳》：「《記》曰：喪與其易也，寧戚。」此引文原見於《論語·八佾》。揚雄的《法言·孝至》：「吾聞諸《傳》：老則戒之在得。」此引文原見於《論語·季氏》。《後漢書·邳彤傳》：「《語》曰：一言可以興邦。」此引文原見於《論語·子路》。

〔註22〕　〔漢〕班固：《漢書》，卷30，頁15。

〔註23〕　唐明貴以「門人」一詞爲「受業於弟子者」，即孔子的再傳弟子。請參唐明貴：《論語學史》（北京：中國社會科學出版社，2009年），頁52。但筆者認爲此處的「門人」就是「弟子」之意，班固在書寫上，以現代修辭學中所謂「錯綜」法成文。如《韓詩外傳》卷九，記孔子問皋魚之哭，之後孔子曰：「弟子誡之，足以識矣。」「於是門人辭歸而養親者十有三人。」同樣先言「弟子」，後語「門人」，而「弟子」即「門人」。其他如《大戴禮記·衛將軍文子》：「孔子之語人也，曰：『當賓客之事則通矣。』謂門人曰：『二三子欲學賓客之事者，於赤也。』」孔子稱美公西赤是個外交人才，提醒弟子有心於此者，就該向他學習。此「門人」即是「二三子」，孔子弟子。《史記·仲尼弟子列傳》寫道：「回年二十九，髮盡白，蚤死。孔子哭之慟，曰：『自吾有回，門人益親。』」此「門人」不可能是顏回弟子。

〔註24〕　〔漢〕王充：《論衡》，卷28，頁8。

以爲《論語》。」〔註25〕陸德明《經典釋文》引鄭玄語：「仲弓、子游、子夏等所撰定。」〔註26〕明確指出是仲弓、子游、子夏等人。看來兩漢學者認爲《論語》是孔子弟子所編是相當一致的。邢昺《論語注疏》在解釋〈學而〉篇時言：「自此至〈堯曰〉，是《魯論語》二十篇之名及第次也。當弟子論撰之時，以《論語》爲此書之大名。」〔註27〕又皮錫瑞《經學歷史》：「《論語》記孔子言而非孔子所作，出於弟子撰定，故亦單名爲傳。」〔註28〕以上諸說皆籠統的說是孔子弟子所編，只有鄭玄較明確的表示與仲弓、子游、子夏有關。李善注《昭明文選》引晉朝傅玄語：「昔仲尼既沒，仲弓之徒追論夫子之言，謂之《論語》。」〔註29〕認爲是仲弓。劉寶楠曰：「要之，《論語》之作，不出一人，故語多重見，而編輯成書，則由仲弓、子游、子夏首爲商定，故傳《論語》者，能知三子之名。」〔註30〕傅玄、劉寶楠之意見，當是承襲鄭玄而來，直接點名編者與仲弓、子游、子夏有關。

2. 孔子弟子的門人編撰

柳宗元〈論語辨〉曰：

> 或問曰：「儒者稱《論語》孔子弟子所記，信乎？」曰：「未然也。孔子弟子，曾參最少，少孔子四十六歲，曾子老而死，是書記曾子之死，則去孔子也遠矣。曾子之死，孔子弟子略無存者矣，吾意曾子弟子之爲之也。何哉？且是書載弟子必以字，獨曾子、有子不然。由是言之，弟子之號之也。」「然則有子何以稱子？」曰：「孔子之歿也，諸弟子以有子爲似夫子，立而師之。其後不能對諸子之問，乃叱，避而退，則固未嘗有師之號矣。今所記獨曾子最後死，余是以知之，蓋樂正子春、子思之徒與爲之爾。或曰：孔子弟子雜記其言，然而卒成其書者，曾氏之徒也。」〔註31〕

〔註25〕《孟子注疏·趙岐題辭解》（臺北市：臺灣商務印書館，2009年《景印文淵閣四庫全書》），頁8。

〔註26〕〔唐〕陸德明《經典釋文》，卷24，頁1。

〔註27〕〔宋〕邢昺：《論語注疏》，卷1，頁1。

〔註28〕〔清〕皮錫瑞：《經學歷史》，頁67。

〔註29〕〔唐〕李善：《昭明文選注》（臺北市：臺灣商務印書館，2009年《景印文淵閣四庫全書》），卷54，頁17。

〔註30〕〔清〕劉寶楠：《論語正義》（北京：中華書局，1993年），頁793。

〔註31〕柳宗元：〈論語辨〉上篇，《柳河東集》（臺北市：臺灣商務印書館，2009年《景印文淵閣四庫全書》），卷4，頁9。

清楚指出編者是「曾氏之徒也」，如「樂正子春、子思之徒」。程頤則曰：「《論語》之書，成於有子、曾子之門人，故此書二子獨以子稱。」〔註32〕理由爲此二人在書中獨被尊稱「子」。《論語》中「有子」出現三處，「曾子」出現十四處，此當是再傳弟子對己師的尊稱，故在編寫過程中改變稱謂，以示尊敬。朱熹因襲程子之意見，說：

> 柳氏之言，其論曾子者得之，而有子叱避之說則史氏之鄙陋無稽，
> 而柳氏惑焉。以《孟子》考之，當以曾子不可而寢其議，有子易嘗
> 據孔子之位而有其號哉？……程子因柳氏之說斷而裁之，以爲此
> 說。〔註33〕

他贊同曾子之說可信，但以《孟子》來反對柳氏說有子之議，維護了程頤的看法。其實《論語》裡被稱「子」者，除了上述曾子、有子外，尚有冉子及閔子，如〈雍也〉：「子華使於齊，冉子爲其母請粟。……冉子與之粟五秉。」〈子路〉：「冉子退朝。」〈先進〉：「閔子侍側，誾誾如也。」共計「冉子」二處，「閔子」一處，雖然數目不多，卻不見柳宗元、程頤、朱子提及，故以稱「子」的理由來推斷編撰者，此三人皆不夠周全。翟灝就說：

> 《論語》第六篇云「冉子請粟」。第十三篇云「冉子退朝」。即〈侍
> 側章〉「冉有、子貢」，唐石經亦作「冉子」。〈適衛章〉「冉有僕」，《義
> 疏》與《論衡》、《風俗通》皆作「冉子」。但以稱「子」爲斷，則此
> 書又有出於冉氏門人者矣。〔註34〕

據此，編者又可加上「冉氏門人者」。宋人永亨則從另一角度提出觀察：

> 《論語》所記孔子與人語及門弟子，并對其人問答，皆斥其名，未
> 有稱字者，雖顏、冉高弟，亦曰「回」，亦曰「雍」。至閔子獨曰「子
> 騫」，終此書無指名。昔賢謂《論語》出於曾子、有子之門人，予意
> 出於閔氏。觀所言閔子侍側之辭，與冉有、子貢、子路不同，則可
> 見矣。〔註35〕

〔註32〕 朱熹：《四書章句集注・論語集註序》，頁4。

〔註33〕 〔明〕邱濬：《大學衍義補》（臺北市：臺灣商務印書館，2009年《景印文淵閣四庫全書》），卷76，頁15。

〔註34〕 〔清〕翟灝：《四書考異》，《續修四庫全書》第167冊（上海市：上海古籍出版社，1995年），上編卷9，頁42。

〔註35〕 〔清〕朱彝尊：《經義考》（臺北市：臺灣商務印書館，2009年《景印文淵閣四庫全書》），卷211，頁3。

用「名」與「字」的稱呼來判別，指出不直呼「損」之名，〔註36〕而以「子騫」之字行，亦見其尊崇。所以認為編者是閔子之門人。因此，從以上的說法，可知是由孔子弟子的門人所編，包括了曾子、有子、冉子、閔子都有可能。

3. 孔子弟子、再傳弟子編撰

亦有結合前二說者，以為是弟子與再傳弟子一起完成，如今人林礽乾認為《論語》是由孔子弟子、再傳弟子在不同時期陸續編成，第一期初編，約於孔子去世後，以弟子仲弓、子游、子夏等為主進行。此期所編，大抵為今日所見之上論，前九篇見孔子與弟子之言行；第十篇〈鄉黨〉，專記孔子日常生活起居。第二期續編者，應以曾子與有子之學生為主，冉子和閔子的學生為次，所編大抵是今日之下論。且對第一期的初編本，略做了更動與附益，故有部分曾子、有子等言論。〔註37〕

二、《論語》之流傳

《史記·孟子荀卿列傳》記：

> （孟子）受業子思之門人。……天下方務於合從連衡，以攻伐為賢，而孟軻乃述唐、虞、三代之德，是以所如者不合。退而與萬章之徒序《詩》、《書》，述仲尼之意，作《孟子》七篇。〔註38〕

依司馬遷之記，孟子為子思的再傳弟子，在不被重用後，才退有《孟子》七篇，而內容是「述仲尼之意」。可見《孟子》與孔子的思想關連。顧炎武《日知錄》即說：「《孟子》引孔子之言凡二十有九，其載於《論語》者八。」〔註39〕就筆者所見，其實不止於八，茲將其中有關者予以錄出，以見其承襲之迹：

1. 《孟子·公孫丑上》：昔者子貢問於孔子曰：「夫子聖矣乎？」孔子曰：「聖則吾不能，我學不厭而教不倦也。」子貢曰：「學不厭，智也；教不倦，仁也。仁且智，夫子既聖矣！」夫聖，孔子不居，是何言也？

〔註36〕〔漢〕司馬遷：《史記·仲尼弟子列傳》：「閔損字子騫。」（卷67，頁3。）
〔魏〕王肅：《孔子家語·七十二弟子解》：「閔損，魯人，字子騫。」（卷9，頁1。）

〔註37〕林礽乾：〈論語導讀〉，《國學導讀叢編》二（臺北市：三民書局股份有限公司，1993年），頁388。

〔註38〕〔漢〕司馬遷：《史記》，卷74，頁1。

〔註39〕〔清〕顧炎武：「學不厭而教不倦、里仁為美、君薨聽於冢宰、大哉堯之為君、小子鳴鼓而攻之、吾黨之士狂簡、鄉原德之賊、惡似而非者。」《日知錄》（臺北市：臺灣商務印書館，2009年《景印文淵閣四庫全書》），卷7，頁37。

案：此段文字其實與《論語》三處有關：

〈子罕〉：大宰問於子貢曰：「夫子聖者與？何其多能也？」子貢曰：「固天縱之將聖，又多能也。」子聞之，曰：「大宰知我乎！吾少也賤，故多能鄙事。君子多乎哉？不多也。」又〈述而〉：子曰：「默而識之，學而不厭，誨人不倦，何有於我哉？」及〈述而〉：子曰：「若聖與仁，則吾豈敢？抑爲之不厭，誨人不倦，則可謂云爾已矣。」公西華曰：「正唯弟子不能學也。」孟子誤以爲是子貢問孔子之語，並直接將孔子「學不厭，教不倦」當作智，仁的表現，而到達了「聖」的境界。

2. 《孟子·公孫丑上》：孟子曰：「矢人豈不仁於函人哉？矢人唯恐不傷人，函人唯恐傷人。巫匠亦然，故術不可不慎也。孔子曰：『里仁爲美。擇不處仁，焉得智？』夫仁，天之尊爵也，人之安宅也。莫之禦而不仁，是不智也。不仁、不智、無禮、無義，人役也。人役而恥爲役，由弓人而恥爲弓，矢人而恥爲矢也。如恥之，莫如爲仁。仁者如射，射者正己而後發。發而不中，不怨勝己者，反求諸己而已矣。」

   案：孟子明引了《論語·里仁》：子曰：「里仁爲美。擇不處仁，焉得知？」強調擇仁的重要性。

3. 《孟子·公孫丑上》：曰：「伯夷、伊尹何如？」曰：「不同道。非其君不事，非其民不使；治則進，亂則退，伯夷也。何事非君，何使非民；治亦進，亂亦進，伊尹也。可以仕則仕，可以止則止，可以久則久，可以速則速，孔子也。皆古聖人也，吾未能有行焉；乃所願，則學孔子也。」

   案：《論語·微子》記道：逸民：伯夷、叔齊、虞仲、夷逸、朱張、柳下惠、少連。子曰：「不降其志，不辱其身，伯夷、叔齊與！」謂：「柳下惠、少連，降志辱身矣。言中倫，行中慮，其斯而已矣。」謂：「虞仲、夷逸，隱居放言。身中清，廢中權。」「我則異於是，無可無不可。」在《論語》中孔子評論了六位逸民，最後提及自己的原則——無可無不可。孟子將孔子的原則，說得更清楚：「可以仕則仕，可以止則止，可以久則久，可以速則速。」志欲效孔子。

4. 《孟子·公孫丑下》：孟子去齊。充虞路問曰：「夫子若有不豫色然。前日虞聞諸夫子曰：『君子不怨天，不尤人。』」曰：「彼一時，此一時

也。五百年必有王者興，其間必有名世者。由周而來，七百有餘歲矣。以其數則過矣，以其時考之則可矣。夫天，未欲平治天下也；如欲平治天下，當今之世，舍我其誰也？吾何爲不豫哉？」

案：明用《論語·憲問》語：子曰：「莫我知也夫！」子貢曰：「何爲其莫知子也？」子曰：「不怨天，不尤人。下學而上達。知我者，其天乎！」將孔子的出處原則，發揚爲積極奮進的精神。

5. 《孟子·公孫丑下》：曰：「周公，弟也；管叔，兄也。周公之過，不亦宜乎？且古之君子，過則改之；今之君子，過則順之。古之君子，其過也，如日月之食，民皆見之；及其更也，民皆仰之。今之君子，豈徒順之，又從爲之辭。」

案：用了《論語·子張》：子貢曰：「君子之過也，如日月之食焉：過也，人皆見之；更也，人皆仰之。」

6. 《孟子·滕文公上》：然友之鄒問於孟子。孟子曰：「不亦善乎！親喪固所自盡也。曾子曰：『生事之以禮；死葬之以禮，祭之以禮，可謂孝矣。』諸侯之禮，吾未之學也；雖然，吾嘗聞之矣。三年之喪，齊疏之服，飦粥之食，自天子達於庶人，三代共之。」

案：《論語·爲政》：孟懿子問孝。子曰：「無違。」樊遲御，子告之曰：「孟孫問孝於我，我對曰『無違』。」樊遲曰：「何謂也？」子曰：「生，事之以禮；死，葬之以禮，祭之以禮。」在《論語》中是孔子所言，孟子則引爲「曾子」之語。或因孟子記錯，或因孟子爲子思門人之徒，從而祖述曾子。

7. 《孟子·滕文公上》：孔子曰：「君薨，聽於冢宰。歠粥，面深墨。即位而哭，百官有司，莫敢不哀，先之也。上有好者，下必有甚焉者矣。『君子之德，風也；小人之德，草也。草上之風，必偃。』是在世子。」

案：此章可與《論語》二處相對應，〈憲問〉：子張曰：「《書》云：『高宗諒陰，三年不言。』何謂也？」子曰：「何必高宗，古之人皆然。君薨，百官總己以聽於冢宰，三年。」及〈顏淵〉：季康子問政於孔子曰：「如殺無道，以就有道，何如？」孔子對曰：「子爲政，焉用殺？子欲善，而民善矣。君子之德風，小人之德草。草上之

風，必偃。」孟子引孔子兩段話，期勉世子（滕文公）帶頭行禮，就會形成一股風尚，藉此推行儒家之道。

8.《孟子・滕文公上》：「孔子曰：『大哉堯之為君！惟天為大，惟堯則之，蕩蕩乎民無能名焉！君哉舜也！**巍巍**乎有天下而不與焉！』堯、舜之治天下，豈無所用其心哉？亦不用於耕耳。」

案：〈泰伯〉：子曰：「大哉，堯之為君也！巍巍乎！唯天為大，唯堯則之。蕩蕩乎！民無能名焉。巍巍乎！其有成功也；煥乎，其有文章！」及子曰：「巍巍乎！舜、禹之有天下也，而不與焉。」將〈泰伯〉篇二處孔子稱讚堯、舜之文字，鎔鑄一起。

9.《孟子・滕文公下》：公孫丑問曰：「不見諸侯何義？」孟子曰：「古者不為臣不見。段干木踰垣而辟之，泄柳閉門而不內，是皆已甚。迫，斯可以見矣。陽貨欲見孔子而惡無禮，大夫有賜於士，不得受於其家，則往拜其門。陽貨矙孔子之亡也，而饋孔子蒸豚；孔子亦矙其亡也，而往拜之。當是時，陽貨先，豈得不見？曾子曰：『脅肩諂笑，病于夏畦。』子路曰：『未同而言，觀其色赧赧然，非由之所知也。』由是觀之，則君子之所養可知已矣。」

案：此見《論語・陽貨》：陽貨欲見孔子，孔子不見，歸孔子豚。孔子時其亡也，而往拜之，遇諸塗。謂孔子曰：「來！予與爾言。」曰：「懷其寶而迷其邦，可謂仁乎？」曰：「不可。」「好從事而亟失時，可謂知乎？」曰：「不可。」「日月逝矣，歲不我與。」孔子曰：「諾。吾將仕矣。」孟子借孔子回應陽貨事，討論出處。

10.《孟子・離婁上》：孟子曰：「求也為季氏宰，無能改於其德，而賦粟倍他日。孔子曰：『求非我徒也，小子鳴鼓而攻之可也。』由此觀之，君不行仁政而富之，皆棄於孔子者也。況於為之強戰？爭地以戰，殺人盈野；爭城以戰，殺人盈城。此所謂率土地而食人肉，罪不容於死。故善戰者服上刑，連諸侯者次之，辟草萊、任土地者次之。」

案：《論語・先進》：季氏富於周公，而求也為之聚斂而附益之。子曰：「非吾徒也。小子鳴鼓而攻之，可也。」引〈先進〉孔子責備冉求語，強調「君不行仁政而富之，皆棄於孔子者也」的仁政思想。

11.《孟子‧離婁下》：孟子曰：「大人者，言不必信，行不必果，惟義所
　　在。」

　　案：《論語‧子路》：子貢問曰：「何如斯可謂之士矣？」子曰：「行己
　　　　有恥，使於四方，不辱君命，可謂士矣。」曰：「敢問其次。」曰：
　　　　「宗族稱孝焉，鄉黨稱弟焉。」曰：「敢問其次。」曰：「言必信，
　　　　行必果，硜硜然小人哉！抑亦可以爲次矣。」曰：「今之從政者何
　　　　如？」子曰：「噫！斗筲之人，何足算也。」孟子將「言必信，行
　　　　必果，硜硜然小人哉」反轉爲「大人者，言不必信，行不必果」，
　　　　強調「義」的正當性。但孟子此舉，不一定正確。

12.《孟子‧離婁下》：徐子曰：「仲尼亟稱於水，曰：『水哉，水哉！』
　　何取於水也？」孟子曰：「原泉混混，不舍晝夜。盈科而後進，放乎四
　　海，有本者如是，是之取爾。苟爲無本，七八月之閒雨集，溝澮皆盈；
　　其涸也，可立而待也。故聲聞過情，君子恥之。」

　　案：可能是《論語‧子罕》：子在川上，曰：「逝者如斯夫！不舍晝夜。」
　　　　同樣是「不舍晝夜」的流水，孟子解爲有本有源。

13.《孟子‧離婁下》：禹、稷當平世，三過其門而不入，孔子賢之。顏
　　子當亂世，居於陋巷。一簞食，一瓢飲。人不堪其憂，顏子不改其樂，
　　孔子賢之。孟子曰：「禹、稷、顏回同道。禹思天下有溺者，由己溺之
　　也；稷思天下有飢者，由己飢之也，是以如是其急也。禹、稷、顏子
　　易地則皆然。今有同室之人鬭者，救之，雖被髮纓冠而救之，可也。
　　鄉鄰有鬭者，被髮纓冠而往救之，則惑也，雖閉戶可也。」

　　案：明用《論語‧雍也》：子曰：「賢哉回也！一簞食，一瓢飲，在陋
　　　　巷。人不堪其憂，回也不改其樂。賢哉回也！」孔子對顏回的評
　　　　論。

14.《孟子‧萬章上》：萬章曰：「父母愛之，喜而不忘；父母惡之，勞而
　　不怨。然則舜怨乎？」

　　案：「勞而不怨」，可見《論語‧里仁》：子曰：「事父母幾諫。見志不
　　　　從，又敬不違，勞而不怨。」此處用法亦同。

15.《孟子‧萬章上》：曰：「否。昔者有饋生魚於鄭子產，子產使校人畜
　　之池。校人烹之，反命曰：『始舍之圉圉焉，少則洋洋焉，攸然而逝。』

子產曰『得其所哉！得其所哉！』校人出，曰：『孰謂子產智？予既烹而食之，曰：得其所哉？得其所哉。』故君子可欺以其方，難罔以非其道。彼以愛兄之道來，故誠信而喜之，奚偽焉？」

案：在《論語‧雍也》：宰我問曰：「仁者，雖告之曰：『井有仁焉。』其從之也？」子曰：「何爲其然也？君子可逝也，不可陷也；可欺也，不可罔也。」所謂「可欺也，不可罔也」，即是「君子可欺以其方，難罔以非其道」的精神。

16.《孟子‧公孫丑下》：景子曰：「否，非此之謂也。禮曰：『父召，無諾；君命召，不俟駕。』固將朝也，聞王命而遂不果，宜與夫禮若不相似然。」

案：《論語‧鄉黨》：「君賜食，必正席先嘗之；君賜腥，必熟而薦之；君賜生，必畜之。侍食於君，君祭，先飯。疾，君視之，東首，加朝服，拖紳。君命召，不俟駕行矣。」孔子「君命召，不俟駕行矣」，正是守禮的表現。

17.《孟子‧萬章下》：萬章曰：「孔子，君命召，不俟駕而行。然則孔子非與？」曰：「孔子當仕有官職，而以其官召之也。」

案：同上則。

18.《孟子‧盡心下》：萬章問曰：「孔子在陳，曰：『盍歸乎來！吾黨之士狂簡，進取不忘其初。』孔子在陳，何思魯之狂士？」孟子曰：「孔子『不得中道而與之，必也狂狷乎！狂者進取，狷者有所不爲也。』孔子豈不欲中道哉？不可必得，故思其次也。」「敢問何如斯可謂狂矣？」曰：「如琴張、曾晳、牧皮者，孔子之所謂狂矣。」「何以謂之狂也？」曰：「其志嘐嘐然，曰：『古之人，古之人。』夷考其行而不掩焉者也。狂者又不可得，欲得不屑不絜之士而與之，是獮也。是又其次也。孔子曰：『過我門而不入我室，我不憾焉者，其惟鄉原乎！鄉原，德之賊也。』」曰：「何如斯可謂之鄉原矣？」曰：「『何以是嘐嘐也？言不顧行，行不顧言，則曰：古之人，古之人。行何爲踽踽涼涼？生斯世也，爲斯世也，善斯可矣。』閹然媚於世也者，是鄉原也。」萬子曰：「一鄉皆稱原人焉，無所往而不爲原人，孔子以爲德之賊，何哉？」曰：「非之無舉也，刺之無刺也；同乎流俗，合乎汙世；居之似

忠信，行之似廉潔；眾皆悅之，自以爲是，而不可與入堯、舜之道，故曰德之賊也。孔子曰：『惡似而非者：惡莠，恐其亂苗也；惡佞，恐其亂義也；惡利口，恐其亂信也；惡鄭聲，恐其亂樂也；惡紫，恐其亂朱也；惡鄉原，恐其亂德也。』君子反經而已矣。經正，則庶民興；庶民興，斯無邪慝矣。」

案：孟子師生間討論孔子所說，包括以下四處，將之融合。(1)《論語·公冶長》：子在陳曰：「歸與！歸與！吾黨之小子狂簡，斐然成章，不知所以裁之。」(2)《論語·子路》：子曰：「不得中行而與之，必也狂狷乎！狂者進取，狷者有所不爲也。」(3)《論語·陽貨》：子曰：「鄉原，德之賊也。」(4)《論語·陽貨》：子曰：「惡紫之奪朱也，惡鄭聲之亂雅樂也，惡利口之覆邦家者。」

19.《孟子·盡心下》：孟子曰：「君子之戹於陳、蔡之閒，無上下之交也。」

案：關於「陳、蔡」事，可見《論語·衛靈公》：在陳絕糧，從者病，莫能興。子路慍見曰：「君子亦有窮乎？」子曰：「君子固窮，小人窮斯濫矣。」及《論語·公冶長》：子在陳曰：「歸與！歸與！吾黨之小子狂簡，斐然成章，不知所以裁之。」《論語》只有相關記載，但孟子說出此事的原因。

以上關於《孟子》一書中，與《論語》有關者，共計十九章。

1993 年中國湖北荊門市郭店一號楚墓，挖掘出八百多枝竹簡，這批出土文獻年代可以早至戰國中期，公元前三百年左右，其中多有儒家學派古籍，而被認定爲「思孟學派」。〔註40〕更要緊的是其中有與《論語》相關的資料，有助於我們注意《論語》在先秦時期的流佈影響。如：

1.〈六德〉：「夫夫、婦婦、父父、子子、君君、臣臣。」「夫不夫、婦不婦、父不父、子不子、君不君、臣不臣。」〔註41〕而《論語·顏淵》記：齊景公問政於孔子。孔子對曰：「君君，臣臣，父父，子子。」公曰：「善哉！信如君不君，臣不臣，父不父，子不子，雖有粟，吾得而食諸？」〈六德〉較《論語》的「君君，臣臣，父父，子子」多了「夫夫、婦婦」，及二者的排列

〔註40〕李學勤：〈先秦儒家著作的重大發現〉，《中國哲學》（瀋陽：遼寧教育出版社，2000 年）第 20 輯，頁 15。

〔註41〕王博：〈論《論語》的編纂〉，《偉大傳統《論語》二十講》（北京：華夏出版社，2009 年），頁 308。以下〈緇衣〉、〈語叢三〉、〈尊德義〉亦引自此文，茲不贅注。

順序不同。而此順序的差異是否有意義，尚待研究。

2.〈緇衣〉：「子曰：長民者教之以德，齊之以禮，則民有勸心。教之以政，齊之以刑，則民有免心。」而《論語·爲政》：子曰：「道之以政，齊之以刑，民免而無恥；道之以德，齊之以禮，有恥且格。」〈緇衣〉用「教」字，《論語》用「道」字，但「道」可通「導」字。「教」與「道」意思相近。〈緇衣〉的「勸心」和「免心」同於《論語》「有恥且格」、「免而無恥」。〈緇衣〉先談「德」、「禮」，再敘「政」、「刑」；《論語》反之，但完全是同樣意義。

3.〈語叢三〉：「毋意，毋固，毋我，毋必。」《論語·子罕》：「子絕四：毋意，毋必，毋固，毋我。」比較下，二者次序不同，以及《論語》多了「子絕四」三個字。

另外，雖未直接看得出是《論語》中的字句，但還是可找出與《論語》相關的聯繫，如：〈尊德義〉：「善者民必富，富未必和，不和不安，不安不樂。善者民必眾，眾未必治，不治不順，不順不平。是以爲政者教導之取先。教以禮，則民果於勁。教以樂，則民弗德爭將。教以辯說，則民藝□長貴以忘。教以藝，則野以爭。教以技，則民少以吝。教以言，則民詰以寡信。教以事，則民力嗇以湎利。教以權謀，則民淫昏，違禮無親仁。先人以德，則民進善焉。」這段話簡直是在發揮《論語·子路》的如下記載：「子適衛，冉有僕。子曰：『庶矣哉！』冉有曰：『既庶矣，又何加焉？』曰：『富之。』曰：『既富矣，又何加焉？』曰：『教之。』」這裡的庶、眾、教，就是〈尊德義〉的民富、民眾和教道。這三者一對一對應，無絲毫的加減。可知〈尊德義〉作者對《論語》此章很熟悉。作者還對富與眾之後爲何要「教」加以闡釋，那就是富並不見得就和，而不和就不安，不安就不樂。眾也不見得治，不治則不順，不順就不平。所以最後才要靠「教」的力量。然後再對「教」的內容做分類說明，但不管如何，先教以「德」才是根本。〔註42〕

故由《孟子》與郭店出土文獻看來，《論語》已在戰國中、後期傳播開來。

第二節　漢代《論語》學

由上節可知，《論語》在先秦時代編纂完成後，亦開始傳佈。陸賈是由秦入漢之人，他的《新語》也引用到《論語》，如〈辨惑〉曰：「昔哀公問於有

〔註42〕王博：〈論《論語》的編纂〉，《偉大傳統《論語》二十講》，頁311～312。

若曰：『年饑，用不足，如之何？』有若對曰：『盍徹乎？』蓋損上而歸之於下，則忤於耳而不合於意，遂逆而不用也。此所謂正其行而不苟合於世也。」〔註43〕舉〈顏淵〉篇有若不迎合哀公為例，談論君子直道而行的節操。又〈慎微〉：「顏回一簞食，一瓢飲，在陋巷之中，人不堪其憂，回也不改其樂。」「禮以行之，遜以出之。蓋力學而誦《詩》、《書》，凡人所能為也。」「孔子曰：『道之不行也。』言人不能行之。故謂顏淵曰：『用之則行，舍之則藏，惟我與爾有是夫。』」〔註44〕一連使用了《論語》四處文句，言顏淵道施於世而莫之用。足見當時《論語》已為所知。

一、漢人重視《論語》

到了孝文帝時，「欲廣遊學之路，《論語》、《孝經》、《爾雅》皆置博士，後罷傳記博士，獨立五經而已」。〔註45〕武帝時，雖只立五經博士，但試想在「罷黜百家，獨尊儒術」的政策下，記載有關孔子的《論語》，怎可能被忽略？揆諸史籍所載，如：《漢書‧昭帝紀》：「（昭帝）詔曰：『朕以眇身獲保宗廟，戰戰栗栗，夙興夜寐，修古帝王之事，通〈保傅〉，傳《孝經》、《論語》、《尚書》，未云有明。』」〔註46〕皇帝自稱已學過《論語》。《漢書‧宣帝紀》：「孝武皇帝曾孫病已，有詔掖庭養視，至今年十八，師受《詩》、《論語》、《孝經》，操行節儉，慈仁愛人。」〔註47〕病已年十八，已經師受《論語》。〈疏廣傳〉記廣為太子太傅，「皇太子年十二，通《論語》、《孝經》」。〔註48〕皇太子年十二，通《論語》。又〈蕭望之傳〉：「從夏侯勝問《論語》、《禮服》，後為太子太傅，以《論語》、《禮服》授皇太子。」〔註49〕則皇太子需學《論語》。《後漢書‧鄧皇后紀》云鄧后：「六歲能史書，十二通《詩》、《論語》。諸兄每讀經傳，輒下意難問。志在典籍，不問居家之事」。〔註50〕《後漢書‧梁皇后紀》

〔註43〕〔漢〕陸賈：《新語》（臺北市：臺灣商務印書館，2009 年《景印文淵閣四庫全書》），卷上，頁 11。

〔註44〕〔漢〕陸賈：《新語》，卷上，頁 14、15。

〔註45〕〔漢〕趙岐：《孟子注疏‧趙岐題辭解》，頁 8。

〔註46〕〔漢〕班固：《漢書》，卷 7，頁 5。

〔註47〕〔漢〕班固：《漢書》，卷 8，頁 4。

〔註48〕〔漢〕班固：《漢書》，卷 71，頁 5。

〔註49〕〔漢〕班固：《漢書》，卷 78，頁 1。

〔註50〕〔劉宋〕范曄：《後漢書》（臺北市：臺灣商務印書館，2009 年《景印文淵閣四庫全書》），卷 10 上，頁 21。

則記:「順烈梁皇后⋯⋯少善女工,九歲,好史書,能誦《論語》,治《韓詩》,大義略舉。」〔註 51〕諸王讀《論語》,后妃亦通《論語》。可見《論語》是皇室必讀的經典。

另外如《後漢書・馬嚴傳》:「嚴七子,唯續、融知名。續字季則,七歲能通《論語》,十三明《尚書》,十六治《詩》,」〔註 52〕嚴續,七歲通《論語》。《後漢書・范昇傳》:「范昇⋯⋯九歲通《論語》、《孝經》,及長,習梁丘《易》、《老子》,教授後生。」〔註 53〕范昇九歲已習《論語》、《孝經》。《後漢書・荀爽傳》:「爽⋯⋯幼而好學,年十二,能通《春秋》、《論語》。」〔註 54〕《後漢書・包咸傳》:「包咸⋯⋯少為諸生,受業長安,師事博士右師細君,習《魯詩》、《論語》。⋯⋯建武中,入授皇太子《論語》,又為其章句。⋯⋯子福,拜郎中,亦以《論語》入授和帝。」〔註 55〕王充在《論衡・自紀》說自己:「八歲出於書館,⋯⋯辭師受《論語》、《尚書》,日諷千字。」〔註 56〕可知《論語》在漢代被普遍誦讀的情況。所以王國維說:

> 至《論語》、《孝經》,則以受經與不受經者皆誦習之,不宜限於博士
> 而罷之者也。劉向父子作《七略》,六藝一百三家,於《易》、《書》、
> 《詩》、《禮》、《樂》、《春秋》之後,附以《論語》、《孝經》、《小學》
> 三目。六藝與此三者,皆漢時學校誦習之書,以後世之制明之,小
> 學諸書者,漢小學之科目。《論語》、《孝經》者,漢中學之科目。而
> 六藝則大學之科目也。武帝罷傳記博士,專主五經,乃除中學科目
> 於大學之中,非遂廢中小學也。⋯⋯漢時但有受《論語》、《孝經》、
> 《小學》,而不受一經者;無受一經而不先受《論語》、《孝經》者。⋯⋯
> 蓋經師授經,亦兼授《論語》、《孝經》,猶今大學之或有豫科矣。然
> 則漢時《論語》、《孝經》之傳,實廣於《五經》,不以博士之廢置為
> 盛衰也。〔註57〕

可見漢代人重視《論語》,已為普遍之誦讀教本。

〔註 51〕 〔劉宋〕范曄:《後漢書》,卷 10 下,頁 4。
〔註 52〕 〔劉宋〕范曄:《後漢書》,卷 24,頁 33。
〔註 53〕 〔劉宋〕范曄:《後漢書》,卷 66,頁 9。
〔註 54〕 〔劉宋〕范曄:《後漢書》,卷 92,頁 2。
〔註 55〕 〔劉宋〕范曄:《後漢書》,卷 109 下,頁 2。
〔註 56〕 〔漢〕王充:《論衡》,卷 30,頁 1。
〔註 57〕 王國維:《觀堂集林》,《王觀堂先生全集》冊一(臺北市:文華出版社,1968
　　　　 年),卷 4,頁 160~164。

二、《齊論》、《魯論》與《古論》

　　《漢書・藝文志》曰：「漢興，有齊、魯之說。傳《齊論》者，昌邑中尉王吉、少府宋畸、御史大夫貢禹、尚書令五鹿充宗、膠東庸生，唯王陽名家。傳《魯論語》者，常山都尉龔奮、長信少府夏侯勝、丞相韋賢、魯扶卿、前將軍蕭望之、安昌侯張禹，皆名家。張氏最後而行於世。」又：「《齊論語》二十二篇。」且自注：「多〈問王〉、〈知道〉。」〔註58〕何晏《論語集解・序》：「《魯論語》二十篇，《齊論語》二十二篇，有〈問王〉、〈知道〉，多於《魯論》二篇。」又：「《齊論語》二十二篇，其二十篇中，章句頗多於《魯論》。」〔註59〕其中張禹有重要的地位，禹仕元帝、成帝，成帝為太子時，張禹即教授他《論語》，即位後仍以張禹為師，禹呈《論語章句》。《漢書・藝文志》載有他解《論語》的作品《安昌侯說》二十一篇。〔註60〕本傳則曰：「如魯扶卿及夏侯勝、王陽、蕭望之、韋玄成皆《論語》，篇第或異。禹先事王陽，後從庸生，悉獲所安，最後出而尊貴。……多從張氏，餘家寖微。」〔註61〕何晏《論語集解・序》也曰：「安昌侯張禹，本受《魯論》，兼講《齊說》，善者從之，號曰《張侯論》，為世所貴。」〔註62〕可知《張侯論》是《魯》、《齊》二家的綜合。《隋書・經籍志》亦曰：「張禹本授《魯論》，晚講《齊論》，後遂合而考之，刪其煩惑。除去《齊論》〈問王〉、〈知道〉二篇，從《魯論》二十篇為定，號《張侯論》，當世重之。」〔註63〕今傳《論語》的祖本應就是此。

　　而班固在《漢書・藝文志》又曰：「武帝末，魯共王壞孔子宅，欲以廣其宮，而得古文《尚書》及《禮記》、《論語》、《孝經》凡數十篇，皆古字也。」「出孔子壁中，兩〈子張〉。」如淳注曰：「分〈堯曰篇〉後子張問『何如可以從政』已下為篇，名曰〈從政〉。」〔註64〕談到《古論》出現的原因和篇章之異。同樣的，何晏也說：「魯共王時，嘗欲以孔子宅為宮，壞，得《古論語》……分〈堯曰〉下章『子張問』以為一篇，有兩〈子張〉，凡二十一篇，篇次不與《齊》、《魯論》同。……古文唯博士孔安國為之訓解，而世不傳。至順帝時，

〔註58〕〔漢〕班固：《漢書》，卷30，頁15。

〔註59〕〔宋〕邢昺：《論語注疏》，頁3。

〔註60〕〔漢〕班固：《漢書》，卷30，頁14。

〔註61〕〔漢〕班固：《漢書》，卷81，頁20。

〔註62〕〔宋〕邢昺：《論語注疏》，頁3。

〔註63〕〔唐〕魏徵等：《隋書》（臺北市：臺灣商務印書館，2009年《景印文淵閣四庫全書》），卷32，頁37。

〔註64〕〔漢〕班固：《漢書》，卷30，頁5。

南郡太守融亦爲之訓說。」〔註65〕提及篇章與傳授問題。又王充《論衡・佚文》：「孝武皇帝封弟爲魯恭王。恭王壞孔子宅以爲宮，得佚《尚書》百篇、《禮》三百、《春秋》三十篇、《論語》二十一篇。」〔註66〕皇侃《論語義疏・序》：「《古論》分〈堯曰〉下章子張問更爲一篇，合二十一篇。篇次以〈鄉黨〉爲第二篇，〈雍也〉爲第三篇，內倒錯不可具說。」〔註67〕更詳細說到篇次問題。由這些敘述資料，可見確有《古論語》，共二十一篇，篇次異於《魯論》、《齊論》。而所謂古文者，就是所謂的科斗文。〔註68〕既用古文書寫，必有異於當時的今文，故桓譚《新論》才云：「《古論語》與《齊》、《魯》文異六百四十餘字。」〔註69〕這些古文需要通過訓釋，方能了解，今留下來的資料，多指向孔子的後代——孔安國，如前述何晏之語，還有馬融。陸德明《經典釋文・敘錄》：「《古論語》……孔安國爲傳。」〔註70〕《隋書・經籍志》：「《古論語》……孔安國爲之傳。」〔註71〕王充《論衡・正說》：「孔子孫孔安國以教魯人扶卿。」〔註72〕可見孔安國傳《古論語》大致是無誤的。

　　就如同上述張禹雜揉《齊論》、《魯論》，成《張侯論》，《古論》也出現一大家，將之與《齊論》、《魯論》混雜，此人便是集大成的——鄭玄。鄭玄是馬融門下，〔註73〕學究古今，貫通融會，何晏《論語集解・序》曰：「漢末，大司農鄭玄就《魯論》篇章，考之《齊》、《古》，爲之注。」〔註74〕《經典釋文・序》云：「禹以《論》授成帝。後漢包咸、周氏，並爲章句，列於學官。鄭玄就《魯論》、張、包、周之篇章，考之《齊》、《古》，爲之注。……鄭玄著十卷。」〔註75〕《後漢書・儒林傳》：「漢興，諸儒頗修藝文；及東京，學

〔註65〕〔宋〕邢昺：《論語注疏》，頁3。

〔註66〕〔漢〕王充：《論衡》，卷20，頁7。

〔註67〕〔梁〕皇侃：《論語集解義疏》，頁4。

〔註68〕〔唐〕孔穎達：「科斗書，古文也，所謂蒼頡本體周所用之，以今所不識，是古人所爲，故名古文。形多頭麤尾細狀，腹圜圖似水蟲之科斗，故曰科斗也。」《尚書正義・序》（臺北市：臺灣商務印書館，2009年《景印文淵閣四庫全書》），頁11。

〔註69〕〔漢〕桓譚：《桓子新論》（王雲五主編《叢書集成初編》，1939年），頁13。

〔註70〕〔唐〕陸德明：《經典釋文》（臺北市：臺灣商務印書館，2009年《景印文淵閣四庫全書》），卷1，頁36。

〔註71〕〔唐〕魏徵等：《隋書》，卷32，頁38。

〔註72〕〔漢〕王充：《論衡》，卷28，頁8。

〔註73〕〔劉宋〕范曄：《後漢書・鄭玄傳》曰：「事扶風馬融。」（卷65，頁15。）

〔註74〕〔宋〕邢昺：《論語注疏・序解》，頁4。

〔註75〕〔唐〕陸德明：《經典釋文・序》，卷1，頁36。

者亦各名家。而守文之徒，滯固所稟，異端紛紜，互相詭激，遂令經有數家，家有數說，章句多者或乃百餘萬言，學徒勞而少功，後生疑而莫正。鄭玄括囊大典，網羅眾家，刪裁繁誣，刊改漏失，自是學者略知所歸。」〔註 76〕可見鄭玄除融合今古文之說，也能有效裁減定奪，使當時陷於章句家法的學者，有所依循，功績不可謂不大。《隋書‧經籍志》稱：「漢末，鄭玄以《張侯論》為本，參考《齊論》、《古論》而為之注。」「周、齊，鄭學獨立，至隋，何、鄭並行，鄭氏盛於人間。」〔註 77〕但五代後鄭注漸亡佚。今日可從《論語集解》、《經典釋文》及王應麟、惠棟、孔廣森、宋翔鳳、馬國翰等輯本得見。〔註 78〕另外，尚可見於敦煌寫本的《論語鄭氏注》殘卷有四種，吐魯番本《論語鄭氏注》殘卷一種，卜天壽本《論語鄭氏注》殘卷一種，其中以卜天壽本最為珍貴。〔註 79〕故《論語》在漢代原有三種傳本──《魯論語》、《齊論語》與《古論語》，以上相關整理請參附表一。

　　1973 年中國河北定州八角廊村 40 號漢墓中，挖掘出《論語》的殘簡，為目前所能見最早的西漢抄本，是《論語》出土文獻的代表。1997 年中國河北省文物研究所定州漢墓竹簡整理小組，出版排印本《定州漢墓竹簡論語》，表

〔註 76〕〔劉宋〕范曄：《後漢書》，卷 65，頁 20。

〔註 77〕〔唐〕魏徵等：《隋書》，卷 32，頁 38。

〔註 78〕又吳格、許駿整理：《續修四庫全書總目提要‧叢書部》（北京：國家圖書館出版社，2010 年）記「鄭氏佚書二十三種七十九卷」云：「清袁鈞輯。……鈞以兩漢經師之學鄭玄集其大義，每發一義，無不貫穿群經，然散亡之餘，遺文佚義，十不存一。因仿宋王應麟輯鄭氏《周易注》之例，與其友李廉芸取諸經義疏及他所徵引，參之往舊所有輯本，辨析誤謬，補正闕失，一一注明出處，附以考證，並齊其所不齊者，以次收合，而成是編，共得廿三種。」頁 4。

〔註 79〕敦煌本四種為：斯坦因三三三九號本、斯坦因六一二一號本、伯希和二五一〇號本、書道博物館藏本。吐魯番本為日本大谷探險隊於吐魯番探險所獲者，初藏於日本京都本願寺，後存入日本龍谷大學。公元一九六七年，在新疆吐魯番火焰山阿斯塔那東南段磚窯近處，發掘編號第三六三號唐代墓，出土遺物中有「唐景龍四年卜天壽寫《論語鄭氏注》殘卷」。原報告稱：「唐景龍四年卜天壽寫《論語鄭氏注》殘卷，橫長 5.38 米，寬 0.27 米，用白麻紙分幅黏接成卷，存『為政第二』、『八佾第三』、『里仁第四』、『公冶長第五』共四篇。篇題下皆書『孔氏本鄭氏注』，係《魯論》篇次，〈學而篇〉闕，卷首殘卷〈為政篇〉，起『哀公問何為則人服』，已避諱『民』字，迄〈公冶長篇〉『不如丘之好學也』。通卷諸篇多有衍闕訛誤，其後錄有『三台詞』一段，後又有題記：『西州縣寧昌鄉（原）風里義學生卜天壽年十二狀□』。卷中尚抄有梁‧周興嗣『千字文』首段五句。」請參鄭靜若：《論語鄭氏注輯述》（臺北市：學海出版社，1981 年），頁 37～42。

示現存竹簡 620 餘枚,約有 7576 字,原無書題與篇題,其篇章分合、文句等和傳世本都有不同。〔註 80〕至今,學者們對其仍有不同看法。〔註 81〕

　　總之,漢代因「六經焚於秦,……師傳之道中絕,而簡編脫亂訛缺,學者莫得其本真,於是諸儒章句之學興焉」。〔註 82〕以致演變為「說五字之文,至於三萬言」。「幼童而守一藝,白首而後能言」。〔註 83〕訓詁章句難逃於繁瑣,皓首窮經未免於支離,不止於六經,《論語》亦是如此,既有上述《齊論》、《魯論》、《古論》古今之別,也有家法、師法之異,這可說是漢代《論語》學的最大特點。

第三節　六朝《論語》學

　　漢末研究《論語》的風氣流傳到魏,依然興盛,「司空陳群、太常王肅、博士周生烈,皆為義說。……前世傳授,師說雖有異同,不為訓解。中間為之訓解,至於今多矣,所見不同,互有得失」。〔註 84〕即可見當時對《論語》研究的盛況,因此有關《論語》注釋的書籍數量也大增。〔註 85〕但皮錫瑞卻稱此時期為「經學中衰時代」,〔註 86〕乃源於魏晉南北朝盛行清談玄風,好《老》、《莊》、《易》,而「演說老、莊,王、何為開晉之始」。〔註 87〕「王、

〔註 80〕唐明貴:《論語學史》,頁 32。
〔註 81〕如李學勤曰:「《齊論》的可能性更大一些。」李學勤:〈八角廊漢簡儒書小議〉,《簡帛佚籍與學術史》(江西:江西教育出版社,2001 年),頁 391。孫欽善說:「此本當保留了古文《論語》的一些面貌。」孫欽善:《四部要籍注疏叢刊本〈論語〉》(北京:中華書局,1998 年),頁 4。單承彬認為是《魯論》系統。詳參單承彬:〈定州漢墓竹簡本《論語》性質考辨〉,《孔子研究》2002 年第 2 期。陳來推測為早於《齊論》、《魯論》的今文《論語》。詳參陳來:〈關於定州漢墓竹簡《論語》的幾個問題〉,《孔子研究》2003 年第 2 期。王素論斷簡本以《魯論》為底本,以《齊論》為校本,是比《張侯論》更早的融合本。詳參王素:〈河北定州出土西漢簡本《論語》性質新探〉,《簡帛研究》第 3 輯。
〔註 82〕〔宋〕歐陽脩:《新唐書》(臺北市:臺灣商務印書館,2009 年《景印文淵閣四庫全書》),卷 57,頁 1。
〔註 83〕〔漢〕班固:《漢書》,卷 30,頁 20。
〔註 84〕〔宋〕邢昺:《論語注疏》,頁 4。
〔註 85〕如唐明貴認為此時期專著有 84 部,王鵬凱則列出 102 部,皆遠較兩漢 42 部為多。請參唐明貴:《論語學史》,頁 168。王鵬凱:《歷代論語著述綜錄》,頁 18～26。
〔註 86〕〔清〕皮錫瑞:《經學歷史》,頁 134。
〔註 87〕〔清〕顧炎武:《日知錄》,卷 13,頁 7。

何」爲王弼（226～249）與何晏（約 190～249），二人以玄解經，引領當代新風潮，致使范寧評之：「時以浮虛相扇，儒雅日替，寧以爲其源始於王弼、何晏，二人之罪，深於桀、紂。」〔註88〕是否「深於桀、紂」，值得再議，然亦可見其掀起之軒然大波。

在《論語》方面，二人亦各有作品。王弼有《論語釋疑》，何晏有《論語集解》。《論語釋疑》今已亡失，雖經輯佚，仍無法窺其全貌。但何晏的《論語集解》的影響就極大，是此時期《論語》學的重要著作。另外，皇侃（448～545）的《論語集解義疏》在何晏的基礎上，既注經，又疏何注，亦是集大成之作。故本節的敘述重心，乃以何、皇二書爲重點，以見六朝時期的《論語》學特色。

一、何晏《論語集解》

《三國志・魏志》：

> 晏，何進孫也。母尹氏，爲太祖夫人。晏長于宮省，又尚公主，少以才秀知名，好老、莊言，作《道德論》及諸文賦，著述凡數十篇。
>
> 〔註89〕

何晏字平叔，南陽宛人（今河南南陽），大約生於初平元年（190）左右，卒於正始十年（249），何進之孫，咸之子。曹爽秉政，以晏爲尚書，又尚公主。喜愛並擅長爲文談玄。何晏的著作，今尚著錄的有《論語集解》、《孝經注》（佚）、《老子道德論》（佚）、《魏晉諡議》（佚）、《官族傳》（佚）、《樂懸》（佚）、《周易說》（佚），除了《論語集解》，餘皆已亡失，只能靠後世所收集的少數遺文得見。〔註90〕《集解》一書，是何晏在正始年間，與孫邕、鄭沖、曹義、荀顗等四人共同完成，之後上之朝廷。〔註91〕何晏在其〈敘〉曰：

> 漢中壘校尉劉向言《魯論語》二十篇，皆孔子弟子記諸善言也。大子大傳夏侯勝、前將軍蕭望之、丞相韋賢及子玄成等傳之。《齊論語》二十二篇，其二十篇中，章句頗多於《魯論》。琅邪王卿及膠東庸生、昌邑中尉王吉皆以教授。故有《魯論》、有《齊論》。魯共王時，嘗欲

〔註88〕〔唐〕房玄齡等：《晉書》，卷 75。頁 32。
〔註89〕〔晉〕陳壽：《三國志》，卷 9，頁 30。
〔註90〕 江淑君：《魏晉論語學之玄學化研究》（臺北市：國立臺灣師範大學博士論文，1998 年），頁 60。
〔註91〕〔宋〕邢昺：《論語注疏・序解》，頁 4。

以孔子宅爲宮，壞，得《古文論語》。《齊論》有〈問王〉、〈知道〉，
多於《魯論》二篇。《古論》亦無此二篇，分〈堯曰〉下章「子張問」
以爲一篇，有兩〈子張〉，凡二十一篇。篇次不與《齊》、《魯論》同。
安昌侯張禹本受《魯論》，兼講《齊》說，善者從之，號曰《張侯論》，
爲世所貴。包氏、周氏《章句》出焉。《古論》唯博士孔安國爲之訓
解，而世不傳，至順帝時，南郡大守馬融亦爲之訓說。漢末，大司農
鄭玄就《魯論》篇章考之《齊》、《古》，爲之註。近故司空陳羣、太
常王肅、博士周生烈皆爲《義說》。前世傳授，師說雖有異同，不爲
訓解。中間爲之訓解，至于今多矣。所見不同，互有得失。今集諸家
之善，記其姓名，有不安者頗爲改易，名曰《論語集解》。〔註92〕

先略述漢代《論語》學的發展概況，再至當代情況，及《集解》編撰的動機
和方式，相當簡明有層次。可知此書乃集合了漢三家《論語》，以及魏晉以來
八位注家之說——孔安國、包咸、周氏、馬融、鄭玄、陳羣、王肅、周生烈。
魏晉之前的古注已不能全見，故此書是今日漢魏晉最重要注本，是以南宋葉
適評道：「〈論語集解敍〉論簡而文古，數百年講《論》之大意，賴以得存。」
〔註93〕指出其重要的歷史性地位。此書雖匯聚群說，然並非僅完全抄錄，何
晏云「集諸家之善」，「有不安者頗爲改易」，可見其間亦有所取捨，以呈現自
己的觀點。如〈子罕〉：「子絕四：『毋意、毋必、毋固、毋我。』」何晏注云：

毋意，以道爲度，故不任意。毋必，用之則行，舍之則藏，故無專
必。毋固，無可無不可，故無固行。毋我，述古而不自作處，羣萃
而不自異，唯道是從，故不有其身。〔註94〕

此章何晏完全不引前人之說，而自下己意。但鄭玄曾注曰：

億，謂以意，意有所疑度。必，謂成言未然之事。固，謂已事因然
之。我，謂己言必可用。絕此四者，爲其陷於專愚也。〔註95〕

不知何晏爲何不取鄭說。兩相比較下，顯然二者的詮釋角度是有別的。而據
筆者的統計，何晏這種情況共有一百三十六處。〔註96〕

〔註92〕 〔宋〕邢昺：《論語注疏·序解》，頁2～4。
〔註93〕 〔清〕朱彝尊：《經義考》，卷211，頁20。
〔註94〕 〔宋〕邢昺：《論語注疏》，卷9，頁77。
〔註95〕 陳金木：《唐寫本論語鄭氏注研究——以考據、復原、詮釋爲中心的考察》（臺
北市：文津出版社，1996年），頁952。
〔註96〕 當然這一百三十六處就是研究何晏《論語》學最重要的資料。而筆者統計的

　　何晏爲當時清談名家，《集解》中帶有玄學色彩，如：

（1）子曰：「志於道，**據於德**，依於仁，**遊於藝**。」（〈述而〉）

　　　　何晏注：「志於道」，志，慕也。道不可體，故志之而已。「據於德」，據，杖也。德有成形，故可據。

　　案：「道不可體」，道是無；「德有成形」，德是有。道是萬物的根源，是無；而天下萬物是有，有生於無，德者得也，故能成形爲具**體**的物，此爲《老子》思想。何晏解：「志，慕也。」是一種欣賞羨慕的態度，因爲「道」爲一高深的境界，不易了解，所以只能思慕、瞻仰它。這與儒家立志向道的積極義大有別，所謂：「士不可以不弘毅，任重而道遠。仁以爲己任，不亦重乎？死而後已，不亦遠乎？」（〈泰伯〉）仁即是道，是需要吾人努力奔赴的目標，並不是以一架空的境界企慕之而已。

（2）子曰：回也，其庶乎！屢空。賜不受命，而貨殖焉，億則屢中。
　　　（〈先進〉）

　　　　何晏注：言回庶幾聖道，雖數空匱，而樂在其中。賜不受教命，唯財貨是殖，億度是非。蓋美回，所以勵賜也。一曰：屢猶每也。空猶虛中也。以聖人之善道，教數子之庶幾，猶不至於知道者，各內有此害。其於庶幾每能虛中者，唯回。懷道深遠，不虛心，不能知道，子貢雖無數子之病，然亦不知道者，雖不窮理而幸中，雖非天命而偶富，亦所以不虛心也。

　　案：其實「空猶虛中也」，「虛中」即是「虛心」。與《老子》第四章：「道沖而用之或不盈」﹝註97﹞、第三章：「是以聖人之治，虛其心，實其腹」﹝註98﹞、十六章「致虛極，守靜篤」﹝註99﹞和《莊子‧

總數與日本學者月洞讓相同，月洞讓統計何晏《集解》中引用的結果如下：孔安國473條，包咸194條，馬融133條，鄭玄111條，王肅36條，周生烈13條，陳群3條，何晏136條，合計1098條。〔日〕月洞讓：〈關於《論語鄭氏注》〉，《唐寫本論語鄭氏注及其研究》（北京：文物出版社，1991年），頁180。月洞讓將何晏自己的說法，也以「引用」方式處理說明。

﹝註97﹞《老子道德經》（臺北市：臺灣商務印書館，2009年《景印文淵閣四庫全書》），上篇，頁4。

﹝註98﹞《老子道德經》，上篇，頁4。

﹝註99﹞《老子道德經》，上篇，頁15。

人間世》假托孔子告知顏回「若一志，无聽之以耳而聽之以心，无聽之以心而聽之以氣。聽止於耳，心止於符。氣也者，虛而待物者也。唯道集虛。虛者，心齋也」〔註100〕有關。且觀《論語》中語意，乃是孔子將顏回與子貢對比談論，謂顏回「空」，而子貢「貨殖」能賺錢，〔註101〕則此處的「屢空」應是與「貨殖」相對的「數至空匱也」。〔註102〕所以孔子簡要的說，顏回很優秀，但可惜貧窮空匱；子貢不如顏回，但夠聰明也會賺錢。似不必說到「虛中」、「虛心」等玄遠處。故朱熹就因此曾說：「屢空只是空乏之空。古人有『簞瓢屢空』之語是也。……若曰心空，則聖人平日之言無若此者。且數數而空，亦不勝其間斷矣。此本何晏祖述老、莊之言，諸先生蓋失之不知正耳。」〔註103〕以上二例是最容易被注意到的。

（3）子以四教：文、行、忠、信。（〈述而〉）

何晏注：四者有形質，可舉以教。

案：《老子》：「天下之至柔，馳騁天下之至堅。無有入無間。」河上公注曰：「無有謂道也。道無形質，故能出入無間，通神明濟群生也。」〔註104〕可見「形質」一詞當指具體的外形質性。何晏以「文、行、忠、信」四者非道，各有其特定的意義內涵，故可列舉而實際教導。

（4）孔子曰：「君子有三畏：畏天命，畏大人，畏聖人之言。小人不知天命而不畏也，狎大人，侮聖人之言。」（〈季氏〉）

何晏注：「畏大人」，大人，即聖人，與天地合其德。「侮聖人之言」，不可小知，故侮之。

〔註100〕〔晉〕郭象：《莊子注》（臺北市：臺灣商務印書館，2009 年《景印文淵閣四庫全書》），卷 2，頁 9。

〔註101〕〔宋〕朱熹：「貨殖，貨財生殖也。」《四書章句集注·論語集註》（臺北市：學海出版社，1989 年），頁 127。以下皆簡稱爲《論語集註》。

〔註102〕〔宋〕朱熹：《論語集註》，頁 127。

〔註103〕〔宋〕朱熹：《御纂朱子全書》（臺北市：臺灣商務印書館，2009 年《景印文淵閣四庫全書》），卷 17，頁 11。

〔註104〕《老子河上公注》（臺北市：臺灣商務印書館，2009 年《景印文淵閣四庫全書》），卷下，頁 5。

案：「與天地合其德」，出於《易·乾卦·文言》。「小知」一詞可見《莊子·逍遙遊》：「小知不及大知。」〔註105〕及《莊子·外物》：「去小知而大知明。」〔註106〕

（5）子絕四：毋意，毋必，毋固，毋我。（〈子罕〉）

何晏注：「毋意」，以道爲度，故不任意。「毋我」述古而不自作處，羣萃而不自異，唯道是從，故不有其身。

案：「以道爲度」、「唯道是從」，俱強調「道」的優先性。所謂的「唯道是從」，出於《老子》二十一章：「孔德之容，唯道是從。」〔註107〕「孔德」指的是大德、盛德，即有德之人，這裡何晏用來影射孔子，說孔子以精深奧妙的大道爲依，所以無「我」。而「不有其身」，應該就是《老子》十三章「及吾無身，吾何有患」，〔註108〕如此一來，所謂的「毋我」就不單只是不堅持自我，去除自我了，而是一種超越自我的廣大層次了。〔註109〕再對比鄭玄的注文：「億，謂以意，意有所疑度。必，謂成言未然之事。固，謂已事因然之。我，謂己言必可用。絕此四者，爲其陷於專愚也。」〔註110〕鄭就一般人事立說，平實易懂，更可見何晏所流露的時代風尚。

以上略舉五例，以見《論語集解》中所呈現的玄風。何晏多處使用《老》、《莊》、《易》之語或活用其意，可見他對這三書熟識的程度，亦反映當時虛玄之言已滲透到《論語》了。

二、皇侃《論語集解義疏》

《梁書·儒林傳》：

皇侃，吳郡人，青州刺史皇象九世孫也。侃少好學，師事賀瑒，精力專門，盡通其業，尤明三《禮》、《孝經》、《論語》。起家兼國子助

〔註105〕〔晉〕郭象：《莊子注》，卷1，頁3。
〔註106〕〔晉〕郭象：《莊子注》，卷9，頁5。
〔註107〕《老子道德經》，上篇，頁23。
〔註108〕《老子道德經》，上篇，頁13。
〔註109〕〔日〕松川健二編，林慶彰、金培懿、陳靜慧、楊菁合譯：《論語思想史》，頁80。
〔註110〕陳金木：《唐寫本論語鄭氏注研究──以考據、復原、詮釋爲中心的考察》，頁952。

> 教，於學講說，聽者數百人。撰《禮記講疏》五十卷，書成奏上，
> 詔付祕閣。頃之，召入壽光殿講《禮記義》，高祖善之，拜員外散騎
> 侍郎，兼助教如故。性至孝，常日限誦《孝經》二十徧，以擬《觀
> 世音經》。丁母憂，解職還鄉里。平西邵陵王欽其學，厚禮迎之，侃
> 既至，因感心疾，大同十一年，卒於夏首，時年五十八。所撰《論
> 語義》十卷，與《禮記義》並見重於世，學者傳焉。〔註111〕

皇侃，生於南齊武帝永明六年（448），卒於梁武帝大同十一年（545），橫跨南朝齊、梁二個王朝，由《梁書》可知，其生平活動即以講學爲主，並精通《論語》、三《禮》、《孝經》，學問豐富，以致「於學講說，聽者數百人」。「平西邵陵王欽其學，厚禮迎之。」今日能見到的作品，只有《論語義疏》，其餘皆亡佚不傳。

《論語義疏》十卷，乃今存南北朝有關義疏之學唯一全本。成書於梁武帝年間，皇侃於其書自序曰：「今日所講，即是《魯論》，爲張侯所學，何晏所集者也。……侃今之講，先通《何集》，若《江集》中有可採者，亦附而申之。其又別有通儒解釋，於《何集》無好者，亦引取爲說，以示廣聞也。」〔註112〕可見本書是皇侃兼採何晏、江熙兩《集解》〔註113〕所引各家舊注，復以他自己所收集漢魏以來諸家之說增補匯合而成。這些人包括了王弼、王肅、李充、范寧、孫綽、郭象、蔡謨、繆播、衛瓘、欒肇、繆協、王朗、王雍、苞述、季彪、張憑、賀瑒、熊埋、梁冀、顧歡、劉歆、瘐億、樊光、江熙、袁氏、沈居士、張封溪、顏延之、顏時進、殷仲堪、秦道賀、褚仲都、穎子嚴、釋不直、釋慧琳、珊琳公、陸特進、太史叔明、虞喜等，共三十九人。〔註114〕且「稱『舊說』、『或說』、『又一通』、『又一說』者，不在此數」。〔註115〕於是「自漢末迄梁，《論語》義具是矣」。〔註116〕的確達到皇侃欲「以示廣聞」的目的。可見是書在研究《論語》上，確有其資料的不可取代性。

本書在南宋後，於中國本土已不見，康熙九年（1670）日本學者山井鼎

〔註111〕〔唐〕姚思廉：《梁書》（臺北市：臺灣商務印書館，2009年《景印文淵閣四庫全書》），卷48，頁24。

〔註112〕〔梁〕皇侃：《論語集解義疏・序》，頁6。

〔註113〕江熙的《論語集解》已佚。請參王彭凱：《歷代論語著疏綜錄》，頁21。

〔註114〕陳金木：《皇侃之經學》（臺北市：國立編譯館，1995年），頁238～240。

〔註115〕吳承仕：《經典釋文序錄疏證》（臺北市：新文豐出版股份有限公司，1975年），頁116。

〔註116〕吳承仕：《經典釋文序錄疏證》，頁116。

作《七經孟子考文》，在〈凡例〉中稱其國有皇侃疏。乾隆間，浙人汪翼滄自日本將其購回，獻於書局，於乾隆五十三年（1788）由鮑廷博刻入《知不足齋叢書》。〔註117〕

皇侃既疏解《論語》本文，亦疏解注文。如前所述，六朝玄風熾盛，此書亦不免多有談玄說理處，皮錫瑞就言：「皇侃之《論語義疏》，名物制度略而弗講，多以老、莊之旨，發爲駢儷之文，與漢人說經，相去懸絕。此南朝經疏之僅存於今者，即此可見一時風尚。」〔註118〕指出皇疏的獨特及全書的思想傾向。在浸染如此的風尚下，《論語義疏》中的孔子，成爲極爲特殊的聖人：「隱聖同凡，……微妙玄通，深不可識，所以接代軌物者，曷嘗不誘之以形器乎？黜獨化之迹，同盈虛之資，勉夫童蒙而志學，學十五載乃可與立，爰自學迄於縱心，善始全終，貴不踰法，示之易行而行之以禮爲教之例，其在茲乎？」〔註119〕這是對〈爲政〉篇裡，孔子自述其生命歷程「吾十有五而志於學」的一段疏語。又「若夫溫而能屬，威而不猛，恭而能安，斯不可名之理全矣。故至和之調，五味不形；大成之樂，五聲不分；中和備質，五材無名也」。〔註120〕及「聖人形化時也，物求則趣應，無所抑必，故互鄉進而與之是也。無所抑必，由無意，故能爲化無必也」。〔註121〕再則「聖雖己應物，物若不能得行，則聖亦不追固執之，不反三隅則不復是也。亦因無意，故能無固也」。〔註122〕〈子罕〉篇中太宰與子貢稱美孔子爲聖，皇侃疏爲：「江熙云：聖人體是極於沖虛，是以忘其神武，遺其靈智。遂與眾人齊其能否，故曰：我無能焉。子貢識其天眞，故曰：夫子自道之也。」〔註123〕可見皇侃已把孔子詮釋爲揉合儒道的聖人，德合天地，玄通微妙。是故陳澧於《東塾讀書記》責曰：「六十而耳順，孫綽云：『耳順者，廢聽之理也，朗然自玄悟，不復投而後得。』子畏於匡，孫綽云：『兵事阻險，常情所畏，聖人無心，故即以物畏爲畏也。』久矣吾不復夢見周公，李充云：『聖人無想，何夢之有？蓋傷周德之日衰，故寄慨於不夢。』吾不試故藝，繆協云：『兼愛以忘仁，游藝以去藝。』顏淵死，子哭之慟，繆協云：『聖人體無哀樂，

〔註117〕其中的過程可參董季棠：〈論語皇本異文舉要〉，《孔孟學報》第23期，頁99。張清泉：《清代論語學》，頁14。唐明貴：《論語學史》，頁199～200。
〔註118〕〔清〕皮錫瑞：《經學歷史》，頁173。
〔註119〕〔梁〕皇侃：《論語集解義疏》，卷1，頁20。
〔註120〕〔梁〕皇侃：《論語集解義疏》，卷4，頁23。
〔註121〕〔梁〕皇侃：《論語集解義疏》，卷5，頁4。
〔註122〕〔梁〕皇侃：《論語集解義疏》，卷5，頁4。
〔註123〕〔梁〕皇侃：《論語集解義疏》，卷7，頁38。

而能以哀樂為體，不失過也。』郭象云：『人哭亦哭，人慟亦慟，蓋無情者與物化也。』修己以安百姓，郭象云：『以不治治之，乃得其極。』君子道者三，我無能焉，江熙云：『聖人體是極於沖虛，是忘其神武，遺其靈智，其尤甚者。』回也其庶乎，屢空，顧歡云：『夫無欲於無欲者，聖人之常也；有欲於無欲者，聖人之分也；二欲全無，故全空以目聖。一有一無，故每虛以稱賢。太史叔明申之云：按其遺仁義，忘禮樂，墮肢體，黜聰明，坐忘大通，此忘有之義也。忘有頓盡，非空如何？若以聖人驗人，聖人忘忘，大賢不能忘忘，不能忘忘，心復為未盡，一未一空，故屢名生也焉。』此皆皇侃《疏》所來，而皇氏玄虛之說尤多，甚至謂原壤為方外聖人，孔子為方內聖人。」〔註124〕大肆抨擊以玄釋《論語》的作法。今人戴君仁也說：「皇《疏》卷帙不少，且所疏的是表現孔子言行的《論語》。……很分明的顯示道家者流和佛門信徒企圖把儒家的聖人改頭換面，他們講孔子的思想都基於道經佛典，說些虛空寂靜的、玄遠的、消極的、無為無事的話。而不在人倫日用之間，說切切實實至當應為的道理，發揮『知其不可而猶為』的剛健積極的精神。這樣的聖人，已不是孔子。就儒家說，其患甚於楊墨。」〔註125〕

皇侃的《論語義疏》瑕瑜互見，因浸染時代風氣，常以道佛玄思說《論語》，以致偏離大意。但內容豐富，援引詳博，並且存列異說，極有參考價值。故翟灝《四書考異》曰：「所引十三家，皆東晉時人，其時崇尚清言，或未免於陳細趣而乖大道。而其博集群言，薈萃周備，足以增發新義，祛釋隱惑者，正復夥夠，邢《疏》以外，宜兼取以資會通者。」〔註126〕亦如《四庫》所論：「皇侃《疏》雖有鄙近，然博集群言，補諸書之未至，為後學所宗。」〔註127〕爾後對北宋邢昺的《論語注疏》有極大影響，此待下章再論列二者之相關。

由此節所述，可觀察到六朝《論語》的玄學化，正如吳承仕所說：「自何氏《集解》以迄梁陳之間，說《論語》者義有多家，大抵承正始之遺風，標玄儒之旨遠。」〔註128〕《論語》學烙下了深刻的時代印記。

〔註124〕〔清〕陳澧：《東塾讀書記》（臺北市：廣文書局有限公司，1970年），頁33～35。

〔註125〕戴君仁：〈皇侃《論語義疏》的內涵思想〉，《孔孟學報》第21期，頁27。

〔註126〕〔清〕翟灝：《四書考異》，上編卷31，頁130。

〔註127〕〔清〕永瑢等：《欽定四庫全書總目》，卷35，頁6。

〔註128〕吳承仕：《經典釋文序錄疏證》，頁112。

第四節　隋唐五代《論語》學

　　《論語》學在隋唐五代進入了一個較前期沒落的階段，此從研究作品的數量可見。隋代著錄僅有三部：張沖《論語義疏》、徐孝克《論語講疏文句義》、劉炫《論語章句》，且今日皆已亡佚。唐代著作也不多，包括：賈公彥《論語疏》十五卷（佚）、陳銳《論語品類》七卷（佚）、韓愈《論語注》十卷（佚）、韓愈、李翱《論語筆解》二卷（存）、侯喜《論語問》不注卷數（佚）、張籍《論語注辨》二卷（佚）、馬總《論語樞要》十卷（佚）、李磎《注論語》不注卷數（佚）、張氏《論語注》十卷（佚）、無名氏《論語雜義》十三卷（佚）、無名氏《論語剔義》十卷（佚）、陸德明《論語釋文》（又名《論語音義》）一卷（存）、李涪《論語刊誤》二卷（存）、王勃《次論語》十卷（佚）。共十四部，亡佚亦甚多。五代十國只有後唐雕版《論語》、後蜀石經《論語》，不見研究著述。〔註 129〕

　　從隋至五代（581～979）這麼一段將近四百年的時期，爲何《論語》學會如此衰落？恐怕與《五經正義》的頒布有相當的關係。從唐太宗時代的撰定，到唐高宗將《五經正義》立爲官修的標準本，並依此考試，〔註 130〕官方掌控了知識的解釋權，展示了教育和政治的不可分割性。〔註 131〕因此，在科考的制度下，在教科書的箝制下，「而後經義無異說，每年明經，依此考試，天下士民，奉爲圭臬。蓋自漢以來，經學統一，未有若斯之專且久也」。〔註 132〕而明經試的考法，基本上是考察對經文及注疏文字的背誦結果。是以當時有俗諺云：「三十老明經，五十少進士。」〔註 133〕譏諷不必加考詩賦，只須記誦之經學考試。在考試內容及考試方式的規定下，讀書人不必多加考究思辯，遂變成唐代經學研究的窘境。《論語》雖然不在

〔註 129〕王鵬凱：《歷代論語著述綜錄》，頁 33～35。
〔註 130〕以上有關《五經正義》的成書過程及朝廷作法，可參〔後晉〕劉昫等：《舊唐書・儒學傳上》（臺北市：臺灣商務印書館，2009 年《景印文淵閣四庫全書》）。
〔註 131〕如唐代筆記小說《唐摭言》記道：「貞觀初放榜日，上（案：唐太宗）私幸端門，見進士於榜下綴行而出，喜謂侍臣曰：『天下英雄，入吾彀中矣。』」可見太宗所展現的控制心態。〔唐〕王定保：《唐摭言》（臺北市：臺灣商務印書館，2009 年《景印文淵閣四庫全書》），卷 1，頁 4。
〔註 132〕馬宗霍：《中國經學史》，《經學叢書初編（4）》（臺北市：學海出版社，1985 年），頁 94。
〔註 133〕〔唐〕王定保於〈散序進士〉言進士科「歲貢常不減八九百人」，「其艱難謂之『三十老明經，五十少進士』」。《唐摭言》，卷 1，頁 5。

《五經正義》中，但士子除了考五經，實際上還須通《論語》、《孝經》。〔註134〕上述有關科考的狀況，自然也發生在《論語》身上。所以《論語》學的衰退，是其來有自了。流傳至今，對後人較有影響的是陸德明《論語釋文》（又名《論語音義》）和韓愈、李翱《論語筆解》，而將以《論語筆解》爲本節介紹重點。

一、陸德明《論語釋文》

《舊唐書·陸德明傳》：

> 陸德明，蘇州吳人也。初受學於周弘正，善言玄理。陳太建中，太子徵四方名儒，講于承光殿，德明年始弱冠，往參焉。國子祭酒徐克開講，恃貴縱辨，眾莫敢當，德明獨與抗對，合朝賞歎。解褐始興王國左常侍，遷國子助教。陳亡，歸鄉里。隋煬帝嗣位，以爲祕書學士。大業中，廣召經明之士，四方至者甚眾。遣德明與魯達、孔褒俱會門下省，共相交難，無出其右者。授國子助教。王世充僭號，封其子爲漢王，署德明爲師，就其家，將行束脩之禮。德明恥之，因服巴豆散，臥東壁下。王世充子入，跪牀前，對之遺痢，竟不與語。遂移病於成皋，杜絕人事。王世充平，太宗徵爲秦府文學館學士，命中山王承乾從其受業。尋補太學博士。後高祖親臨釋奠，時徐文遠講《孝經》，沙門惠乘講《波若經》，道士劉進喜講《老子》，德明難此三人，各因宗指，隨端立義，眾皆爲之屈。高祖善之，賜帛五十匹。貞觀初，拜國子博士，封吳縣男。尋卒。撰《經典釋文》三十卷、《老子疏》十五卷、《易疏》二十卷，並行於世。太宗後嘗閱德明《經典釋文》，甚嘉之，賜其家束帛二百段。子敦信，龍朔中官至左侍極，同東西臺三品。〔註135〕

陸德明（約550～630），名元朗，字德明，唐蘇州吳人。學問淵博，但不願依附王世充。撰《經典釋文》三十卷、《老子疏》十五卷、《易疏》二十卷，並行於世。陸德明的《論語釋文》（又名《論語音義》），是對《論語》所作的以注音爲主，兼及訓詁的專門書。其以何晏的《論語集解》爲底本，又吸收了魏晉南北朝部分學者的研究成果，從字句、注音、釋義、句讀等方面，對魏

〔註134〕〔唐〕李林甫：《唐六典》（北京市：中華書局，1992年），卷2，頁45。
〔註135〕〔後晉〕劉昫等：《舊唐書》，卷189上，頁8。

晉南北朝的《論語》研究進行了總結，保存了大量《論語》研究的史料，是對前儒《論語》研究的一次大匯總。〔註136〕

二、韓愈、李翱《論語筆解》

安史之亂後，唐代風氣丕變，古文運動與新樂府運動興起，在經學方面，「大曆時，助、匡、質以《春秋》，施士匄以《詩》，仲子陵、袁彝、韋彤、韋茝以《禮》，蔡廣成以《易》，強蒙以《論語》，皆自名其學，而士匄、子陵最卓異」。〔註137〕在學術上有了一股革故創新，自由研究的氣象。當中提到《論語》學有一專家——強蒙，但可惜未有資料作品留下。當時，在有關《論語》的研究上，最重要的就是韓愈、李翱的《論語筆解》。韓愈（768～824）字退之，河南河陽人。李翱（772～841）字習之，隴西成紀人，曾從韓愈學古文，重新重視《中庸》、《易傳》，〈復性書〉是其重要的心性思想作品。

《論語筆解》的最大特色是疑經惑注，自出新解，以下舉例明之。

（一）刪改變易《論語》字句

1. 宰予晝寢。子曰：朽木不可雕也，糞土之牆不可杇也。於予與何誅。（〈公冶長〉）

    韓曰：晝當為畫字之誤也。宰予四科十哲，安得有晝寢之責乎？假或偃息，亦未深誅。

2. 點，爾何如，至童子六七人，浴乎沂，風乎舞雩，詠而歸。（〈先進〉）

    韓曰：浴當為沿字之誤也。周三月，夏之正月，安有浴之理哉？

3. 子曰：君子而不仁者有矣夫，未有小人而仁者也。（〈憲問〉）

    韓曰：仁當為備字之誤也。豈有君子而不仁者乎？既稱小人，又豈求其仁耶？吾謂君子才行或不備者有矣，小人求備則未之有也。

    李曰：孔註云備，是解其不備明矣。正文備作仁，誠字誤，一失其文，寖乖其義。

4. 子曰：可與共學，未可與適道，可與適道，未可與立，可與立，未可與權。（〈子罕〉）

〔註136〕唐明貴：《論語學史》，頁244～254。
〔註137〕〔宋〕歐陽脩：《新唐書》，卷200，頁25。

－57－

孔曰：雖能之道，未必能有所立，雖有所立，未必能權量輕重。

韓曰：孔注猶失其義。夫學而之道者，豈不能立耶？權者，經權之權，豈輕重之權耶？吾謂正文傳寫錯倒，當云可與共學，未可與立，可與適道，未可與權，如此則理通矣。

5. 子曰：由，知德者鮮矣。（〈衛靈公〉）

韓曰：此一句是簡編脫漏，當在子路慍見下文一段為得。

李曰：濫當為慍字之誤也。仲尼因由慍見，故云「窮斯慍焉」，則知之固如由者，亦鮮矣。

略舉五例，以證其直接就《論語》文本改變文字或調整語句順序。

（二）明言攻擊傳注者

1. 子貢曰：夫子之文章可得而聞也，夫子之言性與天道不可得而聞也。（〈公冶長〉）

孔曰：性者人所受以生也，天道者，元亨日新之道，深微故不可得而聞也。

韓曰：孔說粗矣，非其精蘊。吾謂性與天道一義也，若解二義則人受以生，何者不可得聞乎哉。

李曰：天命之謂性，是天人相與一也。天亦有性，春仁，夏禮，秋義，冬智是也。人之率性，五常之道是也。蓋門人只知仲尼文章，而少克知仲尼之性與天道合也。非子貢之深蘊，其知天人之性乎？

2. 因不失其親，亦可宗也。（〈學而〉）

孔曰：因，親也。所親不失其親，亦可宗敬。

韓曰：因訓親非也，孔失其義。觀有若上陳信義恭禮之本，下言凡學必因上禮義二說，不失親師之道，則可尊矣。

李曰：因之言相因也。信義而復本，禮因恭而遠嫌，皆不可失，斯迺可尊。

3. 子曰：論篤是與，君子者乎？色莊者乎？（〈先進〉）

孔曰：論篤是口無擇言，君子是身無擇行，色莊者不惡而嚴。

韓曰：孔失其義，吾謂論者，討論也。篤，極也。是，此也。論極此聖人之道，因戒子張但學君子容色莊謹，即可以及乎君子矣。

李曰：與，疑辭也。乎，語終也。上句云論篤，此與者言子張未極此善人也。下句言莊者，欲戒子張檢堂堂之過，約歸於君子容貌而已。孔註云三者爲善人，殊失聖人之本意。

4. 子張問十世可知也。子曰：殷因於夏禮，所損益可知也；周因於殷禮，所損益可知也。其或繼周者，雖百世可知也。（〈爲政〉）

孔曰：文質禮變。馬曰：所因謂三綱五常，所損益謂文質三統。

韓曰：孔、馬皆未詳仲尼從周之意。泛言文質三統，非也。

5. 子曰：敏於事而愼於言，就有道而正焉，可謂好學也矣。（〈學而〉）

孔曰：敏，疾也。有道，有道德者。正謂問事是非。

韓曰：正謂問道，非問事也。上句言事，下句言道，孔不分釋之，則事與道混而無別矣。

李曰：凡人事政事皆謂之事，迹若道則聖賢德行非記誦文辭之學而已。孔子曰有顏回者好學，不遷怒，不貳過，此稱爲好學。孔云問事是非，蓋得其近者小者，失其大端。

以上亦略舉五例，以見其大膽指斥前儒之說。

（三）自出新意詮解

1. 子絕四，毋意，毋必，毋固，毋我。（〈子罕〉）

王曰：不任意，無專必，無固行，無有其身也。

韓曰：此非仲尼自言。蓋弟子記師行事，其實子絕二而已。吾謂無任意即是無專必也，無固行即是無有己身也。

李曰：非弟子記之繁，傳之者誤以絕二爲四也。但見四毋字，不曉二義而已，亦猶手之舞之，足之蹈之，雖四事，其實二事云。

2. 子曰：述而不作，信而好古，竊比於我老彭。（〈述而〉）

包曰：若老彭祖述之而已。

韓曰：先儒多謂仲尼謙詞，失其旨矣。吾謂仲尼傷己不遇，嘆其道若老彭而已。

李曰：下文，子曰甚矣吾衰也，久矣，吾不復夢見周公。是制禮作樂慕周公所爲，豈若老彭述古事而已？顯非謙詞，蓋嘆當世鄙俗，竊以我比老彭，無足稱爾。韓曰：殷賢惟伊、傅，餘固蔑稱。

3. 子曰：君子懷德，小人懷土，君子懷刑，小人懷惠。（〈里仁〉）

　　孔曰：懷德，懷，安也。懷土重遷也。懷刑，安於法也。包曰：懷惠，恩惠也。

　　韓曰：德難形容，必示之以法制。土難均平，必示之以恩惠。上下二義轉相明也。

　　李曰：君子非不懷土也，知土均之法乃懷之矣。小人只知土著樂生之惠，殊不知土之德何極於我哉。

4. 子罕言利與命與仁。（〈子罕〉）

　　包曰：寡能及之，故希言。

　　韓曰：仲尼罕言此三者之人焉，非謂罕言此三者之道也。

　　李曰：上篇云：仁遠乎哉？我欲仁，斯仁至矣。是仲尼凡於道，則無不言，但罕有其人。是以罕言爾。上篇云必有之，吾未之見，此罕言之義。

5. 子曰：從我於陳蔡者，皆不及門也。（〈先進〉）

　　鄭曰：皆不及仕進之門，而失其所。

　　韓曰：門謂聖人之門。言弟子學道，由門以及堂，由堂以及室，分等降之差，非謂言仕進而已。

　　李曰：如由也升堂未入於室，此等降差別，不及門猶在下列者也。

以上略舉五例，以見其獨樹一幟的詮解。

　　凡此種種大膽作法，不免招來後人的強烈批評：《經義考》引王栐曰：「或謂文公所解多改本文，近於鑿矣。」〔註138〕劉師培《經學教科書》亦云：「隋唐以降，《論語》之學式微，惟唐韓愈、李翱作《論語筆解》，附會穿鑿，緣詞生訓，遂開北宋說經之先。」〔註139〕又：「即韓愈、李翱作《論語筆解》，緣詞生訓，曲說日繁，此皆以己意說經之書也。蓋《正義》之失，在於信古過篤，故與之相反者，即以蔑古逞奇。故唐人說經之穿鑿，不可謂非孔氏《正義》之反動力也。」〔註140〕

　　另有唐石經之刊刻，據《唐會要》所載，始於文宗太和七年（833），此事乃因太和四年（830），大臣鄭覃上奏「經籍訛謬，博士相沿，難為改正」，

〔註138〕〔清〕朱彝尊：《經義考》，卷213，頁4。
〔註139〕劉師培：《經學教科書》第一冊（上海：上海古籍出版社，2006年），頁79。
〔註140〕劉師培：《國學發微》（臺北市：廣文書局，1970年），頁76。

故希望「召宿儒奧學，校定六籍，準後漢故事，勒石於太學」。〔註141〕文宗接受了鄭覃的建議，於是在太和七年二月命唐玄度「覆《九經》字體」，爾後完成工作，並撰成《九經字樣》。十二月，文宗再下詔：「於國子監講堂兩廊創立石壁《九經》，並《孝經》、《論語》、《爾雅》。」〔註142〕總共十二經，最後於開成二年（837）全數完成。據朱彝尊〈唐國子學石經跋〉所說，《論語》有一萬六千五百零九個字，皆是白文無注。〔註143〕

　　五代十國時期，唯後唐有雕版《論語》及後蜀有石經《論語》。蜀石經始刊於孟昶廣政元年，成於宋徽宗宣和元年，據曾宏父所稱，石經《論語》完成於廣政七年，其所據版本是唐石經，但唐石經無注，西蜀石經依《集解》本並刻其注文，共三萬五千三百六十七字。〔註144〕蜀石經今已亡佚，馮登府曾就殘碑遺字，考核異文，可供參考。〔註145〕而據《五代會要》卷八所載，馮道、田敏創議主持刻書，凡刻《易》、《書》、《詩》、《三禮》、《三傳》、《論語》、《孝經》、《爾雅》、《五經文字》、《九經字樣》、《經典釋文》等書，稱之為五代監本。〔註146〕王國維、昌彼得皆以此次所刻，是以唐石經經文為藍本，另加何晏《集解》注文而成，然惜無傳本。〔註147〕而陸德明的《釋文》，在後周世宗顯德二年（955），國子祭酒尹拙因為「陸氏《釋文》，唐初撰集」，「綿歷歲月」以致「傳寫失真」，所以上奏要求「校勘《經典釋文》，雕版印刷」。然而此項工作在五代時期並未全數完成，一直到了宋初才刊行完畢。〔註148〕

〔註141〕〔後晉〕劉煦等：《舊唐書》，卷 173，頁 2。

〔註142〕〔宋〕王溥：《唐會要》（臺北市：臺灣商務印書館，2009 年《景印文淵閣四庫全書》），卷 66，頁 26。

〔註143〕〔清〕朱彝尊：《曝書亭集》（臺北市：臺灣商務印書館，2009 年《景印文淵閣四庫全書》），卷 50，頁 1。

〔註144〕曾宏父：《石刻鋪敘》（長沙：商務印書館發行，1939 年）卷上，頁 1。

〔註145〕〔清〕馮登府：《論語異文考證》，《叢書集成續編》（臺北市：新文豐出版公司）第 36 冊。

〔註146〕〔宋〕王溥：《五代會要》（臺北市：臺灣商務印書館，2009 年《景印文淵閣四庫全書》），卷 8，頁 3。

〔註147〕王國維：《五代兩宋監本考》（臺北市：臺灣商務印書館股份有限公司，1976 年），頁 7。昌彼得：〈論語版本源流概述〉，《孔孟月刊》第 2 卷第 8 期，頁 2。以上相關之說參王鵬凱：《歷代論語著述綜錄》，頁 37～38。

〔註148〕馮曉庭：《宋初經學發展述論》（臺北市：萬卷樓圖書有限公司，2001 年），頁 23。

第三章　注疏派《論語》學（上）

　　宋學雖以義理爲盛，然經書的注疏之學，在宋初依舊是基本的研讀傳統，如欲獲知較完整之《論語》學形貌，不容忽視。邢昺《論語注疏》是在皇侃《論語集解義疏》的基礎上，疏解何晏的《論語集解》，所以三者關係密切。同時唐寫本《論語鄭氏注》的出現，亦提供吾人可觀察的另一面向。由於篇幅較多，故分上下二部分，本章將先介紹邢昺《論語注疏》，及其與皇侃《論語集解義疏》、何晏《論語集解》之異同。接著第四章再和唐寫本《論語鄭氏注》比較，以見其特色。

第一節　邢昺生平與《論語注疏》

《宋史・儒林一》：

> 邢昺字叔明，曹州濟陰人。太平興國初，舉五經，廷試日，召升殿講〈師〉、〈比〉二卦，又問以羣經發題，太宗嘉其精博，擢九經及第，⋯⋯咸平初，改國子祭酒。二年，始置翰林侍講學士，以昺爲之。受詔與杜鎬、舒雅、孫奭、李慕清、崔偓佺等校定《周禮》、《儀禮》、《公羊》、《穀梁春秋傳》、《孝經》、《論語》、《爾雅義疏》，及成，並加階勳。⋯⋯雍熙中，昺撰《禮選》二十卷獻之，太宗探其快，得〈文王世子〉篇，觀之甚悅，因問衛紹欽曰：「昺爲諸王講説，曾及此乎？」紹欽曰：「諸王常時訪昺經義，昺每至發明君臣父子之道，必重複陳之。」太宗益喜。上嘗因內閣暴書，覽而稱善，召昺同觀，作〈禮選贊〉賜之。昺言：「家無遺稿，願得副本。」上許之。繕錄未畢而昺卒，亟詔寫二本，一本賜其家，一本俾置冢中。⋯⋯昺在

東宮及內庭，侍上講《孝經》、《禮記》、《論語》、《書》、《易》、《詩》、

《左氏傳》，據傳疏數引之外，多引時事爲喻，深被嘉獎。〔註1〕

邢昺生於後唐明宗長興三年（932），卒於宋眞宗大中祥符三年（1010）。他擢九經及第，之後除任職中央及地方官外，亦被召爲國子監丞，任講學之職。眞宗咸平元年（998）任國子祭酒，次年擔任翰林侍讀學士，受命與杜鎬（938～1013）、舒雅、孫奭（962～1033）等人校定《論語》、《周禮》、《爾雅》等諸經義疏。後累官至禮部尚書。除了編定校刊經書外，又選作諸王府侍讀，從太宗至眞宗，長期爲皇室諸子說講《論語》、《孝經》、《詩》……等經書。講解經書時，除了基本的注疏文字，還會多方援引時事爲喻，強調君臣父子之道，針對皇族，進行政治教育，而深受肯定嘉獎。並曾撰有《禮選》二十卷，但今不傳。邢昺的經學成就，在於經世致用，可謂範圍廣、影響遠。

宋太宗至道二年（996），監判李至認爲《五經正義》已經雕版印行，而「二《傳》、二《禮》、《孝經》、《論語》、《爾雅》七經《疏》未備」，〔註2〕所以上言請求校讎並雕印「七經疏義」，太宗接受了這項提議，於是在李至與李沆的總領之下，展開了實質的整理工作：

凡賈公彥《周禮》、《儀禮疏》各五十卷，《公羊疏》三十卷，楊士勛《穀梁疏》十二卷，皆校舊本而成之。《孝經》取元行沖《疏》，《論語》取梁皇侃《疏》，《爾雅》取孫炎、高璉《疏》，約而修之，又二十三卷。〔註3〕

後來主持者李至、李沆在咸平三年（1000）卸任，眞宗命邢昺接手，繼續此項工作。「景德二年，……是夏，上幸國子監閱庫書，問昺經版幾何，昺曰：『國初不及四千，今十餘萬，經、傳、正義皆具。臣少從師業儒時，經具有疏者百無一二，蓋力不能傳寫。今板本大備，士庶家皆有之，斯乃儒者逢辰之幸也。』」〔註4〕可知整個編修的過程，不只是邢昺奉詔與杜鎬、舒雅、孫奭、李慕清、崔偓佺等人，一起刊定舊說而成，也包括之後官方將原本的經、注文，及邢昺等的「正義」疏文，雕版印製。

由上引《宋史》的紀錄，可以得知，七經中的《周禮》、《儀禮》、《公羊》、《穀梁》疏，「皆校舊本而成之」；而《論語》、《孝經》、《爾雅》是「約而修

〔註1〕　〔元〕脫脫等：《宋史》，卷431，頁7。
〔註2〕　〔元〕脫脫等：《宋史》，卷266，頁16。
〔註3〕　〔宋〕王應麟：《玉海》，卷41，頁38。
〔註4〕　〔元〕脫脫等：《宋史》，卷431，頁8。

之」。雖皆是對舊說有強烈的依賴性，但《論語》等三經，還經過邢昺等刪改修訂，在某種意義上可視爲新作品。不只史籍如此記載，晁公武《郡齋讀書志》亦稱：「梁皇侃採衛瓘、蔡謨等十三家說爲《疏》，國朝邢昺等因之。」〔註5〕表示《論語》是邢昺因襲皇侃《論語義疏》而成。《四庫全書總目》也認爲：「是書蓋咸平二年詔昺改定舊疏，頒列學官。至今承用，而傳刻頗廣。……今觀其書，大抵翦皇氏之枝蔓，而稍傅以義理，……是疏出而皇《疏》微。」〔註6〕可見此書是在皇侃《論語義疏》的基礎上發展而來，二者關係密切。

　　至於此書之名稱與卷帙，《宋史‧藝文志》曰：「邢昺《正義》十卷。」〔註7〕《四庫全書總目》則曰：「《論語正義》二十卷（內府藏本）魏何晏注，宋邢昺疏。……昺《疏》，《宋志》作十卷，今本二十卷，蓋後人依《論語》篇第析之。」〔註8〕嘉慶二十年，江西南昌府學開雕之十三經本，則稱《論語注疏》。是知本書原稱作《論語正義》，直至嘉慶二十年，江西南昌府學開雕之書不名《論語正義》，而另稱爲《論語注疏》。蓋因邢昺每稱《集解》文字爲「注」，而「疏」字下又別稱曰「正義」。「疏」爲全章之釋文，「正義」則專屬邢昺之說法。〔註9〕同時此書有十卷、二十卷二種版本，今日所用江西南昌府學開雕之十三經本，爲二十卷本。本論文即用此版，故逕稱《論語注疏》。《論語注疏》今存有三種早期版本，一是南宋蜀大字十卷本，日本宮內廳藏。二是嘉泰間兩浙東路刊本，臺北故宮博物院藏殘本，存卷十一至二十。三是半頁十行二十卷本，爲傳世本，爲元刻明修。〔註10〕

第二節　《論語注疏》與何晏《論語集解》之比較

　　《論語注疏》是疏解何晏《論語集解》的注語，有關《論語集解》，上一章六朝的《論語》學概述，已約略介紹，此不再贅。而作爲一注疏者的角色，《論語注疏》基本上有六個面向，以下分述之。

〔註 5〕〔宋〕晁公武：《郡齋讀書志》（臺北市：臺灣商務印書館，2009 年《景印文淵閣四庫全書》），卷 1 下，頁 13。
〔註 6〕〔清〕永瑢等：《欽定四庫全書總目》，卷 35，頁 9。
〔註 7〕〔元〕脫脫等：《宋史》，卷 202，頁 29。
〔註 8〕〔清〕永瑢等：《欽定四庫全書總目》，卷 35，頁 9。
〔註 9〕蔡娟穎：《論語邢昺疏研究》（臺北市：國立臺灣師範大學國文研究所碩士論文，1990 年），頁 2。
〔註10〕唐明貴：《論語學史》，頁 280。

一、引古籍訓字詞

1. 〈學而〉：有子曰：其爲人也孝弟，而好犯上者鮮矣。

    何注：鮮，少也。

    邢疏：〈釋詁〉云：「鮮，罕也。」故得爲少。

2. 〈公冶長〉：禦人以口給，屢憎於人。

    何注：孔曰：屢，數也。

    邢疏：屢，數也者，〈釋言〉云：「屢，亟也。」郭璞云：「亟亦
數也。」

3. 〈里仁〉：君子無終食之間違仁，造次必於是，顛沛必於是。

    何注：馬曰：造次，急遽。顛沛，偃仆。雖急遽、偃仆不違仁。

    邢疏：云「顛沛，偃仆」者，《說文》云：「偃，僵也。仆，頓也。」
則偃是仰倒也，仆是踣倒也。雖遇此顛躓之時，亦不違仁也。

以上三例，何晏注極簡略。邢疏分別引《爾雅》的〈釋詁〉、〈釋言〉及《說
文》，就經注之字詞加以訓釋，進行基本的訓詁。邢昺本其曾校定《周禮》等
典籍之知識，學問淵博，故能多說明字詞的根源。

二、說明注之來源

1. 〈子路〉：禮樂不興，則刑罰不中。

    何注：孔曰：禮以安上，樂以移風。二者不行，則有淫刑濫罰。

    邢疏：云「禮以安上，樂以移風」者，《孝經·廣要道》章文。

2. 〈衛靈公〉：予一以貫之。

    何注：善有元，事有會，天下殊塗而同歸，百慮而一致。知其元，
則眾善舉矣，故不待多學而一知之。

    邢疏：《周易》下〈繫辭〉文也。

3. 〈爲政〉：子曰：「非其鬼而祭之，諂也。」

    何注：鄭曰：人神曰鬼。非其祖考而祭之者，是諂求福。

    邢疏：云「人神曰鬼」者，《周禮》：「大宗伯之職，掌建邦之天
神人鬼地示之禮。」是人神曰鬼也。《左傳》曰：「神不歆非類，民不
祀非族。」故非其祖考而祭之者，是諂求福也。

注文釋經一般多不言來源，然邢疏引古籍而加以闡明。前二例簡單說明出處，〈為政〉例則更清楚標出引用的內容。

三、徵史實疏經注

1. 〈學而〉：信近於義，言可復也。

　　何注：義不必信，信非義也。

　　邢疏：云：「義不必信」者，若《春秋》晉士匄帥師侵齊，聞齊侯卒，乃還。《春秋》善之。是合宜不必守信也。

2. 〈為政〉：孟武伯問孝。子曰：「父母唯其疾之憂。」

　　何注：馬曰：武伯，懿子之子仲孫彘。

　　邢疏：案《春秋》，懿子以哀十四年卒，而武伯嗣。哀公十七年《左傳》曰：「公會齊侯於蒙，孟武伯相。武伯問於高柴曰：『諸侯盟，誰執牛耳？』季羔曰：『鄶衍之役，吳公子姑曹。發陽之役，衛石魋。』武伯曰：『然則彘也。』」是武伯為懿子之子仲孫彘也。

3. 〈八佾〉：子入太廟。

　　何注：包曰：太廟，周公廟。孔子仕魯，魯祭周公而助祭也。

　　邢疏：云「孔子仕魯」者，《史記‧孔子世家》云：「孔子貧且賤。及長，嘗為季氏吏，料量平。嘗為司職吏而畜蕃息。由是為司空。其後定公以孔子為中都宰，一年，四方皆則之。由中都宰為司空，由司空為大司寇，攝相事。」是仕魯，由是故得與助祭也。

以上三章，邢昺透過《春秋》、《左傳》、《史記‧孔子世家》的徵引疏解，使經義更清楚了然。

四、訓解名物制度

1. 〈公冶長〉：子曰：「道不行，乘桴浮于海。從我者其由與？」

　　何注：馬曰：桴，編竹木。大者曰栰，小者曰桴。

　　邢疏：「云桴，編竹木。大者曰栰，小者曰桴。」《爾雅》云：「舫，泭也。」郭璞云：「水中箄筏。」孫炎云：「舫，水中為泭筏也。」《方言》云：「泭謂之箄，箄謂之筏。筏，秦晉之通語也。方、舫、泭、桴，音義同也。」

2. 〈子罕〉：拜下，禮也。今拜乎上，泰也。雖違眾，吾從下。

何注：王曰：臣之與君行禮者，下拜，然後成禮。時臣驕泰，故於上拜。今從下，禮之恭也。

邢疏：云「臣之與君行禮者，下拜然後生成禮者」，案：燕禮，君燕卿大夫之禮也。其禮云：「公坐取大夫所媵，觶與以酬賓，賓降西階下，再拜稽首，公命小臣辭賓，升成拜。」鄭注：「升成拜，復再拜稽首也。先時，君辭之以禮，若未成然。」又覲禮：「天子賜侯氏以車服，諸公奉篋服，如命，書於其土，媵自西階東面，大史氏右侯氏升西面立，大史述命，侯氏降兩階之間，北面再拜，稽首，升成拜，皆是臣之與君行禮下拜，然後升成禮也。」

3. 〈陽貨〉：夫三年之喪，天下之通喪也。

何注：孔曰：自天子達於庶人。

邢疏：《禮記·三年問》云：「夫三年之喪，天下之通喪也。」鄭玄云：「達，謂自天子至於庶人。」〈喪服四制〉曰：「此喪之所以三年，賢者不得過，不肖者不得不及。」〈檀弓〉曰：「先王制禮也，過之者俯而就之，不至者跂而及之也。」聖人雖以三年為文，其實二十五月而畢，若駟之過隙，然而遂之，則是無窮也，故先王為之立中制節，壹使足以成文理則釋之矣。〈喪服四制〉曰：「始死，三日不怠，三月不解，期悲哀。三年憂，恩之殺也。」故孔子云：「子生三年，然後免於父母之懷。夫三年之喪，天下之達喪也。」所以喪必三年為制也。

時有古今，地有南北，時空的轉移，會造成語言文字的隔閡，必須加以說明，才能知其究竟。對各類制度的考察認識，亦有助於經文之了解。〔註11〕

五、大膽質疑注文

1. 〈先進〉：顏淵死，顏路請子之車以為之椁。

何注：孔子時為大夫，言從大夫之後，不可以徒行，謙辭也。

邢疏：云「孔子時為大夫，言從大夫之後，不可以徒行，謙辭也」者，案〈孔子世家〉：「定公十四年，孔子年五十六，由大司寇攝行相

〔註11〕 胡健財：〈論語邢昺正義評述〉，《孔孟月刊》第 27 卷第 2 期，頁 14～16。

事。」魯受齊女樂，不聽政三日，孔子遂適衛。歷至宋、鄭、陳、蔡、晉、楚，去魯凡十四歲而反乎魯，然魯終不能用。孔子亦不求仕，以哀公十六年卒，年七十三。今案顏回少孔子三十歲，三十二而卒，則顏回卒時，孔子年六十一，方在陳、蔡矣；伯魚年五十，先孔子死，則鯉也死時，孔子蓋年七十左右，皆非在大夫位時。而此注云「時爲大夫」，未知有何所據也。

「未知有何所據也。」此乃以含蓄之說，大膽懷疑注文。

2. 〈爲政〉：**至於犬馬，皆能有養。不敬，何以別乎。**

　　何注：包曰：犬以守禦，馬以代勞，皆養人者。一曰：「人之所養，乃至於犬馬，不敬則無以別。」《孟子》曰：「食而不愛，豕畜之。愛而不敬，獸畜之。」

　　邢疏：云「《孟子》曰」者，案《孟子・盡心篇》：「孟子曰：『食而不愛，豕交之也。愛而不敬，獸畜之也。』」趙岐注云：「人之交接，但食之而不愛，若養豕也。愛而不敬，若人畜禽獸，但愛而不能敬也。」引之以證孝必須敬。彼言「豕交之」，此作「豕畜之」者，所見本異，或傳寫誤。

邢昺注意到趙岐注曰「豕畜之」，與《孟子》原文不同，故提出質疑，以爲可能是版本不同或抄寫錯誤。而今檢《孟子》書云：「食而弗愛，豕交之也；愛而不敬，獸畜之也。」〔註12〕的確是「豕交之」（但其他「弗」與「不」，及句末助詞「也」字，亦有少許出入），可見其考校細膩，不盲從注文。

3. 〈公冶長〉：**子曰：「臧文仲居蔡，山節藻梲，何如其知也？」**

　　何注：包曰：蔡，國君之守龜，出蔡地，因以爲名焉，長尺有二寸。居蔡，僭也。

　　邢疏：《漢書・食貨志》云：「元龜爲蔡。」《家語》稱：「漆彫平對孔子云：『臧氏有守龜，其名曰蔡。文仲三年而爲一兆，武仲三年而爲二兆。』」是大蔡爲大龜，蔡是龜之名耳。鄭玄、包咸皆云出蔡地，因以爲名，未知孰是。

邢昺對於爲何稱「蔡」爲「龜」的說法，俱予以徵引，但最後因無法判定對錯，故言「未知孰是」。今檢《漢書・食貨志》注云：「如淳曰：『臧文仲居蔡，

〔註12〕《孟子注疏》，卷13下，頁13。

謂此也，說謂蔡國出大龜也。』臣瓚曰：『蔡是大龜之名也。《書》曰「九江納錫大龜」，大龜又不出蔡國也。若龜出楚，不可名龜爲楚也。』師古曰：『瓚說非也。本以蔡出善龜，故因名大龜爲蔡耳。』」〔註13〕可見諸儒對此早多有爭議。而邢昺秉「知之爲知之，不知爲不知」的態度，「未知孰是」不作強解，頗有客觀的學術精神。

六、糾謬修訂注文

1. 〈憲問〉：公伯寮愬子路於季孫，子服景伯以告。

　　何注：孔曰：魯大夫子服何忌也。

　　邢疏：案《左傳》哀公十二年，吳人將以公見晉侯，子服景伯對使者，吳人乃止，既而悔之，將囚景伯。景伯曰：「何也立後於魯矣。」杜注云：「何，景伯名。」然則景伯單名何。而此注云何忌，誤也。

邢昺引《左傳》直斥注文錯誤，指出「景伯」之名，應爲「何」，而非「何忌」。

2. 〈雍也〉：原思爲之宰，與之粟九百，辭。子曰：「毋！以與爾鄰里鄉黨乎！」

　　何注：鄭曰：五家爲鄰，五鄰爲里，萬二千五百家爲鄉，五百家爲黨。

　　邢疏：云：「五家爲鄰，五鄰爲里」者，〈地官·遂人職〉文。案〈大司徒職〉云：「五家爲比，五比爲閭，四閭爲族，五族爲黨，五黨爲州，五州爲鄉。」故知萬二千五百家爲鄉，五百家爲黨也。

3. 〈衛靈公〉：言不忠信，行不篤敬，雖州里行乎哉。

　　何注：鄭曰：萬二千五百家爲州，五家爲鄰，五鄰爲里。

　　邢疏：《周禮·大司徒職》云：「五家爲比，五比爲閭，四閭爲族，五族爲黨，五黨爲州。」是二千五百家爲州也。今云萬二千五百家爲州，誤也。云「五家爲鄰，五鄰爲里」，〈遂人職〉文也。

此二章何晏都直接引鄭玄之說注「鄉」、「里」、「州」等地方行政編制，但仔細看注文的確是有問題的，〈雍也〉篇鄭玄言「萬二千五百家爲鄉」，〈衛靈公〉篇則記「萬二千五百家爲州」，同樣是「萬二千五百家」，卻有「鄉」和「州」二種說法，其中必有一誤。故邢昺援引〈大司徒〉文字，指出鄭玄將〈遂人〉

〔註13〕〔漢〕班固：《漢書》，卷24下，頁26。

的「五家爲鄰，五鄰爲里」誤植入〈大司徒〉內，因此無法計算正確數字。今檢〈大司徒〉文云：「令五家爲比，使之相保；五比爲閭，使之相受；四閭爲族，使之相葬；五族爲黨，使之相救；五黨爲州，使之相賙；五州爲鄉，使之相賓。」〔註14〕確是「五家爲比，五比爲閭」，非〈遂人〉「五家爲鄰，五鄰爲里，四里爲酇，五酇爲鄙，五鄙爲縣，五縣爲遂」。〔註15〕只是在引用說明時，將這段文字簡化，只留下數字單位的變化。但二文的混淆，被邢昺細心的辨別出，予以糾正。

　　凡此種種求眞不盲目的精神，改變「疏不破注」的舊習，極爲可貴。〔註16〕

　　《論語注疏》的注經狀況，及與何晏之比較已如上述。不論是引古籍訓字詞、說明注之來源、徵史實疏經注、訓解名物制度、大膽質疑注文、糾謬修訂注文，皆足見其用心。

第三節　《論語注疏》與皇侃《論語集解義疏》之比較

　　第一節已述，邢昺受詔校定《論語》，即因皇侃書刊定而成，皇《疏》正是邢疏之藍本。是以本節將考察《論語注疏》與皇侃《論語集解義疏》的關係，從邢昺改定皇侃舊疏中，再見其精神。

一、《論語注疏》與皇侃《論語集解義疏》之體例比較

　　《論語注疏》與《論語集解義疏》在注疏體例上，非常相近，但邢昺做了一些改善：

（一）不用皇侃「自問自答」的釋注方式

　　所謂「自設問，自解答」者，可以《公羊傳》爲例，如其解隱公元年「元年春王正月」說道：「元年者何？君之始年也。春者何？歲之始也。王者孰謂？

〔註14〕《周禮注疏》，卷10，頁32。
〔註15〕《周禮注疏》，卷15，頁20。
〔註16〕董季棠說：「皇氏無疏不逾注之意，故於注時有依違；邢注則惟注是從。」〈評論皇侃義疏之得失〉，《孔孟學報》第29期，頁199（1975年4月）。又王家泠說：「在皇《疏》中，『疏不破注』並沒有被當作一種牢不可破的前提；到了邢《疏》就不同了，不僅『疏不破注』是基本的原則，皇侃超出《集解》所做的發揮，邢昺也多半不取。」《皇侃《論語義疏》與邢昺《論語正義》解經思想比較研究》（臺北市：國立臺灣大學中國文學研究所碩士論文，2004年），頁156。若以上述之例而言，二人之說值得再商榷。

謂文王也。曷爲先言王而後言正月？王正月也。何言乎王正月？大一統也。」
用問答的方式將答案說出。

　　而皇侃疏〈學而‧父在觀其志〉章云：「或問曰：若父政善，則不改爲可。
若父政惡，惡教傷民，寧可不改乎？答曰：本不論父政之善惡，自論孝子之
心耳。若人君風政之惡，則冢宰自行政。若卿大夫之心惡，則其家相邑宰自
行事。無關於孝子也。」又〈八佾‧林放問禮之本〉章，疏云：「或問曰：何
不答以禮本而必言四失，何也？答云：舉其四失，則知不失即其本也。其時
世多失，故因舉失中之勝，以誡當時也。」又〈述而‧子不語怪力亂神〉章
疏文：「或問曰：《易‧文言》孔子所作，云臣殺君，子殺父，竝亂事，而云
孔子不語之，何也？答曰：發端曰言，答述曰語。此云不語，謂不誦答耳，
非云不言也。」以上諸例可清楚看見皇侃疏以「或問曰……（何也？）」與「答
曰（云）」的對答方式，進行詮解。在說釋時使用此種對答，的確較有活潑的
感覺。

　　反觀，邢昺只使用一般分章段的方式。〈子不語怪力亂神〉章屬較簡單的，
就只解字詞：「此章記夫子爲教，不道無益之事。怪，怪異也。力，謂若奡盪
舟、烏獲舉千鈞之屬也。亂，謂臣弒君、子弒父也。神，謂鬼神之事。或無
益於教化，或所不忍言也。」〈父在觀其志〉章疏曰：「此章論孝子之行。『父
在觀其志』者，在心爲志。父在，子不得自專，故觀其志而己。『父沒觀其行』
者，父沒可以自專，乃觀其行也。『三年無改於父之道，可謂孝矣』者，言孝
子在喪三年，哀慕猶若父存，無所改於父之道，可謂爲孝也。」〈林放問禮之
本〉章言：「此章明禮之本意也。『林放問禮之本』者，林放，魯人也。問於
夫子，禮之本意如何？『子曰：大哉問』者，夫子將荅禮本，先嘆美之也。
禮之末節，人尚不知，林放能問其本，其意非小，故曰「大哉問」也。『禮，
與其奢也，寧儉。喪，與其易也，寧戚』者，此夫子所荅禮本也。奢，汰侈
也。儉，約省也。易，和易也。戚，哀戚也。與，猶等也。奢與儉、易與戚
等，俱不合禮，但禮不欲失於奢，寧失於儉；喪不欲失於易，寧失於戚。言
禮之本意，禮失於奢不如儉，喪失於和易不如哀戚。」皆先揭出本章主旨，
而後分說各句，邊解釋字詞，邊串講句意，如此對於整句意思就可掌握。

　　總之，邢昺以此種所謂「化整爲零」方式，把全文分隔，先有字詞的基
本注釋，再串講句意。有近似翻譯，也有文意的合理推測，如在課堂上的講
解傳授，先後有序，深淺兼顧，不失爲接引學習者的好方式，呈現出平實嚴

謹的文體。〔註17〕或許此爲官方著作，宜有典雅莊重之風格。

（二）篇名解題

語錄體的《論語》，其篇目大致有三個問題：篇名、篇旨、篇與篇的關聯。當初的編纂者，在面對各種有關孔子零碎的材料，是毫無關係隨意編排？或將相近的內容統一起來綴集成篇？意即是否有「篇旨」。而篇與篇之間是否爲有意的安排？有無內在理路脈絡？又篇名如何而來？

邢昺與皇侃亦不能避免這些問題，故筆者整理二人的說法，撰成「篇名解題比較表」（附表四），並依此進行討論。

關於篇名，先秦時代的書，常有以首章第一句前幾字命名的習慣，如《詩·關雎》篇，乃由於首句爲「關關雎鳩」；《孟子·盡心》篇，亦因爲首句爲：「孟子曰：盡其心者，知其性也。」今觀《論語》各篇之篇名，〈學而〉因爲首句爲「學而時習之」，〈爲政〉乃首句「爲政以德」，以至最後一篇〈堯曰〉，全無例外的皆撮取首句之文以成。可見這二十篇的命名，仍是因循先秦時習慣，名稱本身無意義，亦與內容無關，只取其方便而已。

而皇侃除了〈述而〉、〈鄉黨〉、〈先進〉三篇，未釋其義，餘皆加以說明。如〈學而〉篇的「而」字——「因仍也」。〈爲政〉篇：「謂之爲政者，後卷云：『政者，正也。子率而正，孰敢不正。』又鄭注《周禮·司馬》云：『政，正也。政所以正不正也。』」〈八佾〉篇，「八佾者，奏樂人數行列之名也。……然此不標季氏而以八佾命篇者，深責其惡。故書其事標篇也」等等。意即皇侃認爲《論語》的每一篇名，都是實際有意義的。但邢昺全未討論，應是不認同皇侃，不以爲各篇名有其本身意義。

至於探討《論語》各篇的篇旨及排列順序問題，在皇侃之後的陸德明有三則記錄，分別是：〈學而〉篇：「以學爲首者，明人必須學也。凡十六章。」〈爲政〉篇：「先學而後從政，故〈爲政〉次〈學而〉也。凡二十四章。」〈里仁〉篇：「里猶鄰也，言君子擇鄰而居，居於仁者之里。凡二十六章。」〔註18〕其他篇則列出總章數而已，未見說明。但只有三篇，實在太少，無法討論。皇侃雖然全面性的說明篇旨及篇序，但可議者有二。首先，依篇名的解釋來排序，導致附會牽強。前已言《論語》二十篇的名稱並非大意的總括，但皇

〔註17〕唐明貴：《論語學史》，頁285。

〔註18〕〔唐〕陸德明：《論語音義》（《重刊宋本十三經注疏附校勘記》，〔清〕嘉慶二十年〔1815〕南昌府學刊本），卷24，頁1、2、5。

侃視作有意義，結果造成如〈顏淵〉、〈子路〉、〈憲問〉、〈衛靈公〉等四篇的
關係是因為：「顏淵，孔子弟子也。又為門徒之冠者也。」而後「子路，孔子
弟子也。武為三千之標者也。所以次前者，武劣於文。故〈子路〉次〈顏淵〉
也。」再：「憲者，弟子原憲也。所以次前者，顏路既允文允武，則學優者宜
仕。故〈憲問〉次於〈子路〉也。」進而：「衛靈公者，衛國無道之君也。所
以次前者，憲既問仕，故舉時不可仕之君。故以〈衛靈公〉次〈憲問〉也。」
其中「武劣於文。故〈子路〉次〈顏淵〉也」，「武劣於文」，不知如何說起；
「顏路既允文允武，則學優者宜仕」，事實恐非如此；並與原憲問「恥」無關。

再則是內容與篇旨脫節，找不到其相關性。如〈為政〉篇是：「學而為政，
則如北辰。若不學而為政，則如季氏之惡。故次〈為政〉也。」又〈八佾〉
篇皇疏曰：「此篇明季氏是諸侯之臣，而僭行天子之樂也。」不論是篇旨或篇
次，皆專就「季氏」而言。但〈八佾〉全篇，與「季氏」直接有關者只有三
章（「八佾舞於庭」、「三家者以雍徹」、「季氏旅於泰山」），則皇侃遽以季氏之
不善作為篇旨，概括性實不足。又〈子張〉篇，皇疏：「子張者，弟子也。明
其君若有難，臣必致死也。所以次前者，既明君惡臣，宜拂衣而即去，若人
人皆去，則誰為匡輔？故此次明若未得去者，必宜致身，故以〈子張〉次〈微
子〉也。」篇旨是：「明其君若有難，臣必致死也。」但實際上此篇只有首章
言及「見危致命」，其他則是弟子們的言語，故只就首章首句發揮，不足以概
括篇旨。

邢疏雖說篇旨較繁多，但不致以首章或少數章即為篇旨，較無皇疏之牽
強，也能看出旨趣，故屢為朱熹《論語集注》採納，如上述的〈八佾〉篇，
邢疏：「禮以安上治民，樂以移風易俗，得之則安，失之則危，故此篇論禮樂
得失也。」朱熹則曰：「皆論禮樂之事。」〔註19〕〈公冶長〉篇邢疏：「此篇
大指明賢人君子仁知剛直。」朱熹則曰：「此篇皆論古今人物賢否得失。」〔註
20〕〈先進〉篇邢疏：「此篇論弟子賢人之行聖賢。」朱熹則曰：「此篇多評弟
子賢否。」〔註21〕等等。

再比較首篇，皇疏認為《論語》一書皆言學，故以〈學而〉為首，但實
為籠統。邢昺則以為〈學而〉所記內容多方，有君子、仁人、為學、為政等，

〔註19〕〔宋〕朱熹：《論語集注》，頁61。
〔註20〕〔宋〕朱熹：《論語集注》，頁75。
〔註21〕〔宋〕朱熹：《論語集注》，頁123。

看似無統一信念，但「皆人行之大者，故爲諸篇之先」。即把〈學而〉看作像總綱式導論性質的文字，之後各篇由此展開。此是將《論語》篇次順序看作是有意安排的思想體系。首篇之後，邢昺引《左傳》「學而後入政」的說法，解釋了〈學而〉篇接下來爲何是〈爲政〉篇。然後「爲政之善，莫善禮樂」，因此以記述禮樂制度與精神的〈八佾〉篇承接。再以「君子體仁，必能行禮樂」的觀念，作爲爲「明仁」而設的〈里仁〉篇承續〈八佾〉篇的理由。以此方式，最後除了〈子張〉「皆弟子所記之言，故善次諸篇之後」、〈堯曰〉篇「皆是聖人之道，可以垂訓將來，故殿諸篇，非所次也」，其他前面十八篇，都是環環相扣。〔註22〕且在順序的安排上，邢疏無皇侃以篇名爲次的差失，避免牽強乖隔的現象。

　　另外，〈泰伯〉篇，皇疏：「泰伯者，周太王長子，能推位讓國者也。所以次前者，物情見孔子栖遑，常謂實係心慮。今明泰伯賢人尚能讓國，以證孔子大聖，雖位非九五，豈以粃糠累眞。故〈泰伯〉次〈述而〉也。」〈堯曰〉篇，皇疏：「〈堯曰〉者，古聖天子所言也。其言天下太平，禪位與舜之事也。所以次前者，事君之道，若宜去者拂衣，宜留者致命，去留當理，事迹無考，則太平可睹，揖讓如堯，故〈堯曰〉最後次〈子張〉也。」文字充滿濃厚的道家味；〈堯曰〉篇末有禪位意，皇侃疏解錯誤。又如〈爲政〉篇皇侃曰：「所以次前者，〈學記〉云：『君子如欲化民成俗，其必由學乎。』是明先學後乃可爲政化民。故以〈爲政〉次於〈學而〉也。」皇侃引〈學記〉之說，強調「學」的重要，應當是置於〈學而〉篇，而非於此。邢昺用《左傳》「學而後入政」，重點就落在「入政」上，不至於有本末倒置之感。

　　由以上之篇名、篇旨、篇序的比較，可知邢疏較皇侃爲勝。

（三）通述章旨

　　《論語》本爲語錄體，各章之中，或敘事，或記言，都有其主旨。皇侃曾先述章旨，但不完整，只七十一章。

　　邢疏則全書通列章旨，皆以「此章……」的敘述方式點出主旨。如〈學而時習之〉章，疏云：「此章勸人學爲君子也。」〈先進〉篇從第七至十章，皆以「顏淵死」起首，記顏淵死之事。皇侃無疏，邢昺則在第七章下疏云：「此并三章記顏回死時，孔子之語也。」又〈顏淵〉第一章「顏淵問仁」下言：「此

_____

〔註22〕馮曉庭：《宋初經學發展述論》，頁127。

并下三章，皆明仁也。」將相近章旨合併說明，要言不煩。

　　筆者將二人對這七十一章的章旨說明，整理爲附表五「章旨比較表」，以資討論。

　　由表列可見，二人看法大致上差不多，如〈爲政‧道之以政〉章，皇侃曰：「此章證爲政以德所以勝也。」邢昺曰：「此章言爲政以德之效也。」〈泰伯‧大哉堯之爲君也〉章，皇侃曰：「此美堯也。」邢昺曰：「此章歎美堯也。」〈陽貨‧禮云禮云〉章，皇侃曰：「此章辨禮樂之本也。」邢昺亦同。此可見邢昺之因襲痕跡。但也可以看到二人不同處有七章，茲論列如下：

1.〈八佾〉：子曰：「居上不寬，爲禮不敬，臨喪不哀，吾何以觀之哉！」

　　皇侃曰：此章譏當時失德之君也。爲君居上者，寬以得眾，而當時居上者不寬也。又禮以敬爲主，而當時行禮者不敬也。又臨喪以哀爲主，而當時臨喪者不哀。此三條之事並爲乖禮，故孔子所不欲觀，故云吾何以觀之哉。

　　邢昺曰：此章摠言禮意。居上位者寬則得眾，不寬則失於苛刻。凡爲禮事在於莊敬，不敬則失於傲惰。親臨死喪，當致其哀，不哀則失於和易。凡此三失，皆非禮意。人或若此，不足可觀，故曰：「吾何以觀之哉！」

　　案：皇侃曰：「此章譏當時失德之君也。」則以下三事的主詞皆爲國君。

　　邢昺曰：「此章摠言禮意。」指一般人該做到的三項行爲，故云「摠言禮意」。

二者皆可通。

2.〈里仁〉：子曰：「德不孤，必有鄰。」

　　皇侃曰：言人有德者，此人非孤然，然而必有善鄰里故也，魯無君子者，子賤斯焉取斯乎。又一云：鄰，報也。言德行不孤矣，必爲人所報也。故殷仲堪曰：推誠相與，則殊類可親。以善接物，物亦不皆忘。以善應之，是以德不孤焉，必有鄰也。於前解爲便也。

　　邢昺曰：此章勉人脩德也。有德則人所慕仰，居不孤特，必有同志相求與之爲鄰也。

　　案：邢昺之意，原爲皇侃注的另一說，邢不取皇侃之第一說，而用此說，可見他不認同皇侃的看法。

二說皆合理。

3.〈述而〉：子曰：「加我數年，五十以學《易》，可以無大過矣。」

　　皇侃曰：此孔子重《易》，故欲令學者加功於此書也。當孔子爾時年已四十五六，故云加我數年五十而學《易》也。所以必五十而學《易》者，人年五十，是知命之年也。《易》有大演之數五十，是窮理盡命之書，故五十而學易也。既學得其理，則極照精微，故身無過失也。

　　邢昺曰：此章孔子言其學《易》年也。加我數年，方至五十，謂四十七時也。《易》之為書，窮理盡性以至於命，吉凶悔吝豫以告人，使人從吉，不從凶，故孔子言己四十七學《易》可以無過咎矣。

案：觀此章之意，應是孔子習《易》的熱情，邢昺稱「此章孔子言其學《易》年也。」從孔子的年歲上著眼，無甚意義，皇侃說較合理。

4.〈泰伯〉：子曰：「民可使由之，不可使知之。」

　　皇侃曰：此明天道深遠，非人道所知也。由，用也。元亨日新之道，百姓日用而生，故云可使由之也。但雖日用而不知其所以，故云不可使知之也。張憑曰：為政以德，則各得其性，天下日用而不知，故曰可使由之。若為政以刑，則防民之為，民知有防而為彌巧，故曰不可使知之。言為政當以德，民由之而已，不可用刑，民知其術也。

　　邢昺曰：此章言聖人之道深遠，人不易知也。由，用也。「民可使用之，而不可使知之」者，以百姓能日用而不能知故也。

案：皇侃言「天道」，邢昺說「聖人之道」。但皇侃引張憑之說，有老子無為的思想，則當以邢昺較佳。

5.〈泰伯〉：子曰：「狂而不直，侗而不愿，悾悾而不信，吾不知之矣。」

　　皇侃曰：此章歎時世與古反也。侗謂籠侗，未成器之人也。愿，謹愿也，人幼未成人者，情性宜謹愿，而當時幼者亦不謹愿也，謹愿，無情愿貌也。悾悾而不信，悾悾謂野愨也，野愨之人宜可信，而于時野愨者皆詐詭，不復宜可信也。吾不知之矣，既與古時反，故孔子曰：非復我能知測也。王弼曰：夫推誠訓俗，則民俗自化，求其情偽，則儉心茲應。是以聖人務使民皆歸厚，不以探幽為明。務使姦偽不興，不以先覺為賢。故雖明並日月，猶曰不知也。

邢昺曰：此章孔子疾小人之性與常度反也。狂者，進取宜直，而乃不直。侗，未成器之人，宜謹愿，而乃不愿。悾悾，愨也，謹愨之人，宜信，而乃不信。此等之人，皆與常度反，我不知之也。

案：二者皆有批判味，邢昺批小人，皇侃批人心不古。但皇侃引王弼為證，帶有道家味，宜取邢昺較佳。

6.〈泰伯〉：舜有臣五人而天下治。武王曰：「予有亂臣十人。」孔子曰：「才難，不其然乎？唐、虞之際，於斯為盛。有婦人焉，九人而已。三分天下有其二，以服事殷。周之德，可謂至德也已矣。」

皇侃曰：記者又美舜德也。

邢昺曰：此章論大才難得也。

案：皇侃認為此章美舜德。但此章不只提到舜而已，武王、孔子皆提到有關大臣人才，應以邢昺之解較優。

7.〈衛靈公〉：子曰：「吾猶及史之闕文也。有馬者借人乘之，今亡矣夫！」

皇侃曰：孔子此歎世澆流迅速時異一時也。「子曰：吾猶及史之闕文也。」史者，掌書之官也。古史為書，若於字有不識者，則懸而闕之，以俟知者，不敢擅造為者也。孔子自云，己及見昔史有此時闕文也矣。「有馬者，借人乘之。」孔子又曰，亦見此時之馬難調，御者不能調，則借人乘服之也。「今則亡矣夫。」亡，無也。當孔子末年時，史不識字，輒擅而不闕。有馬不調，則恥云其不能，必自乘之以致傾覆。故云今亡也矣夫。

邢昺曰：此章疾時人多穿鑿也。「子曰：吾猶及史之闕文也」者，史是掌書之官也。文，字也。古之良史，於書字有疑則闕之，以待能者，不敢穿鑿。孔子言我尚及見此古史闕疑之文。「有馬者借人乘之」者，此舉喻也。喻己有馬不能調良，當借人乘習之也。「今亡矣夫」者，亡，無也。孔子自謂及見其人如此，闕疑至今，則無有矣。言此者，以俗多穿鑿。

案：皇侃云「孔子此歎世澆流迅速時異一時也」，文句其實有點不清楚，但應是有世風日下，人心不古之意。邢昺認為是對當時風氣的批評。

二者相近。

以上七章，皇疏較勝者只有一章。

皇侃述有章旨者共七十一章，不到《論語》全數的七分之一，就一注疏書籍的角色而言，實爲有憾。而邢昺於各章皆提出章旨，補皇侃之不足，大有助於學者之理解，充分發揮教科書的功能。

二、《論語注疏》與皇侃《論語集解義疏》之內容比較

上所述是有關二書體例的比較，以下再就內容說明之。

（一）保留皇侃《論語集解義疏》之說

1. 〈學而〉：「學而時習之」的「時習」義。

　　邢疏：皇氏以爲凡學有三時：一、身中時。……二、年中時。……三、日中時……。邢昺直接提出「皇氏以爲」，而沿用之。

2. 〈學而〉：人不知而不慍，不亦君子乎？

　　皇侃疏：此有二釋。一言古之學者爲己，己學得先王之道，含章內映，而他人不見知，而我不怒，此是君子之德也。有德已爲可貴，又不怒人之不知，故曰亦也。又一通云：君子易事，不求備於一人。故爲教誨之道，若人有鈍根不能知解者，君子恕之而不慍怒之也，爲君子者亦然也。

　　邢疏：一云古之學者爲己，得先王之道，含章內映，而他人不見不知，而我不怒也。一云君子易事，不求備於一人，故爲教誨之道，若有人鈍根不能知解者，君子恕之而不慍怒也。

3. 〈憲問〉：作者七人。

　　皇侃疏：引孔子言，證能避世以下，自古已來作此行者，唯七人而已矣。七人是注中有七人也。（案：何注曰：包曰：「作，爲也。爲之者凡七人，謂長沮、桀溺、丈人、石門、荷蕢、儀封人、楚狂接輿。」）
　　王弼曰：七人：伯夷、叔齊、虞仲、夷逸、朱張、柳下惠、少連也。
　　鄭康成曰：伯夷、叔齊、虞仲避世者。荷蓧、長沮、桀溺避地者。柳下惠、少連避色者。荷蕢、楚狂接輿避言者也。七當爲十字之誤也。
　　邢疏：云「爲之者凡七人，謂長沮、桀溺、丈人、石門、荷蕢、儀封人、楚狂接輿」者，謂長沮一，桀溺二，荷蓧丈人三，石門晨門四，荷蕢五，儀封人六，楚狂接輿七也。王弼云：「七人：伯夷、叔

齊、虞仲、夷逸、朱張、柳下惠、少連。」鄭康成云：「伯夷、叔齊、
虞仲，辟世者；荷蓧、長沮、桀溺，辟地者；柳下惠、少連，辟色者；
荷蕢、楚狂接輿，辟言者。七當爲十字之誤也。」

後二例在兩相對照下，清楚能見邢昺對皇侃的承襲。

（二）指正皇侃《論語集解義疏》之失

如〈學而〉：「有子曰，其爲人也孝弟，而好犯上者未之有也。」

邢昺釋「犯上」：「皇氏、熊氏以爲上謂君親，犯謂犯顏諫爭。今案注云：
上謂凡在己上者。則皇氏、熊氏違背注意。其義恐非也。」

直斥「皇氏、熊氏違背注意」。

（三）刪略皇侃《論語集解義疏》之佛家語

《論語義疏》充滿濃厚的釋教思想。邢昺注意到此，故刊落甚多。如：

1. 〈先進〉：季路問事鬼神。子曰：「未能事人，焉能事鬼？」曰：「敢問
死。」曰：「未知生，焉知死？」

> 皇侃疏：外教無三世之義，見乎此句也。周、孔之教，唯說現在，
> 不明過去、未來。而子路此問事鬼神，言鬼神在幽冥之中，其法云何
> 也？此是問過去也。云「曰敢問死者」，此又問當來之事也，言問今
> 日以後死事復云何也？

> 邢疏：言生人尚未能事之，況死者之鬼神，安能事之乎？……孔
> 子言女尚未知生時之事，則安知死後乎？皆所以抑止子路也。以鬼神
> 及死事難明，又語之無益，故不答也。

皇侃稱儒家爲「外教」，且大發議論言周、孔之教「不明過去、未來」，
無「三世」，實莫此爲甚。邢昺相對的從人事而言，極簡要平易。

2. 〈雍也〉：哀公問：「弟子孰爲好學？」孔子對曰：「有顏回者好學，不
遷怒，不貳過。不幸短命死矣！今也則亡，未聞好學者也。」

> 皇侃疏：凡夫識昧，有所瞋怒，不當其理；唯顏回學至庶幾，而
> 行藏同於孔子，故識照以道，怒不乖中。

> 邢疏：言顏回好學既深，信用至道，故怒不過其分理也。

「凡夫」、「瞋怒」、「識昧」、「識照」皆佛家常用語，而邢昺皆捨棄不錄。
其它如〈雍也〉解「知者樂水」，皇侃曰：「智者，識用之義也。智者樂用其
智，化物如流水之不息，故樂水也。」「智者自欲動進其識，故云智者動也。」

「智者得運其識，故得從心而暢，故智者樂也。」在〈子罕〉、〈憲問〉釋「知者不惑」。皇侃疏：「智以照了為用，故於事無疑惑也。」「智者以照了為用，是無疑惑。」而〈陽貨〉：「陽貨謂孔子：好從事而亟失時，可謂知乎？」皇疏：「言智以照了為用，動無失時。」等等。這些「知」字，皇侃每以佛家之識照義解儒家一般之「知」，而至邢昺則一併掃落，回歸平實的說法。

（四）削去皇侃《論語集解義疏》之道家言

《論語義疏》亦甚多玄風。如：

1. 〈為政〉：子曰：吾與回言終日，不違如愚。退而省其私，亦足以發。回也不愚。

　　皇侃疏：自形器以上，名之為無，聖人所體也。自形器以下，名之為有，賢人所體也。今孔子終日所言，即入於形器，故顏子聞而即解，無所諮問；故不啟發我道，故言終日不違也。

　　邢疏：「子曰：吾與回言終日，不違，如愚」者，回，弟子顏淵也；違，猶怪問也；愚，無智之稱。孔子言：我與回言，終竟一日，亦無所怪問。於我之言，默而識之，如無知之愚人也。「退而省其私，亦足以發，回也不愚」者，言回既退還，而省察其在私室與二三子說釋道義，亦足以發明大體，乃知其回也不愚。

皇侃大發形器有無之論，乃以道釋儒。邢昺能循其語脈，如回到孔門師生現場。

2. 〈顏淵〉：季康子患盜，問於孔子。孔子對曰：「苟子之不欲，雖賞之不竊。」

　　皇侃疏：李充曰：「我無欲而民自樸者也。」

　　邢疏：《大學》曰：「堯、舜率天下以仁而民從之，桀、紂率天下以暴而民從之。其所令反其所好，而民不從。」注云：「言民化君行也。君若好貨，而禁民淫於財利，不能正也。」

皇侃引李充之語，乃出於《老子》第五十七章：「故聖人云：我無為而民自化，我好靜而民自正，我無事而民自富，我無欲而民自樸。」是老子無為思想，非孔子之本意。而邢昺不用皇疏，逕自徵引《大學》及鄭玄注語，顯見能掌握其中的分寸。

3.〈子罕〉：太宰問於子貢曰：「夫子聖者與？何其多能也？」子貢曰：「固天縱之將聖，又多能也。」子聞之，曰：「太宰知我乎！吾少也賤，故多能鄙事。君子多乎哉？不多也。」牢曰：「子云：『吾不試，故藝。』」

　　皇侃疏：繆協云：「君子從物應務，道達則務簡，務簡則不多能也。」「言我若見用，將崇本息末，歸純反素；兼愛以忘仁，游藝以去藝。豈惟不多能鄙事而已？」邢疏：此章論孔子多小藝也。「太宰問於子貢曰：夫子聖者與？何其多能也」者，太宰，大夫官名。太宰之意，以爲聖人當務大忽小，今夫子既曰聖者與，又何其多能小藝乎？以爲疑，故問於子貢也。「子貢曰：固天縱之將聖，又多能也」者，將，大也。言天固縱大聖之德，又使多能也。「子聞之曰：太宰知我乎」者，孔子聞大宰疑己多能非聖，故云：知我乎。謙謙之意也。「吾少也賤，故多能鄙事」者，又說以多能之由也。言我自小貧賤，常自執事，故多能爲鄙人之事也。「君子多乎哉，不多也」者，又言聖人君子當多能乎哉？言君子固不當多能也。今己多能，則爲非聖，所以爲謙謙也。

王弼《老子指略》曰：「《老子》一書，其幾乎可一言而蔽之。噫！崇本息末而已。」〔註23〕但孔子又何嘗能一日「忘仁」？孔子只言「游於藝」，絕不「以去藝」！

　　以上可略見皇侃之疏，有明引老子之語者；有直以莊子書之文字以疏解者；或引用儒者之語，但直以莊子語以疏解者；亦有師莊子之意者；以及所引諸家之疏語，有師莊子注和莊子意者。〔註24〕皆充滿了濃厚的玄味。前已引皮錫瑞抨擊皇侃與傳統經說不同，「名物制度略而弗講，多以老莊之旨，發爲騈儷之文。」然「邢疏本於皇疏，而於此等謬說，皆刪棄之，有廓清之功矣」。〔註25〕

（五）釐除皇侃《論語集解義疏》之不當異解

1.〈公冶長〉：子謂：公冶長可妻也，雖在縲絏之中，非其罪也。以其子妻之。

〔註23〕樓宇烈：《周易老子王弼注校釋》（臺北市：華正書局有限公司，1983年），頁198。

〔註24〕陳金木：《皇侃之經學》（臺北市：國立編譯館，1995年），頁245～248。

〔註25〕陳澧：《東塾讀書記》，頁35。

皇侃記此事云：公冶長經衛反魯，行至二堺上，聞鳥相呼，往清溪食人肉。須臾，見一老嫗當道而哭，冶長問之，嫗曰：「兒前日出行，于今不反，當是已死，亡不知所在。」冶長曰：「向聞鳥相呼，往清溪食肉。恐是嫗兒也。」嫗往看，即得其兒，已死。嫗即告村司。村司問嫗：「從何得知之？」嫗曰：「見冶長道如此。」村司曰：「冶長不殺人，何緣知之？」因錄冶長，付獄主。問冶長：「何以殺人？」冶長曰：「解鳥語，不殺人。」主曰：「當試之。若解鳥語，便相放也；若不解，當令償死。」駐冶長在獄六十日。卒日：有雀子緣獄柵上相呼，嘖嘖雀雀。冶長含笑。吏啓主：「冶長笑雀語，是似解鳥語。」主教問冶長：「雀何所道而笑之？」冶長曰：「雀鳴嘖嘖雀雀，白蓮水邊，有車翻覆黍粟，牡牛折角，收斂不盡，相呼往啄。」獄主未信，遣人往看，果如其言。後又解豬及燕語，屢驗，於是得放。邢疏：張華云：「公冶長墓在陽城姑幕城東南五里所，基極高。舊說冶長解禽語，故繫之縲紲。」以其不經，今不取也。

人能解雀、豬及燕語，此必無之事。雖然皇侃自己亦云：「然此語乃出雜書，未必可信。」邢昺雖知，但「以其不經，今不取也」。不以不當異解入於正式之疏文。

2. 〈先進〉篇曾點敘其志爲：「莫春者，春服既成；冠者五六人，童子六七人，浴乎沂，風乎舞雩，詠而歸。」

　　皇疏引「或云」：「冠者五六，五六，三十人也；童子六七，六七，四十二人也。四十二就三十，合爲七十二人也。孔門升堂者七十二人也。」

　　邢疏：我欲得與二十以上冠者五六人，十九以下童子六七人，浴乎沂水之上，風涼於舞雩之下，歌詠先王之道，而歸夫子之門也。

邢昺明確表示是：「二十以上冠者五六人，十九以下童子六七人。」完全不提此異說。試想未冠之童怎可能會成爲升堂弟子？

3. 〈公冶長〉記孔子責宰予晝寢事。

　　皇疏：「與孔子爲教，故託跡受責也。」又引珊琳公言：「宰予見時後學之徒，將有懈廢之心出生，故假晝寢以發夫子切磋之教，所謂互爲影響者也。」即是孔子與宰予事先串通，並由宰予施展苦肉計，

故意「演戲」，以勸誡諸生學習。但如此也未免太過曲折，牽強不合理，是以被邢昺刪除。

4.〈微子〉：不周有八士：伯達、伯适、仲突、仲忽、叔夜、叔夏、季隨、季騧。

> 包曰：周時四乳生八子，皆爲顯士，故記之爾。
>
> 皇疏：舊云：周世有一母，身四乳而生於此八子。八子竝賢，故記錄之也。侃按師說曰，非謂一人四乳。乳猶俱生也，有一母四過生，生輒雙二子，四生故八子也。何以知其然？就其名兩兩相隨，似是雙生者也。
>
> 邢疏：此章記異也。周時有人四偏生子而乳之，每乳皆二子，凡八子，皆爲顯士，故記之耳。鄭玄以爲成王時。劉向、馬融皆以爲宣王時。

邢疏對何晏及皇侃的怪解，一併不採，只取「雙生」合理之說。

邢昺對皇疏有取捨，尤其嚴格把關，翦除皇侃之不當異解，蓋因官方之書需嚴謹，不宜有荒誕無稽之言。

（六）補充皇侃《論語義疏》不足之疏文

1.〈公冶長〉：曰：「何器也？」曰：「瑚璉也。」

> 何注：包曰：「瑚璉，黍稷之器。夏曰瑚，殷曰璉，周曰簠簋，宗廟之器貴者。」皇疏：《禮記》云：夏之四璉，殷之六瑚。今云夏瑚殷璉，講者皆云是誤也。故樂肇曰：未詳也。然夏、殷各一名，而其形未測。及周則兩名，其形各異。外方內圓曰簠，內方外圓曰簋，俱容一斗二升，以簠盛黍稷，以簋盛稻粱。
>
> 邢疏：案〈明堂位〉說四代之器云：「有虞氏之兩敦，夏后氏之四璉，殷之六瑚，周之八簋。」注云：「皆黍稷器，制之異同未聞。」鄭注《周禮‧舍人》云：「方曰簠，圓曰簋。」如《記》文，則夏器名璉，殷器名瑚。而包咸、鄭玄等注《論語》，賈、服、杜等注《左傳》，皆云夏曰瑚。或引有所據，或相從而誤也。

邢昺再引《禮記‧明堂位》及其注文，《周禮‧舍人》鄭注來說解，經過邢昺的補充，更加深入，更有說服力。

2.〈爲政〉：爲政以德，譬如北辰，居其所，而眾星共之。

　　何注：包曰：德者無爲。猶北辰之不移，而眾星共之。

　　皇疏：北辰者，北極紫微星也。所猶地也。眾星謂五星及二十八宿以下之星也。北辰鎮居一地而不移動，故眾星共宗之以爲主也。

　　邢疏：案《爾雅・釋天》云：「北極謂之北辰。」郭璞曰：「北極，天之中，以正四時，然則極，中也。辰，時也，以其居天之中，故曰北極，以正四時，故稱北辰。」《漢書・天文志》曰：「中宮太極星，其一明者，泰一常居也，旁三星三公環之，匡衛十二星，藩臣皆曰紫宮，北斗七星，所謂璇璣玉衡，以齊七政，斗爲帝車，運於中央，臨制四海，分陰陽，建四時，均五行，移節度，定諸紀，皆繫於斗，是眾星共之也。」

邢昺再引《爾雅》及郭璞注、《漢書》做詳細的說解，能使人明其中原委。
以上乃就邢昺的《論語注疏》與皇侃的《論語集解義疏》，從體例與內容作一比較，透過此法當可增進對《論語注疏》的認識。

第四章　注疏派《論語》學（下）

上一章已述《論語注疏》與皇侃《論語集解義疏》、何晏《論語集解》之異同，此章將繼續與晚出的唐寫本《論語鄭氏注》做比較，冀能再呈顯其他特點。

第一節　《論語注疏》與唐寫本《論語鄭氏注》之比較

有關鄭玄及唐寫本鄭注，已於第二章漢代《論語》學的概述中介紹。鄭玄一生以學術研究爲主，遍注群經，匯通今古，著述等身，爲兩漢經學集大成者。他的《論語注》，在東漢靈帝中平元年（184）完成，時爲五十八歲。《隋書·經籍志》曰：「周、齊，鄭學獨立，至隋，何、鄭並行，鄭氏盛於人間。」〔註1〕到唐代科舉考試，亦是「何、鄭並行」，可見鄭注流傳甚久，影響深遠。惜後遭逢兵燹，逐漸亡佚。幸虧有唐寫本的出現，才使鄭注能重見天地。今日得見的敦煌與吐魯番寫本，共有三十一件之多，其涵蓋《論語》〈爲政〉、〈八佾〉、〈里仁〉、〈公冶長〉、〈雍也〉、〈述而〉、〈泰伯〉、〈子罕〉、〈鄉黨〉、〈顏淵〉、〈子路〉、〈憲問〉等十二篇，共二五五章的《論語》注文。〔註2〕

從文獻學的角度來看，《論語鄭氏注》在五代後就失傳，所以邢昺疏所見的僅僅是何晏《論語集解》及皇侃《論語集解義疏》所採用的極少部分。至於邢昺未見的鄭注，究竟與他的疏文有多少的異同？而這些差異的正確性又如何呢？故本節所欲探討的，正是希望透過與唐寫本鄭氏注的比較，以進一步呈現邢昺疏的特色。

〔註1〕〔唐〕魏徵等：《隋書》，卷32，頁38。
〔註2〕陳金木：《唐寫本論語鄭氏注研究──以考據、復原、詮釋爲中心的考察》（臺北市：文津出版社，1996年），頁4。

一、〈爲政〉

（一）哀公問曰：「何爲則民服？」孔子對曰：「舉直錯諸枉，則民服；舉枉錯諸直，則民不服。」

　　邢昺：此章言治國使民服之法。「哀公問曰：何爲則民服」者，哀公，魯君也。問於孔子曰：「何所云爲則萬民服從也？」時哀公失德，民不服從，哀公患之，故有此問。「孔子對曰：舉直錯諸枉，則民服」者，此孔子對以民服之法也。錯，置也。舉正直之人用之，廢置諸邪枉之人，則民服其上也。「舉枉錯諸直，則民不服」者，舉邪枉之人用之，廢置諸正直之人，則民不服上也。於時羣邪秉政，民心厭棄，故以此對之也。〔註3〕

　　鄭玄：【哀公問曰：「何爲則民服？」】〔註4〕

哀公，魯君之謚。

孔子對曰：「舉直錯諸枉，則〔人〕〔註5〕（民）〔註6〕【服】；【舉】枉錯諸直，則人（民）不服。」

措，猶投也。諸之【言於，謂】投之於枉者之上【位】。諸之言於，謂投之於措（直）者之上位。〔註7〕

　　案：何晏引包曰：「錯，置也。舉正直之人用之，廢置邪枉之人，則民

〔註3〕〔宋〕邢昺：《論語注疏》，頁 18。以下各章，因係同出於此書，爲求簡明，將省略書名，直接於引文後，標明頁碼。

〔註4〕本文所用的復原稿，乃依陳金木：《唐寫本論語鄭氏注研究──以考據、復原、詮釋爲中心的考察》一書。其中所使用的符號「【】」，陳金木曰：「復原稿係根據考論所得結果，試將鄭注的文字復原。首先對鄭注的《論語》經文復原，從《經典釋文》、《論語集解》與抄本、輯本等，可知鄭注的《論語》經文，有章節的分合、句讀的異出，文字的歧異等情形存在。因此，以鄭注《論語》的經文爲準，嘗試將它復原。但其間若因抄本有殘泐，無法復原時，則暫依唐石經《論語》經文，以其爲現存較早且較完整者。如此則有助閱讀與研究，且使注文有所依附，但爲區別計，依例於字外加【】。」頁 282。

〔註5〕陳金木曰：「原文字形不全，但據筆畫確知爲某字者，逕爲補全，外加〔〕以示區別。」陳金木：《唐寫本論語鄭氏注研究──以考據、復原、詮釋爲中心的考察》，頁 282。

〔註6〕陳金木曰：「誤字、假借字、武周新字、避諱字均照錄，附正字於（）內。」陳金木：《唐寫本論語鄭氏注研究──以考據、復原、詮釋爲中心的考察》，頁 281。

〔註7〕陳金木：《唐寫本論語鄭氏注研究──以考據、復原、詮釋爲中心的考察》，頁 311。以下各章，因係同出於此書，爲求簡明，將省略書名，直接標明頁碼。

服其上。」邢昺依何注，直接釋：「錯，置也。」「廢置」之義。

鄭玄則釋：「措，猶投也。」二人對「錯（措）」用字與解釋不同。

劉寶楠《論語正義》曰：「《釋文》：『錯，鄭本作措。』〈漢費鳳碑〉：『舉直措枉。』與鄭本同。」〔註8〕是鄭玄用「措」字無誤。《說文》：「錯，金涂也。」段玉裁注：「或借為措字。措者，置也。」〔註9〕又《說文》：「措，置也。」段玉裁注曰：「置者，赦也。立之為置，捨之亦為置。措之義亦如是。經傳多叚錯為之。」〔註10〕故知「措」是正字，「錯」是假借。

而邢昺的「廢置」之義，正好與鄭玄的「猶投也」相反。劉寶楠曰：「春秋時，世卿持祿，多不稱職，賢者隱處，雖有仕者，亦在下位。故此告哀公舉措之道。直者居於上，而枉者置於下位。使賢者得盡其才，而不肖者有所受治，亦且畀之以位，未甚決絕，俾知所感奮，而猶可以大用。故下篇告樊遲以『舉直錯諸枉，能使枉者直』，即此義也。」〔註11〕此番說法，較符合春秋親親尊尊的時代背景，亦為尊賢容眾之義。以「廢置」、「捨置」〔註12〕說之，則過於決絕。另外，〈顏淵〉篇記：「樊遲問知，子曰：『知人。』樊遲未達。子曰：『舉直錯諸枉，能使枉者直。』樊遲退，見子夏，曰：『鄉也吾見於夫子而問知，子曰：「舉直錯諸枉，能使枉者直」，何謂也？』子夏曰：『富哉言乎！舜有天下，選於眾，舉皋陶，不仁者遠矣。湯有天下，選於眾，舉伊尹，不仁者遠矣。』」孔子告訴樊遲的智慧，正是要做到「舉直錯諸枉」而後「能使枉者直」。使枉者有機會改變，並非棄置不用，即是不放棄任何人。子夏再為樊遲的補充說明：「舉皋陶」，「舉伊尹」，這「不仁者遠矣」為自動的遠離，也並非被廢置而去。當以鄭注為勝。

（二）季康子問：「使民敬、忠以勸，如之何？」子曰：「臨之以莊則敬，孝慈則忠，舉善而教不能，則勸。」

　　邢昺：此章明使民敬、忠、勸善之法。「季康子問：使民敬、忠以勸，如之何」者，季康子，魯執政之上卿也。時以僭濫，故民不敬、忠、勸勉，故問於孔子曰：「欲使民人敬上盡忠，勸勉為善，其法如

〔註8〕　〔清〕劉寶楠：《論語正義》，頁64。

〔註9〕　〔漢〕許慎撰、〔清〕段玉裁注、魯實先正補：《說文解字注》（臺北市：黎明文化事業股份有限公司，1989年），頁712。

〔註10〕　〔漢〕許慎撰、〔清〕段玉裁注、魯實先正補：《說文解字注》，頁605。

〔註11〕　〔清〕劉寶楠：《論語正義》，頁64。

〔註12〕　〔宋〕朱熹：《論語集註》：「錯，捨置也。諸，眾也。」頁58。

之何？」「子曰：臨之以莊則敬」者，此荅之也。自上涖下曰臨。莊，嚴也。言君臨民以嚴，則民敬其上。「孝慈則忠」者，言君能上孝於親，下慈於民，則民作忠。「舉善而教不能則勸」者，言君能舉用善人，置之祿位，教誨不能之人，使之材能，如此則民相勸勉為善也。於時魯君竊食深宮，季氏專執國政，則如君矣，故此荅皆以人君之事言之也。（頁 19）鄭玄：季康子敏（問）：「使人（民）敬、中（忠）以勸，如之【何】？」

〔季〕【康子】，【魯卿季孫】肥之謚也。

子曰：「臨之以莊，則敬；孝慈則中（忠）；舉〔善〕【而教不能】，【則】勸。」

言欲使人（民）如此，在上位者所以臨教之莊嚴。（頁 314）

　　案：何晏引包曰：「莊，嚴也。君臨民以嚴，則民敬其上。」「君能上孝於親，下慈於民，則民忠矣。」「舉用善人而教不能者，則民勸勉。」邢昺依原注作疏。鄭玄似以欲民「敬」、「忠」、「勸」，在上者必在臨教時，以莊嚴之態度與行為，方能達成。即認為「臨之以莊」一則回答季康子提出「使民敬、忠以勸，如之何」的問題，再則為「孝慈」、「舉善而教不能」的綱領。與包注大異。〔註13〕

然就語法而言，此處可為：（君）臨之以莊則（民）敬；（君）孝慈則（民）忠；（君）舉善而教不能，則（民）勸。即將每句各自省略的「君」及「民」補回，然後分作三事看待，意義明確，甚為通順；亦符合孔子正己的德治思想。鄭注以在上位者若可以臨教之莊嚴，則能「使民敬、忠以勸」，那「孝慈」、「舉善而教不能」則無著落。鄭玄這一特殊的詮解方式，似不如邢昺之清楚可讀。

　　（三）子曰：「人而無信，不知其可也。大車無輗，小車無軏，其何以行之哉？」

　　　　邢昺：此章明信不可無也。「人而無信，不知其可也」者，言人而無信，其餘雖有他才，終無可也。「大車無輗，小車無軏，其何以行之哉」者，此為無信之人作譬也。大車，牛車。輗，轅端橫木，以縛輗駕牛領者也。小車，駟馬車。軏者，轅端上曲鈎衡，以駕兩服馬

〔註13〕陳金木：《唐寫本論語鄭氏注研究——以考據、復原、詮釋為中心的考察》，頁 315。

領者也。大車無輗則不能駕牛，小車無軏則不能駕馬，其車何以得行之哉。言必不能行也，以喻人而無信，亦不可行也。注「包曰」至「鉤衡」。正義曰：云：「大車，牛車」者，〈冬官考工記〉：「車人爲車，大車崇九尺。」鄭注云：「大車，平地載任之車，轂長半柯者也。」其駕牛，故〈酒誥〉曰：「肇牽車牛，遠服賈用。」故曰：「大車，牛車也。」《說文》云：「輗，大車轅端持衡者，輗轅前也。」是輗者，轅端橫木以縛軛者也。云「小車，駟馬車」者，〈考工記〉：「兵車、田車、乘車也，皆駕駟馬，故曰駟馬車也。」《說文》云：「軏者，車轅端持衡者。」〈考工記〉云：「國馬之輈，深四尺有七寸。」注云：「馬高八尺。兵車、乘車軹崇三尺有三寸，加軫與轐七寸，又并此輈深，則衡高八尺七寸也。除馬之高，則餘七寸，爲衡頸之間。」是輈在衡上也。轅從軫以前稍曲而上至衡，則居衡之上而嚮下鉤之，衡則橫居輈下，是轅端上曲鉤衡者名軏也。（頁19）

　　鄭玄：【子曰：「人而無】信，不知其可。

不知其可者，言其不可行。

大車無輗，小車〔無〕【軏】，【其何以】行之哉？」

大車，百【柏】車；小車，羊車。輗穿轅〔端〕【以著之】；軏回（因）轅端以節之。車待輗軏而行之，由（猶）仁（人）之【行不可無信也】。（頁324）

　　案：何晏引包曰：「大車，牛車。輗者，轅端橫木，以縛軛。小車，駟馬車。軏者，轅端上曲鉤衡。」邢昺依原注作疏。

邢昺與鄭玄對於大車、小車、輗、軏說解完全不同。鄭注簡要，邢昺多方引書爲證。但《論語正義》曰：「近世儒者，若戴氏震，阮氏元，皆能言包之非，而莫詳於凌氏煥所著《古今車制圖考》。」〔註14〕邢昺依包咸之說，如此則誤。

（四）子張問：「十世可知也？」子曰：「殷因於夏禮，所損益，可知也；周因於殷禮，所損益，可知也；其或繼周者，雖百世可知也。」

　　邢昺：此章明創制革命，因公損益之禮。「子張問：十世可知也」者，弟子子張問於孔子：「夫國家文質禮變，設若相承至於十世，世

數既遠,可得知其禮乎?」「子曰:殷因於夏禮,所損益,可知也。周因於殷禮,所損益,可知也」者,此夫子荅以可知之事。言殷承夏后,因用夏禮,謂三綱五常不可變革,故因之也。所損益者,謂文質三統。夏尚文,殷則損文而益質;夏以十三月爲正,爲人統,色尚黑,殷則損益之,以十二月爲正,爲地統,色尚白也。其事易曉,故曰可知也。「周因於殷禮,所損益可知也」者,言周代殷立,而因用殷禮。及所損益,事事亦可知也。「其或繼周者,雖百世,可知也」者,言非但順知既往,兼亦預知將來。時周尚存,不敢斥言,故曰「其或」。言設或有繼周而王者,雖多至百世,以其物類相召,世數相生,其變有常,故皆可預知也。注「馬曰」至「三統」。正義曰:云「三綱五常」者,《白虎通》云:「三綱者何謂?謂君臣、父子、夫婦也。君爲臣綱,父爲子綱,夫爲妻綱。大者爲綱,小者爲紀,所以張理上下,整齊人道也。人皆懷五常之性,有親愛之心,是以綱紀爲化,若羅網有紀綱之而百目張也。所以稱三綱何?一陰一陽之謂道,陽得陰而成,陰得陽而序,剛柔相配,故人爲三綱,法天地人。君臣法天,取象日月屈信歸功也。父子法地,取法五行轉相生也。夫婦,取象人合陰陽有施。君,羣也,羣下之所歸心。臣,牽也。事君也,象屈服之形也。父者,矩也,以度教子。子者,孳也,孳孳無已也。夫者,扶也。以道扶接。婦者,服也,以禮屈服也。」云「五常」者,仁、義、禮、智、信也。《白虎通》云:「五常者,何謂?仁、義、禮、智、信也。仁者不忍,好生愛人。義者宜也,斷決得中也。禮者履也,履道成文。智者知也,或於事,見微知著。信者誠也,專一不移。故人生而應八卦之體,得五氣以爲常,仁、義、禮、智、信是也。」云「損益謂文質三統」者,《白虎道》云:「王者必一質一文者何?所以承天地,順陰陽。陽道極則陰道受,陰道極則陽道受,明一陽二陰不能繼也。質法天,文法地而已,故天爲質。地受而化之,養而成之,故爲文。《尚書大傳》曰:『王者一質一文,據天地之道。』《禮三正記》曰:『質法天,文法地。帝王始起,先質後文者,順天地之道,本末之義,先後之序也。』事莫不先其質性,乃後有其文章也。夏尚黑,殷尚白,周尚赤,此之謂三統,故《書傳略說》云:『天有三統,物有三變,故正色有三。天有三生三死,故士有三王,王特一生死。』

又《春秋緯元命包》及《樂緯稽耀嘉》云：「夏以十三月爲正，息卦受泰。」注云：「物之始，其色尚黑，以寅爲朔。」「殷以十二月爲正，息卦受臨。」注云：「物之牙，其色尚白，以雞鳴爲朔。」「周以十一月爲正，息卦受復，其色尚赤，以夜半爲用。」又《三正記》云：「正朔三而改，文質再而復。」以此推之，自夏以上，皆正朔三而改也。鄭注《尚書》「三帛」，「高陽氏之後用赤繒，高辛氏之後用黑繒，其餘諸侯用白繒」。如鄭此意，卻而推之，舜以十一月爲正，尚赤；堯以十二月爲正，尚白，故曰其餘諸侯用白繒。高辛氏以十三月爲正，尚黑，故云高辛氏之後用黑繒。高陽氏以十一月爲正，尚赤，故云高陽氏之後赤繒。有少皞以十二月爲正，尚白；黃帝以十三月爲正，尚黑；神農以十一月爲正，尚赤；女媧以十二月爲正，尚白；伏羲以上未有聞焉。《易·說卦》云「帝出乎震」，則伏羲也，建寅之月，又木之始。其三正當從伏羲以下文質再而復者，文質法天地，文法天，質法地。周文法地而爲天正，殷質法而爲地正者，正朔、文質不相須，正朔以三而改，文質以二而復，各自爲義，不相須也。建子之月爲正者，謂之天統，以天之陽氣始生，爲百物得陽氣微，稍動變，故爲天統。建丑之月爲統者，以其物已吐牙，不爲天氣始動，物又未出，不得爲人所施功，唯在地中含養萌牙，故爲地統。建寅之月爲統者，以人物出於地，人功當須脩理，故謂之人統。統者，本也，謂天地人之本。然王者必以此三月爲正者，以其此月物生細微，又是歲之始生，王者繼天理物，含養微細，又取其歲初爲正朔之始。既天地人之三者所繼不同，故各改正朔，不相襲也。所尚既異，符命亦隨所尚而來，故《禮緯稽命徵》云：「其天命以黑，故夏有玄圭；天命以赤，故周有赤雀銜書，天命以白，故殷有白狼銜鉤。」是天之所命，亦各隨人所尚。符命雖逐所尚，不必皆然，故天命禹觀河，見白面長人。《洛子命》云：「湯觀於洛，沈璧而黑龜與之書，黃魚雙躍。」〈泰誓〉言：「武王伐紂，而白魚入於王舟。」是符命不皆逐正色也。鄭康成之義，自古以來皆改正朔。若孔安國，則改正朔殷、周二代，故注《尚書》：「湯承堯、舜禪代之後，革命創制，改正易服。」是從湯始改正朔也。注「物類」至「預知」。正義曰：「物類相召」者，謂三綱五常各以類相召，因而不變也。云「世數相生」者，謂文質、三統及五行相次，

周而復始，而其世運有數，相生變革也。（頁 19）

　　鄭玄：【子張問】：「十世可知？」

大（世）謂易姓之世。問其制度變迹（易）可知。

子曰：「殷因於夏禮，【所】損【益可知】，【周】因於殷禮，所損益可知。」
所損益可知者，據時篇目皆在可教（校）數也。

其【或繼周者】，雖百大（世）亦可知。

自周之後，雖百世，制度由（猶）可知，以爲變易損益之極，極於三王，
亦不是過。（頁 330～331）

　　案：何晏引馬曰：「所因謂三綱五常。所損益謂文質三統。」又：「言
　　　設或有繼周而王者，雖多至百世，以其物類相召，世數相生，其
　　　變有常，故皆可預知也。」邢昺依原注作疏，多方引用如《白虎
　　　通》、《易》、《書》、緯書等，來解釋三綱五常、文質三統。認爲三
　　　代的損益沿革爲倫理綱常的人際關係；鄭注則以古典文獻資料的
　　　「制度」部分，在朝代更替中，參酌實際需要而加以損益者，因
　　　是有形的制度，所以可於具體的典籍中觀察掌握。然馬融以三綱、
　　　五常、文質、三統、五行等說法詮解，此帶有濃厚的漢代色彩，
　　　孔子之時，當無此觀念。而邢昺仍依舊注說釋，不妥。

　　（五）子曰：「非其鬼而祭之，諂也。見義不爲，無勇也。」

　　　邢昺：此章言祭必己親，勇必爲義也。「非其鬼而祭之，諂也」
　　者，人神曰鬼。言若非己祖考而輒祭他鬼者，是諂媚求福也。「見其
　　義不爲，無勇也」者，義，宜也。言義所宜爲而不能爲者，是無勇之
　　人也。注「鄭曰」至「求福」，正義曰：云：「人神曰鬼」者，《周禮》：
　　「大宗伯之職，掌建邦之天神人鬼地示之禮。」是人神曰鬼也。《左
　　傳》曰：「神不歆非類，民不祀非族。」故非其祖考而祭之者，是諂
　　求福也。注「孔子曰」至「無勇」，正義曰：若齊之田氏弒君，夫子
　　請討之，是義所宜爲也，而魯君不能爲討，是無勇也。（頁 120）

　　　鄭玄：子【曰】：「【非其鬼】而祭之者，是諂。」

天曰神，地曰祇，仁（人）曰鬼。非其祖考而祭之〔者〕，【是諂】媚求
淫祀之福。鄭易祊田，祀州（周）【公，是非其鬼也】。

【見義】不爲，無勇。

見君親有危難之事，不能【致】身受（授）命，是愛死，勇決不足也。（頁

336）

案：何晏引鄭曰：「人神曰鬼。非其祖考而祭之者，是諂求福。」又引

孔曰：「義所宜爲而不能爲，是無勇。」邢昺依原注作疏。

「人神曰鬼」者，鄭玄以《左傳》隱公八年經：「三月，鄭伯使宛來歸祊。

庚寅，我入祊。」《傳》：「鄭伯請釋泰山之祀而祀周公，以泰山之祊易許

田。三月，鄭伯使宛來歸祊，不祀泰山也。」一事爲證。但邢昺引《周禮·

春官·宗伯三》、《左傳》僖公十年文爲證。

「見義不爲，無勇。」鄭玄確定適用範圍在「君親」，其事則爲「有危難

之事」，「無爲」則是「不能致身授命」，這種行爲的評價是「愛死」，是「勇

決不足也」〔註15〕。邢昺依孔注泛言之，所舉「魯君不討齊田」事例，與鄭

玄不同範疇。

二說可並存。

二、〈八佾〉

（一）孔子謂季氏：「八佾舞於庭，是可忍也，孰不可忍也？」

邢昺：此章論魯卿季氏僭用禮樂之事。「孔子謂季氏，八佾舞於

庭」者，謂者，評論之稱。季氏，魯卿，於時當桓子也。佾，列也。

舞者八人爲列，八八六十四人。桓子用此八佾舞於家廟之庭，故孔子

評論而譏之。「是可忍也，孰不可忍也」者，此孔子所譏之語也。孰，

誰也。人之僭禮，皆當罪責，不可容忍。季氏以陪臣而僭天子，最難

容忍，故曰：「若是可容忍，他人更誰不可忍也？」注「馬曰」至「譏

之」，正義曰：「孰，誰」，〈釋詁〉文。「佾，列」，書傳通訓也。云「天

子八佾，諸侯六，大夫四，士二」者，隱五年《左傳》文也。云「八

人爲列，八八六十四人」者，杜預、何休說如此。其諸侯用六者，六

六三十六人。大夫四，四四十六人。士二，二二四人。服虔以用六爲

六八四十八人，大夫四爲四八三十二人，士二爲二八十六人。今以舞

勢宜方，行列既減，即每行人數亦宜減，故同何、杜之說。天子所以

八佾者，案隱五年《左傳》：「考仲子之宮將萬焉。公問羽數於衆仲，

對曰：『天子用八，諸侯用六，大夫四，士二。』夫舞所以節八音而

〔註15〕陳金木：《唐寫本論語鄭氏注研究——以考據、復原、詮釋爲中心的考察》，
頁336。

行八風，故自八以下。」杜預云：「唯天子得盡物數，故以八爲列，諸侯則不敢用八。」……云「魯以周公之故，受王者禮樂，有八佾之舞」者，此釋季氏所以得僭之由，由魯得用之也。案《禮記・祭統》云：「昔者，周公旦有勳勞於天下，成王、康王賜之以重祭，朱干玉戚以舞《大武》，八佾以舞《大夏》。此天子之樂也，重周公，故以賜魯。」又〈明堂位〉曰：「命魯公世世祀周公以天子之禮樂。」是受王者禮樂也。然王者禮樂唯得於文王、周公廟用之，若用之他廟，亦爲僭也，故昭二十五年《公羊傳》稱昭公謂子家駒曰：「吾何僭哉？」荅曰：「朱干玉戚以舞《大夏》，八佾以舞《大武》，此皆天子之禮也。」是昭公之時，僭用他廟也。云「季桓子僭於家廟舞之，故孔子譏之」者，案《經》但云季氏，知是桓子者，以孔子與桓子同時，親見其事而譏之，故知桓子也。何休云：「僭，齊也，下效上之辭。」季氏，陪臣也，而效君於上，故云僭也。（頁25）

　　鄭玄：孔子謂季氏：「八佾舞於庭，是可忍，熟（孰）不〔可〕忍？」

初見用天子之禮樂，自季平子逐【昭公】後，世用魯禮樂，祭桓公家廟。今（陪）臣而舞天子八佾之〔樂〕，□〔註16〕〔不〕可忍之甚□。（頁340）

　　案：何晏引馬注：「孰，誰也。佾，列也。天子八佾，諸侯六、卿大夫四、士二、八人爲列。八八六十四人。魯以周公故，受王者禮樂，有八佾之舞。季桓子僭於其家廟舞之。故孔子譏之。」邢昺依原注作疏。

此章二人有二處不同。首先「八佾舞於庭」，邢昺依原注，認爲是「舞」，並多方引〈釋詁〉、《左傳》及諸注家之說爲證；鄭玄重點卻是「樂」，其云「今（陪）臣而舞天子八佾之〔樂〕」，即是以天子專用的八佾樂來跳舞。然在此舞、樂實不易區分，因爲季氏應不可能以八佾樂來跳其他佾舞，所以還是舞八佾。

再則邢昺認爲僭越者是「季桓子」，鄭玄則是「季平子」。潘維城《論語古注集箋》曰：「《論語後錄》亦據《左傳》謂季氏即平子，又引《漢書・劉

〔註16〕陳金木：「原卷有缺字則用□表示，不知字數的缺文用□／表示。」《唐寫本論語鄭氏注研究——以考據、復原、詮釋爲中心的考察》，頁282。但筆者爲求簡明，不論缺文或缺字，皆以□表示，不再區分。

－96－

向傳》，向上封事曰：季氏八佾舞於庭云云，卒逐昭公，其爲平子無疑。馬注以爲桓子，非。《群經義證》又引《呂氏春秋・察微篇》高注亦作平子，云：其僭已久，桓子踵而行之。」〔註17〕《左傳》昭公二十五年，記季平子逐昭公事，絕非桓子。邢昺依馬融之說，又曰：「《經》但云季氏，知是桓子者，以孔子與桓子同時，親見其事而譏之，故知桓子也。」可能是沿襲皇侃所記：「桓子家之豪強，起於季氏。文子、武子、平子、悼子至桓子五世。故後引稱孔子曰政逮於大夫四世矣。是也。今孔子所譏皆譏其五世。而注獨云桓子者，是時孔子與桓子政相值，故舉值者言之。」〔註18〕雖是孔子與桓子政相值，但孔子亦與康子同時代，何不說是「康子」？（此處皇侃將季氏的五代世系弄錯，應是文子、武子、悼子、平子、桓子。）所以邢昺誤，應從鄭注。

（二）三家者以〈雍〉徹。子曰：「『相維辟公，天子穆穆』，奚取於三家之堂？」

邢昺：此章譏三家之僭也。「三家者以〈雍〉徹」者，此弟子之言，將論夫子所譏之語，故先設此文以爲首引。三家，謂仲孫、叔孫、季孫。〈雍〉，〈周頌・臣工〉篇名。天子祭於宗廟，歌之以徹祭。今三家亦作此樂以徹祭，故夫子譏之。「子曰：『相維辟公，天子穆穆』，奚取於三家之堂」者，此夫子所譏之語也。先引《詩》文，後言其不可取之理也。「相維辟公，天子穆穆」者，此〈雍〉詩之文也。相，助也；維，辭也；辟公，謂諸侯及二王之後；穆穆，天子之容貌。〈雍〉篇歌此者，有諸侯及二王之後來助祭故也。今三家但家臣而已，何取此義而作之於堂乎？……正義曰：云「辟公，謂諸侯及二王之後」者，此與《毛傳》同。鄭玄以「辟爲卿士，公謂諸侯」爲異，餘亦同也。（頁25）

鄭玄：【三家者以】〈雍〉徹。子曰：「相維【辟公】，【天子穆穆】，【奚取於三家之堂】。」【三家謂仲孫氏】、淑（叔）孫氏、季孫氏。庸，〈州（周）頌〉之〔篇〕。

□。【辟謂卿士】，【公謂諸侯及】二王之後。天子之容貌穆穆。□故云奚取。（頁346）

〔註17〕〔清〕潘維城：《論語古注集箋》，《續修四庫全書》第154冊（上海：上海古籍出版社，1995年），卷2，頁21。

〔註18〕〔梁〕皇侃：《論語集解義疏》，卷2，頁2。

案：何晏引包曰「辟公，謂諸侯及二王之後。」邢昺依原注，釋「辟
公」爲諸侯及二王之後。鄭玄認爲「辟」與「公」不同，「辟」是
卿士，「公」指諸侯及二王之後。

〈周頌清廟之什・烈文〉中，鄭玄以「百辟卿士及天下諸侯者」解釋「辟
公」。〔註19〕又在〈周頌臣工之什・雝〉云：「乃助王禘祭，百辟與諸侯也。……
百辟與諸侯又助我陳祭祀之饌。」〔註20〕可看出鄭玄一貫的說法。邢昺注意
到鄭玄與原注之異，故云：「鄭玄以『辟爲卿士，公謂諸侯』爲異，餘亦同也。」
但仍取包說，不用鄭意。

二說可並存。

（三）林放問禮之本。子曰：「大哉問！禮，與其奢也，寧儉；喪，與其
易也，寧戚。」

邢昺：此章明禮之本意也。「林放問禮之本」者，林放，魯人也。
問於夫子，禮之本意如何？「子曰：大哉問」者，夫子將答禮本，先
嘆美之也。禮之末節，人尚不知，林放能問其本，其意非小，故曰「大
哉問」也。「禮，與其奢也，寧儉。喪，與其易也，寧戚」者，此夫
子所答禮本也。奢，汰侈也。儉，約省也。易，和易也。戚，哀戚也。
與，猶等也。奢與儉、易與戚等，俱不合禮，但禮不欲失於奢，寧失
於儉；喪不欲失於易，寧失於戚。言禮之本意，禮失於奢不如儉，喪
失於和易不如哀戚。（頁26）

鄭玄：林放問禮之本。子曰：「大哉問！

林放，魯仁（人）。〔孔〕□者，疾時仁（人）失□。

禮，與其奢也，寧儉；喪，與其易【也】，寧戚。」

易，由（猶）簡【略也。言禮之】本意失於【奢，不如儉】。喪，失於簡
略，不如哀戚。《禮記》曰：斬衰之哭，若往哀不返；【齊衰】之哭，若往而
返；大公（功）之哭，三曲而偯；小公（功）、思（緦麻），哀容可【也】。（頁
354）

案：二人不同處在「易」字的解釋。何晏引包注：「易，和易也。言禮
之本意，失於奢，不如儉；喪，失於和易，不如哀戚。」邢昺依

〔註19〕《毛詩注疏》，卷6，頁14。
〔註20〕《毛詩注疏》，卷27，頁25～26。

原注解，認爲「易」爲「和易」。鄭玄則認爲是「簡略」，並引《禮記‧間傳》說明因五服不同而有不同哭容，不可失於簡略。

《詩‧小雅‧何人斯》：「爾還而入，我心易也。」《毛傳》曰：「易，說。」鄭箋：「我則解說也。」〔註21〕《禮記‧郊特牲》：「賓入大門而奏〈肆夏〉，示易以敬也。」鄭注：「易，和說也。」〔註22〕故「和易」有和悅意。

《禮記‧曲禮上》：「臨喪不笑。」又：「臨喪則必有哀色，執紼不笑，臨樂不歎。……故君子戒愼，不失色於人。」〔註23〕〈八佾〉篇記：子曰：「居上不寬，爲禮不敬，臨喪不哀，吾何以觀之哉？」皆爲警惕臨喪之時的禮容。陳鱣《論語古訓》曰：「包以爲和易，意與戚相反，然世情當不至此。〈檀弓〉子思曰：『喪三日而殯，凡附于身者，必誠必信，勿之有悔焉耳矣。』時人治喪，以薄爲其道，失之簡略，故夫子以爲甯戚，言必盡哀盡禮也。當從鄭。」〔註24〕所以與其失於簡單隨便，不如有必誠必敬之戚容。

皇侃合而言之：「易，和易也。戚，哀過禮也。凡喪有五服，輕重者各宜當情，所以是本。」〔註25〕

二說可並存。

（四）子曰：「夷狄之有君，不如諸夏之亡也。」

邢昺：「子曰：夷狄之有君，不如諸夏之亡也」，正義曰：此章言中國禮義之盛，而夷狄無也。舉夷狄，則戎蠻可知。諸夏，中國也。亡，無也。言夷狄雖有君長而無禮義，中國雖偶無君，若周、召共和之年，而禮義不廢，故曰：「夷狄之有君，不如諸夏之亡也。」注「包曰：諸夏，中國」，正義曰：此及閔元年《左氏傳》皆言諸夏。襄四年《左傳》：「魏絳云：『諸夷必叛。』」華夏皆謂中國，而謂之華夏者，夏，大也。言有禮儀之大，有文章之華也。（頁126）

鄭玄：【子曰】：「夷狄之有君，不如諸夏之亦（無）。」

爲時衰亂，以矯仁（人）心。亡，無也。（頁357）

案：此章何晏引包曰：「諸夏，中國。亡，無也。」只就詞意解釋，並

〔註21〕《毛詩注疏》，卷19，頁81。

〔註22〕《禮記注疏》，卷25，頁13。

〔註23〕《禮記注疏》，卷3，頁8。

〔註24〕〔清〕陳鱣：《論語古訓》（《論語彙函》，《中國子學名著集成》第8冊，中國子學名著集成編印基金會印行，1978年），頁49。

〔註25〕〔梁〕皇侃：《論語集解義疏》，卷2，頁4。

無經義的說明。而邢昺自解爲「此章言中國禮義之盛，而夷狄無也。」與鄭玄哀時亂之意不同。

二人的詮釋方向不同，應在於對「如」字的理解有異。邢昺的「如」是「比」之義。「不如」即是「比不上」，所以夷狄雖有國君，比不上中國；而其中的原因是「禮義」文化的問題。並引《左傳》釋「華夏」一詞：「夏，大也。言有禮儀之大，有文章之華也。」再次強調中國禮儀之盛。或許是因爲北宋初仍受外族侵擾，邢昺藉之暗諷夷狄外族徒恃弓箭之強，卻無禮儀文化以治國，必不能勝過中國（北宋），有時代性的色彩。

鄭玄將「如」解作「像」，故「不如」爲「不像」，可翻譯爲：連夷狄都有君長，不像中國卻沒有。而中國之無國君，是因爲正處於無父無君的混亂年代。朱熹的《論語集註》引程子曰：「夷狄且有君長，不如諸夏之僭亂，反無上下之分也。」及尹焞語：「孔子傷時之亂而歎之也。亡，非實亡也，雖有之，不能盡其道爾。」〔註26〕程子和尹焞即是鄭注之意。

二說可並存。

（五）子曰：「君子無所爭，必也射乎！揖讓而升下，而飲，其爭也君子。」

邢昺：此章言射禮有君子之風也。「君子無所爭」者，言君子之人，謙卑自牧，無所競爭也。「必也射乎」者，君子雖於他事無爭，其或有爭，必也於射禮乎！言於射而後有爭也。「揖讓而升，下而飲」者，射禮於堂，將射升堂，及射畢而下，勝飲不勝，其耦皆以禮相揖讓也。「其爭也君子」者，射者爭中正鵠而已，不同小人屬色援臂，故曰「其爭也君子」。注「孔曰：言於射而後有爭」，正義曰：鄭注〈射義〉云：「飲射爵者亦揖讓而升降。勝者袒，決遂，執張弓。不勝者襲，說決拾，卻左手，右加弛弓於其上而升飲。君子恥之，是以射則爭中。」是於射而後有爭。注「王曰」至「相飲」，正義曰：云「射於堂，升及下皆揖讓而相飲」者，《儀禮·大射》云：「耦進，上射在左並行，當階北面揖，及階揖，升堂揖，皆當其物，北面揖，及物揖。射畢，北面揖，揖如升射。」是射時升降揖讓也。〈大射〉又云：「飲射爵之時，勝者皆袒，決遂，執張弓，不勝者皆襲，說決拾，卻左手，右加弛弓于其上，遂以執弣，揖如始升射。及階，勝者先升，升堂少

〔註26〕〔宋〕朱熹：《論語集註》，頁62。

右，不勝者進北面坐，取豐上之觶，立，卒觶，坐奠於豐下。興揖，
不勝者先降。」是飲射爵之時揖讓升降也。注「馬曰多」至「所爭」，
正義曰：云：「多筭飲少筭」者，筭，籌也。〈鄉射記〉曰：「箭籌八
十，長尺有握，握素。」是也。多筭謂勝者，少筭謂不勝者，勝飲不
勝而相揖讓，故曰君子之所爭也。（頁 26）

　　鄭玄：子曰「君子無所爭，必【也】。
君子上□與仁（人）常□。
【射】乎，揖讓而升下，而飲，其爭也君子。」

　　射乎，□又□於是乃有爭心。仁（人）唯病者不能射。射禮：史（使）
不中者酒飲。不中者酒所以養病，故仁（人）恥之。君子心爭，小人力爭也。
（頁 367）

　　　案：對於此章，現今一般的句讀爲：子曰：「君子無所爭，必也射乎！
　　　揖讓而升，下而飲，其爭也君子。」鄭注爲：子曰：「君子無所爭，
　　　必也。射乎，揖讓而升下，而飲，其爭也君子。」

　　首先，鄭以「必也」爲句，乃是認爲「君子無所爭」是一句概括性很強
的命題，「必也」代表一定如此，毫無例外。〔註27〕然後舉「射」爲例，說明
「君子必無所爭」之義。但在《論語》其他篇章中如「必也聖乎」（〈雍也〉）、
「必也臨事而懼」（〈述而〉）、「必也使無訟乎」（〈顏淵〉）、「必也親喪乎」（〈子
張〉）、「必也正名乎」（〈子路〉）、「必也狂狷乎」（〈子路〉）等，都不在「必也」
斷句，而是與下文連用。所以鄭注此處可再議。

　　第二，鄭注「揖讓而升下，而飲」則特別強調，在射禮進行中，「升」、「下」
皆須「揖讓」。何晏引王曰：「射於堂，升及下，皆揖讓而相飲。」邢昺在疏
文中，引用了鄭注〈射義〉云：「飲射爵者亦揖讓而升降。」及《儀禮・大射》
文，並總結爲：「是飲射爵之時揖讓升降也。」仍沿用王注之意，所以邢昺在
此的句讀是與鄭注相同的，爲「揖讓而升下，而飲」。現在多讀爲：「揖讓而升，
下而飲。」應是從朱熹《論語集註》之說，《集註》影響深遠，亦由此可見。

　　至於鄭玄言道：「不中者酒所以養病。」〔註28〕不妨參考皇侃所說：「射

────────────

〔註27〕陳金木以爲：「必也，是指此一命題『唯一』的例外。」見《唐寫本論語鄭氏
　　　注研究──以考據、復原、詮釋爲中心的考察》，頁 367。但筆者不同意，認
　　　爲是一定如此，毫無例外。
〔註28〕陳金木作「不中者酒所以養病」，見《唐寫本論語鄭氏注研究──以考據、復
　　　原、詮釋爲中心的考察》，頁 367。但筆者認爲應作：「不中者酒，所以養病。」

勝者黨，酌酒跪飲於不如者，云敬養。所以然者，君子敬讓，不以己勝爲能，不以彼負爲否。言彼所以不中者，非彼不能，正是有疾病故也。酒能養病，故酌酒飲彼，示養彼病，故云敬養也。」〔註29〕這段說明頗能清楚表達鄭注之簡要。而鄭玄引射禮談君子之爭，較諸邢昺更爲深刻。

（六）子夏問曰：「『巧笑倩兮，美目盼兮，素以爲絢兮。』何謂也？」
子曰：「繪事後素。」曰：「禮後乎？」子曰：「起予者商也，始可與言《詩》已矣！」

邢昺：此章言成人須禮也。「子夏問曰：『巧笑倩兮，美目盼兮，素以爲絢兮，何謂也』者，倩，笑貌；盼，動目貌；絢，文貌。此〈衛風·碩人〉之篇，閔莊姜美而不見荅之詩也。言莊姜既有巧笑、美目、倩盼之容，又能以禮成文絢然。素，喻禮也。子夏讀《詩》，至此三句，不達其旨，故問夫子何謂也。「子曰：繪事後素」者，孔子舉喻以荅子夏也。繪，畫文也。凡繪畫先布眾色，然後以素分布其間，以成其文，喻美女雖有倩盼美質，亦須禮以成之也。「曰：禮後乎」者，此子夏語。子夏聞孔子言繪事後素，即解其旨，知以素喻禮，故曰禮後乎。「子曰：起予者商也！始可與言《詩》已矣」者，起，發也；予，我也；商，子夏名。孔子言，能發明我意者，是子夏也，始可與共言《詩》也。（頁27）

鄭玄：子【夏問曰】：「【巧笑】倩兮，未（美）目盼兮，素以爲昫（絢）兮。何謂也？」

倩兮、盼【兮，好女之】容貌。素【以爲絢兮，文章】成曰絢。言右（有）好女如是，欲以潔白之禮而嫁之。此三句詩之言。問之者，及時淫風大行，嫁娶多不以禮者。

子曰：「繪事【後素。」曰】：「禮後乎？」

繪，書（畫）文。凡繪書（畫）之事，先布眾綵，然後素功。素功□詩之意，欲以眾綵喻女容貌，素功喻嫁娶之禮。□後素功，則曉其爲禮之意也。

子曰：「起予者商，始可與〔言〕【《詩》已矣】！」

□孔子云會（繪）事後素，時忘其意以素與（喻）禮。子夏云曰：禮後乎？孔子則覺，故曰：起予者商。商，子夏之名也。（頁374）

〔註29〕〔梁〕皇侃：《論語集解義疏》，卷2，頁6。

　　案：邢昺依舊注，以「禮」爲一般的意義。鄭玄則明白指出是「嫁娶
　　　　之禮」。
二者可並存。

（七）子曰：「禘，自既灌而往者，吾不欲觀之矣。」

　　　邢昺：「子曰禘自既灌而往者，吾不欲觀之矣」，正義曰：此章
言魯禘祭非禮之事。禘者，五年大祭之名。灌者，將祭，酌鬱鬯於太
祖，以降神也。既灌之後，列尊卑，序昭穆。而魯逆祀，躋僖公，亂
昭穆，故孔子曰：「禘祭自既灌已往，吾則不欲觀之也。」注「孔曰」
至「觀之」，正義曰：云：禘「袷之禮，爲序昭穆，故毀廟之主及羣
廟之主皆合食於太祖」者，鄭玄曰：「魯禮，三年喪畢，而袷於太祖。
明年，春禘於羣廟。自爾之後五年而再殷祭，以遠主初始入祧，新死
之主又當與先君相接，故禮因是而爲大祭，以審序昭穆，故謂之禘。
禘者，諦也，言使昭穆之次審諦而不亂也。」袷者，合也。文二年《公
羊傳》曰：「大袷者何？合祭也。其合祭奈何？毀廟之主陳于太祖，
未毀廟之主皆升合食於太祖。」是也。云「灌者，酌鬱鬯灌於太祖，
以降神」者，〈郊特牲〉云：「周人尚臭，灌用鬯臭，鬱合鬯，臭陰達
於淵泉，灌以圭璋，用玉氣也。既灌，然後迎牲，致陰氣也。」鄭注
云：「灌，謂以圭瓚酌鬯，始獻神也。」鬱，鬱金草，釀秬爲酒，煮
鬱金草和之，其氣芬芳調暢，故曰鬱鬯。言未殺牲，先酌鬱鬯酒灌地，
以求神於太祖廟也。云「既灌之後，列尊卑，序昭穆」者，言既灌地
降神之後，始列木主，以尊卑陳列太祖前。太祖東鄉，昭南鄉，穆北
鄉。其餘孫從王父，父曰昭，子曰穆。昭取其鄉明，穆取其北面尚敬。
三年一袷，五年一禘，禘所以異於袷者，毀廟之主，陳於太祖，與袷
同：未毀廟之主，則各就其廟而祭也。云「而魯逆祀，躋僖公，亂昭
穆，故不欲觀之」者，《春秋》「文二年秋八月丁卯，大事于太廟，躋
僖公」。《公羊傳》曰：「躋者何？升也。何言乎升僖公？譏。何譏爾？
逆祀也。」何休云：「升，謂西上禮。昭穆，指父子。近取法《春秋》，
惠公與莊公當同南面西上，隱、桓與閔、僖亦當同北面西上，繼閔者
在下。文公緣僖公，於閔公爲庶兄，置僖公於閔公上，失先後之義，
故譏之。」是知當閔在僖上。今升僖先閔，故云逆祀。二公位次之逆，
非昭穆亂也。弗忌曰：『我爲宗伯，明者爲昭，其次爲穆，何常之有？』」

如彼所言,又似閔、僖異昭穆者,位次之逆,如昭穆之亂,假昭穆以言之,非謂異昭穆也。若兄弟相代,即異昭穆,設今兄弟四人皆立爲君,則祖父之廟即已從毀,知其理必不然,故先儒無作此說。以此逆祀失禮,故孔子不欲觀之也。(頁27)

鄭玄:子曰:「禘自溉(既)灌而【往者】,【吾不欲】觀之矣。」既,已也。禘祭之禮,自血星(腥)始,至於尸灌而神士(事)訖。不欲觀之者,尸灌已後人士(事)耳,非禮之盛(甚)。(頁383)

案:邢昺依舊注,自「灌」以下,不欲觀的理由是「亂昭穆」的「逆祀」。鄭玄則從禘祭在進行儀式中,「尸灌」以前是「神事」,以後是「人事」,在「尸灌」後因非禮而不欲觀。潘維城曰:「此章譏既灌而往者之僭禮,不譏魯祭假禘之名。」〔註30〕則以鄭說爲勝。

(八)或問禘之說。子曰:「不知也。知其說者之於天下也,其如示諸斯乎!」指其掌。

邢昺:此章言諱國惡之禮也。「或問禘之說」者,或人問孔子,禘祭之禮其說何如?「子曰:不知也」者,孔子答言,不知禘禮之說。答以不知者,爲魯諱。諱國惡,禮也。若其說之,當云「禘之禮,序昭穆」。時魯躋僖公,亂昭穆,說之則彰國之惡,故但言不知也。「知其說者之於天下也,其如示諸斯乎也」者,諸,於也;斯,此也。孔子既答或人以不知禘禮之說,若不更說,恐或人以爲己實不知,無以明其諱國惡,且恐後世以爲,禘祭之禮,聖人不知,而致廢絕,更爲或人言此也。言我知禘禮之說者,於天下之事中,其如指示於此掌中之物。言其易了也。「指其掌」者,此句弟子作《論語》時言也。當時孔子舉一手伸掌,以一手指之,以示或人,曰:「其如示諸斯乎!」弟子等恐人不知示諸斯謂指示何等物,故著此一句,言是時夫子指其掌也。(頁28)

鄭玄:或【問禘之說。子】曰:「不知【也】或,仁(人)不顯,略之。爲說之,猶不曉,故不答王(之)也。知其說者之於天下,其〔如〕【示諸斯乎】!指其掌

〔註30〕〔清〕潘維城:《論語古注集箋》,卷2,頁26。

孔子啓手指掌曰：或仁（人）知大祭之說者。其人於【天下之事，如指示以掌】中之物然，言其無不明達。蓋聖人不答其敏（問），〔爲〕□之也。（頁387）

　　案：邢昺依孔注，認爲孔子回答不知是因爲「夫子諱魯僭禘，故答以不知」。即「爲尊者諱」。鄭玄注云：「爲說之，猶不曉，故不答王（之）也。」此即以孔子「舉一隅不以三隅反，則不復也」爲說，至於「不曉」的內容，則無法得知。

二人差異頗大，未知孰是。

（九）祭如在，祭神如神在。子曰：「吾不與祭，如不祭。」

　　邢昺：此章言孔子重祭禮。「祭如在」者，謂祭宗廟必致其敬，如其親存。言事死如事生也。「祭神如神在」者，謂祭百神亦如神之存在而致敬也。「子曰：吾不與祭，如不祭」者，孔子言，我若親行祭事，則必致其恭敬。我或出或病，而不自親祭，使人攝代己爲之，不致肅敬於心，與不祭同。（頁28）

　　鄭玄：祭如在

時仁（人）所存賢聖之言也。

祭神如神在恐時〔人〕不曉如在之意，故爲解之。

　　子曰：「【吾不與祭】，【如不】祭。」

孔子或出或病，而不自親祭，使攝者爲之，爲其不致肅敬之心，與不祭同。（頁391〜392）

　　案：邢昺依孔注文，「祭如在」謂事死如事生也。「祭神如神在」，則是祭百神。但鄭玄指出「祭如在」是孔子之前已有此語，「祭神如神在」是孔子對這句話的解釋。唐丘光庭《兼明書》卷三曰：「『祭如在』者，是孔子之前相傳有此言也。孔子解之曰：『祭神如神在』耳。非謂有兩般鬼神也。」日本學者物茂卿《論語徵》：「『祭如在』，古經之言也。『祭神如神在』，釋經之言也。」太宰純《論語古訓》：「『祭如在』者，蓋古禮經之文也。『祭神如神在』者，傳者之言也。」〔註31〕日人月洞讓也說：「『祭如在』這句話的含義就是祭

────────────

〔註31〕以上三項資料，取自於曾秀景：〈從論語鄭氏注看「祭如在」的詮釋〉，《論語古注輯考》（臺北市：學海出版社，1991年），頁581〜592。

神的時候，如同神在那裡一樣地去祭。上部分是當時所存聖賢之言，擔心不懂『如在』之意，孔子作了解釋。《集解》、《集注》都把『祭如在』作爲對死者、祖先的祭祀，把『祭神如神在』作爲對天地山川等其他神的祭。使人感到，是因爲語言重覆，而苦心作區別。」〔註32〕所以毛子水說：「但我以爲這七十九條的鄭氏《論語注》，最有歷史價值的，莫過於『祭如在，祭神如神在』兩句的注。」〔註33〕

二者可並存。

（十）王孫賈問曰：「與其媚於奧，寧媚於竈，何謂也？」子曰：「不然，獲罪於天，無所禱也。」

　　邢昺：此章言夫子守禮，不求媚於人也。「王孫賈」者，衛執政大夫也。「問曰：與其媚於奧，寧媚於竈，何謂也」者，媚，趣嚮也；奧，內也，謂室內西南隅也，以其隱奧，故尊者居之。其處雖尊，而閒靜無事，以喻近臣雖尊，不執政柄，無益於人也。竈者，飲食之所由，雖處卑褻，爲家之急用，以喻國之執政，位雖卑下，而執賞罰之柄，有益於人也。此二句，世俗之言也。言與其趣於閒靜之處，寧若趣於急用之竈，以喻其求於無事之近臣，寧若求於用權之執政。王孫賈時執國政，舉於二句，佯若不達其理，問於孔子曰：「何謂也？」欲使孔子求媚親昵於己，故微以世俗之言感動之也。「子曰：不然。獲罪於天，無所禱也」者，孔子拒賈之辭也。然，如此也。言我則不如世俗之言也。天，以喻君。獲，猶得也。我道之行否，由於時君，無求於眾臣。如得罪於天，無所禱於眾神。（頁28）

　　鄭玄：王孫賈問曰：「【與其媚於奧】，寧媚於電（竈），何謂也？」王孫賈自州（周）出士（仕）於衛。宗廟及吾（五）〔祀〕【之神皆祭於奧室】，【西】南隅謂之奧。電（竈）者，爨也。凡祭之禮，尸□性，怪此言於（與）我義返（反），故問之也。

　　子曰：「不然，獲罪於天，無所禱。」明當媚【其尊者】，【夫】電（竈）者，【老婦之祭】（頁396）

〔註32〕〔日〕月洞讓：〈關於《論語鄭氏注》〉，《唐寫本論語鄭氏注及其研究》，頁189。
〔註33〕毛子水：〈表章『祭如在，祭神如神在』的鄭注〉，《論孟研究論集》（臺北市：黎明文化事業股份有限公司，1981年），頁323。

案：依鄭注「凡祭之禮，尸□性，怪此言於（與）我義返（反），故問
　　之也」之意，王孫賈似乎只是單純的問孔子「與其媚於奧，寧媚
　　於竈」是什麼意思？因為這一可能是當時流傳的某種說法（如皇
　　侃就說「此世俗舊語也。」〔註34〕），與王孫賈原本的認知不同，
　　所以特別就此請教嫻熟禮儀的孔子。在此，鄭注說明了問題的由
　　來。之後，鄭玄分別解釋了「奧」、「竈」二詞之義，「西南隅謂之
　　奧」（《爾雅・釋宮》文）、「電（竈）者，爨也」。再從祭祀之禮來
　　說明「宗廟及吾（五）〔祀〕之神皆祭於奧室」，「夫電（竈）者，
　　老婦之祭」。

然後配合經義，以「奧」為「其尊者」，自然「竈」就是「其卑者」。《禮
記・禮器》：「孔子曰：臧文仲安知禮？夏父弗綦逆祀而弗止也。燔柴於奧，
夫奧者，老婦之祭也，盛於盆，尊於瓶。」鄭注：「奧當為爨字之誤也，或作
竈。禮：尸卒事而祭，饎爨，饔爨也。」又：「老婦先炊者也。盆瓶，炊器也。
明此祭先炊，非祭火神，燔柴似失之。」孔穎達疏曰：「夫奧者，老婦之祭也
者，既譏燔柴於爨，又明祭爨不可燔柴之義。爨者是老婦之祭，其祭卑，唯
盛食於盆，盛酒於瓶，卑賤若此，何以燔柴祭之也。」〔註35〕

鄭玄據禮制，來說明王孫賈所問「與其媚於奧，寧媚於竈」中的原因，
只就禮來說經，顯然不涉及實際的人事。

邢昺依孔注，將「奧，內也」以喻近臣。「竈」，以喻執政。「天」，以喻君。
直接以人事入經義，具體呈現了孔子出處的原則及節操。如劉寶楠《論語正義》
曰：「奧、竈本一神，時人以竈設主，主者，神之所棲，親媚之，易為福也。奧
則迎尸祭之，尸者，人所象似，非神所憑，媚之或無益也。」〔註36〕另在《論
語・憲問》記：「仲叔圉治賓客，祝鮀治宗廟，王孫賈治軍旅。」可以看出王孫
賈是一位頗有能力的大臣。但是否有此事，或其根據何在，則不見邢昺考證說
明。故王熙元《論語通釋》云：「總不免是出於揣測，甚至附會。我認為解釋古
書，與其捕風捉影，不如直截了當，更能獲得原文的本意。」〔註37〕

未知孰是，二者並存。

〔註34〕〔梁〕皇侃：《論語集解義疏》，卷2，頁12。
〔註35〕《禮記注疏》，卷23，頁28。
〔註36〕〔清〕劉寶楠：《論語正義》，頁102。
〔註37〕王熙元：《論語通釋》（臺北市：臺灣學生書局，1981年），頁117。

（十一）子入太廟，每事問。或曰：「孰謂鄹人之子知禮乎？入太廟，每事問。」子聞之曰：「是禮也。」

邢昺：此章言夫子慎禮也。「子入太廟」者，子，謂孔子。太廟，周公廟。孔子仕魯，魯祭周公而助祭，故得入之也。「每事問」者，言太廟之中，禮器之屬，每事輒問於令長也。「或曰：孰謂鄹人之子知禮乎？入太廟，每事問」者，孰，誰也。鄹人，魯鄹邑大夫孔子父叔梁紇也。或有人曰：「誰謂鄹大夫之子知禮者也？」時人多言孔子知禮，或人以為，知禮者不當復問，何為入太廟而每事問乎？意以為孔子不知禮。「子聞之，曰：是禮也」者，孔子聞或人之譏，乃言其問之意，以宗廟之禮當須重慎，不可輕言，雖已知之，更當復問，慎之至也。（頁128）

鄭玄：【子入太】廟，每事問。

太廟，州（周）公之廟。孔子土（仕）魯，魯祭周公而助祭焉。每事敏（問），問於太史也。

或曰：熟（孰）〔謂〕【鄹人之子】知禮乎？入太廟，每事問也。

熟（孰），誰也。鄹，孔子父叔【梁紇所治邑】，【時】人多言孔子知禮，或仁（人）以為知禮者【不當復問也】。

【子聞之】，【曰】：「【是禮也】。」（頁405）

案：何晏未解「每事問」的對象。邢昺自注為：「每事輒問於令長也。」則問的對象是「令長」，而鄭玄是「問於太史也」。張政烺主編的《中國古代職官大辭典》「太史」項云：「太史在西周、春秋、戰國時為大臣之一，起草文書、規諫君主、代宣王命，參與策命典禮，記載史事，編撰史書，保管典籍檔案，兼掌天文、立法、祭祀。」〔註38〕但書中卻無「令長」一詞，不知其義為何。「太史」亦作「大史」，《禮記‧曲禮》、《周禮‧春官‧大史》皆可見。是以魯國的典禮在太廟舉行，太史也參與其中，而孔子對於祭祀的種種都能向太史請教，謹慎從事，是極為合理的。〔註39〕而「令長」一詞則於多部職官辭典中遍檢不著，唯有「令」，恐邢昺有誤。

〔註38〕張政烺主編：《中國古代職官大辭典》（河南市：河南人民出版社，1990年），頁130。
〔註39〕陳金木：《唐寫本論語鄭氏注研究——以考據、復原、詮釋為中心的考察》，頁405～406。

鄭玄較優。

（十二）子曰：「事君盡禮。人以爲諂也。」

　　　邢昺：此章疾時臣事君多無禮也。言若有人事君盡其臣禮，謂「將
　　順其美」及「善則稱君」之類，而無禮之人反以爲諂佞也。（頁30）

　　　鄭玄：□曰：「事君盡禮。人以爲諂。」

盡禮，謂盡禮下公門或路馬之屬。時臣背（皆）不能盡禮，謂盡禮者仁
（人）以爲諂，以眾非□。（頁421）

　　　案：對於「事君盡禮」的內容，何晏引孔注：「時事君者多無禮，故以
　　　　有禮者爲諂。」並未說明。邢昺則解爲：「言若有人事君盡其臣禮，
　　　　謂『將順其美』及『善則稱君』之類。」鄭玄則是「盡禮，謂盡
　　　　禮下公門或路馬之屬」。當較貼近孔子講話時的經義，〈鄉黨篇〉
　　　　所記孔子的容貌舉止及交接人物，周旋禮儀的記載，皆可佐證鄭
　　　　玄此處的注文，潘維城曰：「孔子事君之禮，如眾拜上而子獨拜下。
　　　　又，吾〈鄉黨篇〉所記：聞君命，入公門及過位，鞠躬如、色勃
　　　　如、足躩如。雖未見君而臣形敬畏。升堂見君，則鞠躬屛氣，皆
　　　　是人不能，然而或反以爲諂也。」〔註40〕

（十三）子曰：「〈關雎〉樂而不淫，哀而不傷。」

　　　邢昺：此章言正樂之和也。「〈關雎〉」者，《詩·國風·周南》首
　　篇名，興后妃之德也。〈詩序〉云：「樂得淑女以配君子，憂在進賢，
　　不淫其色。」是樂而不淫也。「哀窈窕，思賢才，而無傷善之心焉。」
　　是哀而不傷也。樂不至淫，哀不至傷，言其正樂之和也。（頁30）

　　　鄭玄：子曰：「〈關雎〉樂【而不淫】，【哀而不】傷。」

〈關雎〉詩者，國風〈州（周）男（南）〉之首篇。〈關雎〉之作，文王
之教，形（刑）於寡【妻】，【至於兄弟】，以御於家邦。則樂得淑女，以爲君
子好求（述），不淫其色。寤寐【思之】，【哀世失夫婦之】道，不得此仁（人），
不爲減傷己愛也。（頁429）

　　　案：邢昺依孔注：「樂不至淫，哀不至傷，言其和也。」疏爲：「正樂
　　　　之和。」鄭玄則依據〈關雎〉篇的經義闡發，且引大雅〈思齊〉
　　　　的經文爲證。最後探究孔子說這段話的原因是「哀世失夫婦之

〔註40〕〔清〕潘維城：《論語古注集箋》，卷2，頁32。

道」，即是「周文疲弊」的禮壞樂崩時代。〔註41〕

邢昺從樂音著眼；鄭注就意義闡述，較爲深刻。二者皆通。

（十四）哀公問社於宰我。宰我對曰：「夏后氏以松，殷人以柏，周人以
栗，曰使民戰栗。」子聞之曰：「成事不說，遂事不諫，既往不
咎。」

邢昺：此章明立社所用木也。「哀公問社於宰我」者，哀公，魯
君也；社，五土之神也。凡建邦立社，各以其土所宜木。哀公未知其
禮，故問於弟子宰我也。「宰我對曰：夏后氏以松，殷人以柏，周人
以栗，曰使民戰栗」者，三代立社，各以其土所宜木，故宰我舉之以
對哀公也。但宰我不本其土宜之意，因周用栗，便妄爲之說，曰周人
以栗者，欲使其民戰栗故也。「子聞之，曰：成事不說，遂事不諫，
既往不咎」者，孔子聞宰我對哀公使民戰栗，知其非妄，無如之何，
故曰：事已成，不可復解說也；事已遂，不可復諫止也；事已往，不
可復追咎也。歷言此三者以非之，欲使慎其後也。注「孔曰」至「戰
栗」，正義曰：云「凡建邦立社，各以其土所宜之木」者，以社者，
五土之摠神，故凡建邦立國，必立社也。夏都安邑，宜松；殷都亳，
宜柏；周都豐鎬，宜栗。是各以其土所宜木也。謂用其木以爲社主。
張、包、周本以爲哀公問主於宰我，先儒或以爲宗廟主者，杜元凱、
何休用之以解《春秋》，以爲宗廟主，今所不取。（頁30）

鄭玄：哀公問主於宰我。宰我對曰：「夏【后氏以松】，【殷】仁
（人以柏，周仁（人）以栗，曰：使人（民）戰慄（栗）也。」

主，田主，謂社。哀也（公）失御臣之權，臣□見社無教令於仁（人），
而人事之，故【問】□，樹之田主，各以其生（土）地所宜木，遂以爲（名）
社與（於）其野。然則州（周）公社以慄（栗）木者，是乃土地所宜木。宰
我言史（使）仁（人）戰慄，媚耳，非其□。

【子聞之】，【曰】：「【成事】不說，遂事不諫，既往不咎。」

哀公失御臣之政，欲史（使）□【宰】我之對，成哀公之意，〔爲〕□諫
止，其不可解說，不可諫止，言其〔既〕往不可咎責。言此失者，無如之何。
（頁436～437）

〔註41〕陳金木：《唐寫本論語鄭氏注研究——以考據、復原、詮釋爲中心的考察》，
頁429。

案：邢昺依孔注：「凡建邦立社，各以其土所宜之木。」再疏：「社，五土之神也。凡建邦立社，各以其土所宜木。」同時也表示「張、包、周本以爲哀公問主於宰我，先儒或以爲宗廟主者，杜元凱、何休用之以解《春秋》，以爲宗廟主，今所不取。」此與鄭玄「田主」相當。

至於宰我的回答，孔注：「宰我不本其意，妄爲之說，因周用栗，便云使民戰栗。」邢昺亦依孔云：「但宰我不本其土宜之意，因周用栗，便妄爲之說，曰周人以栗者，欲使其民戰栗故也。」

鄭玄注則稱哀公提問的原因是：「哀也（公）失御臣之權，臣□見社無教令於仁（人），而人事之，故【問】□。」宰我回答的本意是「宰我言史（使）仁（人）戰慄，媚耳，非其□。」孔子獲知後的評論爲「哀公失御臣之政，欲史（使）□【宰】我之對，成哀公之意，〔爲〕□諫止，其不可解說，不可諫止，言其〔既〕往不可咎責。言此失者，無如之何。」較能揣摩當時的現象。〔註42〕對照下，邢昺之說顯得籠統。

（十五）子曰：「管仲之器小哉！」或曰：「管仲儉乎？」曰：「管氏有三歸，官事不攝，焉得儉？」「然則管仲知禮乎？」曰：「邦君樹塞門，管氏亦樹塞門；邦君爲兩君之好，有反坫，管氏亦有反坫。管氏而知禮，孰不知禮？」

　　邢昺：此章言管仲僭禮也。「子曰：管仲之器小哉」者，管仲，齊大夫管夷吾也。孔子言其器量小也。「或曰：管仲儉乎」者，或人見孔子言管仲器小，以爲謂其大儉，故問曰：「管氏儉乎？」「曰：管氏有三歸，官事不攝，焉得儉」者，孔子荅或人以管仲不儉之事也。婦人謂嫁曰歸。攝，猶兼也。焉，猶安也。禮，大夫雖有妾媵，嫡妻唯娶一姓。今管仲娶三姓之女，故曰有三歸。禮，國君事大，官各有人，大夫雖得有家臣，不得每事立官，當使一官兼攝餘事。今管仲家臣備職，奢豪若此，安得爲儉也？「然則管仲知禮乎」者，或人聞孔子言管仲不儉，便謂爲得禮，故又問曰：「然則管仲是知禮之人乎？」「曰：邦君樹塞門，管氏亦樹塞門。邦君爲兩君之好，有反坫，管氏亦有反坫」者，此孔子又爲或人說管仲不知禮之事也。邦君，諸侯也。

〔註42〕陳金木：《唐寫本論語鄭氏注研究——以考據、復原、詮釋爲中心的考察》，頁 436～437。

屏，謂之樹。人君別内外，於門樹屏以蔽塞之。大夫當以簾蔽其位耳。
今管仲亦如人君，樹屏以塞門也。反坫，反爵之坫，在兩楹之間。人
君與鄰國爲好會，其獻酢之禮更酌，酌畢則各反爵於坫上。大夫則無
之。今管仲亦有反爵之坫。僭濫如此，是不知禮也。「管氏而知禮，
孰不知禮」者，孔子舉其僭禮於上，而以此言非之。孰，誰也。言若
謂管氏而爲知禮，更誰爲不知禮！言唯管氏不知禮也。注「包曰」至
「爲僭」，正義曰：云「婦人謂嫁曰歸」者，隱二年《公羊傳》文。
何休曰：「婦人生以父母爲家，嫁以夫爲家，故謂嫁曰歸，明有三歸
之道也。」注「鄭曰」至「知禮」，正義曰：云「反坫，反爵之坫，
在兩楹之間」者，以鄉飲酒是鄉大夫之禮，於房戶間，燕禮是燕己之
臣子，故尊於東楹之西。若兩君相敵，則尊於兩楹間，故其坫在兩楹
間也。云「人君別内外於門，樹屏以蔽之」者，〈釋宫〉云：「屏謂之
樹。」郭璞曰：「小牆當門中。」〈郊特牲〉云：「臺門而旅樹。」鄭
玄云：「此皆諸侯之禮也。」旅，道也。屏，謂之樹，樹所以蔽行道。
管氏樹塞門，塞猶蔽也。禮，「天子外屏，諸侯内屏，大夫以簾，士
以帷」是也。云：「若與鄰國爲好會，其獻酢之禮更酌，酌畢則各反
爵於坫上」者，熊氏云：「主君獻賓。賓筵前受爵，飲畢，反坫虛爵
於坫上，於西階上拜。主人於阼階上荅拜，賓於坫取爵，洗爵，酌，
以酢主人。主人受爵，飲畢，反此虛爵於坫上。主人阼階上拜，賓荅
拜。」是賓主飲畢，反爵於坫上也。而云「酌畢，各反爵於坫上」者，
文不具耳，其實當飲畢。（頁30）

鄭玄：子曰：「管仲之器【小】【哉】！」

【管仲，齊桓公之相管】〔夷〕吾。言其德器小，小至邑，以其才足□奢
侈，不務爲儉也。

或曰：「管仲儉【乎】？」【曰】：「【管氏有三歸，官事】不攝，焉德（得）
儉乎？」或人見孔子云【小之，以爲謂之太儉】。三歸，娶三姓女。【婦人謂
嫁曰歸。、攝猶兼也。禮，國君事大，□□】備官，大【夫兼并。今管仲家
臣備職】是非爲儉。

曰：「然則管仲知禮乎？」曰：「邦君樹塞門，【管】氏亦有樹塞門；邦君
爲兩君之好，有反坫（坫），管氏【亦】（有）反坫（坫）。管氏而知禮，熟（孰）
不知禮？」

　　或仁（人）見孔子云焉德（得）儉乎，則以爲知禮。□□。塞，由（猶）弊（蔽）。

　　禮：天子外屏，諸侯內屏。返（反）坫，返（反）之坫，在兩楹之間，人君辨內外，於門樹屏以弊（蔽）之。若與鄰國爲好會，其獻酢之禮，更酢，【酌畢】【則各反】受爵於坫上。今管仲奢僭爲之，如是，是不知禮也。（頁446～447）

　　　　案：「管仲之器小哉！」邢昺依何注曰：「孔子言其器量小也。」鄭玄則釋爲「德器小」，指出是道德涵養的問題，較邢昺明確。「三歸」歷來有許多不同說法，〔註43〕而鄭注與邢昺看法一致——娶三姓之女。至於管仲的身分，邢昺曰：「邦君，諸侯也。」管仲爲「不知禮」，理由爲 1.「禮，大夫雖有妾媵，嫡妻唯娶一姓。今管仲娶三姓之女，故曰有三歸。」2.包注：「禮，國君事大，官各有人；大夫兼并。今管仲家臣備職，非爲儉。」邢昺依包注曰：「大夫雖得有家臣，不得每事立官，當使一官兼攝餘事。今管仲家臣備職，奢豪若此，安得爲儉也？」3.「人君別內外，於門樹屏以蔽塞之。大夫當以簾蔽其位耳。今管仲亦如人君，樹屏以塞門也。」4.「反坫，反爵之坫，在兩楹之間。人君與鄰國爲好會，其獻酢之禮更酌，酢畢則各反爵於坫上。大夫則無之。」據此四事認定管仲以大夫身分僭越的事實，所以爲不知禮。

　　鄭注：「禮，國君事大，□□備官，大【夫兼并。今管仲家臣備職】是非爲儉。」也能很明顯看出，鄭玄認爲管仲以大夫的身分僭禮。〔註44〕

　　二人皆認定管仲僭禮。

（十六）子語魯大師樂。曰：「樂其可知也：始作，翕如也；從之，純如也，皦如也，繹如也，以成。」

　　　　邢昺：此章明樂。「子語魯大師樂」者，大師，樂官名，猶《周禮》之大司樂也。於時魯國禮樂崩壞，故孔子以正樂之法語之，使知也。「曰：樂其可知也」者，言五者翕然盛也。翕，盛皃。如，皆語

〔註43〕 可參〔清〕劉寶楠：《論語正義》，頁124～127。

〔註44〕 然陳金木卻說鄭玄「再則詳細辨明『邦君』——天子，『管氏』——諸侯，……故『僭』即不守諸侯的禮制，而僭用了天子的禮制。」恐是理解錯誤。陳金木：《唐寫本論語鄭氏注研究——以考據、復原、詮釋爲中心的考察》，頁447。

辭。「從之，純如也」者，從讀曰縱，謂放縱也。純，和也，言五音既發，放縱盡其音聲，純純和諧也。「皦如也」者，皦，明也，言其音節分明也。「繹如也」者，言其音落繹然相續不絕也。「以成」者，言樂始作翕如，又縱之以純如、皦如、繹如，則正樂以之而成也。（頁31）

     鄭玄：子語魯大師樂。曰：「樂其【可知也】：

大師，樂官名也。

如（始）作，翕如；

如（始）作，翕如也；

始作，渭（謂）今（金）奏之時，仁（人）聞今（金）奏之聲，仁（人）皆翕如，變（動）之貌。

從之，純如，皦如，〔繹〕【如】，【以成】。

從之，純如也，皦如也，〔繹〕【如也】，【以成】。〔註45〕

從讀曰縱。縱之，謂既奏八音皆作。純如，咸和之貌。皦如，【始清別之貌】，繹如，志意條達之貌，此四者皆作應，而樂以成。成，由（猶）終。書曰：簫韶九成，鳳凰來儀。（頁454）

    案：此章有四處可注意者：1.鄭注「翕如」為人的「變（動）之貌」。指欣賞者聽到音樂後，受到震撼而動容。邢昺則曰：「翕，盛兒。」指樂音盛大。2.邢昺曰：「從讀曰縱，謂放縱也。……言五音既發，放縱盡其音聲。」鄭注「從讀曰縱。縱之，謂既奏八音皆作。」五音與八音不同。3.「繹如」一詞，何晏未引用諸家說法，亦無訓解，邢昺自己解釋為：「言其音落繹然相續不絕也。」鄭注為：「繹如，志意條達之貌。」劉寶楠引莊述祖云：「〈釋訓〉：『繹繹，生也。』繹、驛通，言美心之感發，如草木之有生意，暢茂條達也。」〔註46〕4.邢昺釋全章之旨為：「於時魯國禮樂崩壞，故孔子以正樂之法語之，使知也。」「翕如」、「純如」、「皦如」、「繹如」是大師樂於演奏過程中的諸多變化，全就音樂上說釋。鄭注的：「翕如，變（動）之貌。」「繹如，志意條達之貌。」則是加上人的情感反應。

〔註45〕陳金木表示「翕如」、「純如」、「皦如」、「繹如」等四個詞句末是否有「也」字，寫本本身即存在差異性，為尊重寫者，則兩種並排之，而不敢強予論斷。《唐寫本論語鄭氏注研究——以考據、復原、詮釋為中心的考察》，頁454。

〔註46〕〔清〕劉寶楠：《論語正義》，頁132。

二者皆可通。

（十七）子謂〈韶〉：「盡美矣，又盡善也。」謂〈武〉：「盡美矣，未盡
　　　善也。」

　　邢昺：此章論〈韶〉、〈武〉之樂。「子謂〈韶〉，盡美矣，又盡善
也」者，〈韶〉，舜樂名。〈韶〉，紹也，德能紹堯，故樂名〈韶〉。言
〈韶〉樂其聲及舞極盡其美，揖讓受禪，其聖德又盡善也。「謂〈武〉，
盡美矣，未盡善也」者，〈武〉，周武王樂，以武得民心，故名樂曰〈武〉。
言〈武〉樂音曲及舞容則盡極美矣，然以征伐取天下，不若揖讓而得，
故其德未盡善也。注「孔曰」至「盡善」，正義曰：云「〈韶〉，舜樂
名」者，〈樂記〉云：「〈韶〉，繼也。」注云：「韶，紹也，言舜之道
德繼紹於堯也。」《元命包》曰：「舜之時，民樂紹堯業。」其《書・
益稷》云：「《蕭韶》九成，鳳皇來儀。」是〈韶〉爲舜樂名也。云「謂
以聖德受禪，故盡善」者，《書序》云：「昔在帝堯，聰明文思，光宅
天下，將遜于位，讓于虞舜。」孔安國云：「若使攝，遂禪之。」禪
即讓也。是以聖德受禪也。注「孔曰」至「未盡善」，正義曰：云「〈武〉，
武王樂也」者，〈禮器〉云：「樂也者，樂其所自成。」注云：「作樂
者，緣民所樂於已之功。」然則以武王用武除暴，爲天下所樂，故謂
其樂爲〈武〉樂。〈武〉樂爲一代大事，故歷代皆稱「大」也。云「以
征伐取天下，故未盡善」者，以臣代君，雖曰應天順人，不若揖讓而
受，故未盡善也。（頁32）

　　鄭玄：子謂〈韶〉：「盡美矣，又盡善也。」

〈韶〉，舜樂名。美舜以聖德受禪於堯。又盡善者，謂致太平也。
謂〈武〉：「盡美矣，未盡善也。」

〈武〉，謂周武王樂。美武王以武功定天下。未盡【善】者，謂未致【太
平】。（頁465～467）

　　案：〈韶〉、〈武〉之樂，皆盡美，不同者在於是否「善」的問題。孔注
　　　　及邢昺將美善視作一事，以獲得政權的方式來判定。鄭玄則將之
　　　　分別看待，探究善的標準是「致太平」與「未致太平」，即在位後
　　　　對社稷百姓的影響。焦循《論語補疏》曰：「武王未受命，未及制
　　　　禮作樂，以致太平，不能不有待於後人，故云『未盡善』。善，德
　　　　之建也。周公成文武之德，即成此未盡善之德也。孔說較量於受

禪征伐，非是。」〔註 47〕此正是與鄭注意同。鄭玄似不認爲武王以武力得天下是不好的，故仍是「盡美」。

三、〈里仁〉

（一）子曰：「苟志於仁矣，無惡也。」

邢昺：苟，誠也。此章言誠能志在於仁，則其餘行終無惡也。（頁 36）

鄭玄：子曰：「苟志於仁矣，無惡。」

苟，比且也。言仁（人）暫有爲（仁）之至（志），上（尙）善，兄（況）能久行之者乎？（頁 481）

案：何晏引孔注：「苟，誠也。言誠能志於仁，則其餘終無惡。」邢昺依之，訓「苟」爲誠。鄭玄則曰：「苟，比且也。」串講文義爲「言仁（人）暫有爲（仁）之至（志）」，所以「比且」是「暫且」之意。《說文》云：「苟，草也。」段注：「孔注《論語》云『苟，誠也。』鄭注〈燕禮〉云『苟，且也，假也。』皆假借也。」〔註 48〕故二者皆通，邢昺從「志於仁」能達成的效果立論，鄭玄則以「暫志於仁」與「久行仁」的歷程說明。

（二）子曰：「人之過也，各於其黨。觀過，斯知仁矣。」

邢昺：此章言仁恕也。「人之過也，各於其黨」者，黨，黨類也。言人之爲過也，君子小人各於其類也。「觀過，斯知仁矣」者，言觀人之過，使賢愚各當其所。若小人不能爲君子之行，非小人之過，當恕而勿責之，斯知仁者之用心矣。（頁 37）

鄭玄：【子曰】：「【人之】過也，各於其黨。觀過，斯知仁矣。」

【子曰】：「【民之】過也，各於其黨。觀過，斯知仁矣。」

此黨渭（謂）族親。過後（厚）則仁，過薄則不仁也。（頁 495）

案：此章有二處不同。邢昺依孔注：「黨，黨類。」鄭注則爲「族親」。「過」字，邢、鄭皆無摘字爲訓，只有串講文義，邢作「過失」，鄭則爲「過後過薄」之「過」，有程度上「超過」的意義。因有二

〔註 47〕陳金木：《唐寫本論語鄭氏注研究——以考據、復原、詮釋爲中心的考察》，頁 467。

〔註 48〕〔漢〕許慎撰、〔清〕段玉裁注、魯實先正補：《說文解字注》，頁 46。

大歧異，所以在經文闡釋上，亦大不相同，邢疏：「言人之為過也，君子小人各於其類也。」「若小人不能為君子之行，非小人之過，當恕而勿責之，斯知仁者之用心矣。」君子察人之過，不求全責備，有其仁心。鄭注：「過後（厚）則仁，過薄則不仁也。」是觀察此人在親族間相處之厚薄，以知其仁或不仁。孟子曰：「親親，仁也。」可發明此義。及朱熹注：「黨，類也。」及引程子云：「人之過也，各於其類。君子常失於厚，小人常失於薄；君子過於親，小人過於忍。」〔註49〕用了邢昺：「黨，黨類也。」又採鄭注「過後（厚）則仁，過薄則不仁也」的意義，整合二人之部分說法，謂以其之失，知其修養。日本學者月洞讓云：「人的過失，常冒犯各自的親屬。對待親屬，過於親密是仁者，過於冷淡是不仁者。因此，即使是相同的過失，據其內容，也能明白誰是仁者，誰是不仁者，《群書治要》、《卜天壽本》、《集解》把黨釋作黨類，說小人不能為君子之行。因此小人犯了過失，應當寬恕，而不必責備。這樣才能使君子之類和小人之類各當其位。不求全責備的人，才是仁人。《集注》也把黨釋作類，全文的意思是人犯過失，各因其類。君子常過於親密，小人常過於冷酷。這樣觀過，則誰是君子，誰是小人，也就明白了。像鄭注一樣把黨釋作族親，可見於漢以後的文獻，在因父母姐妹而犯過失的情況下，常常引用。解說卜天壽本的《考古》雜誌把鄭注讀作此黨謂族。親過厚則仁，過薄則不仁也。但由於《群書治要》作『此黨作族親也』，加了一個『也』字，證明在『族』斷句是錯誤的。」〔註50〕可做參考。

（三）子曰：「朝聞道，夕死可矣。」

　　邢昺：此章疾世無道也。設若早朝聞世有道，暮夕而死，可無恨矣。言將至死不聞世之有道也。（頁37）

　　鄭玄：子【曰】：「【朝聞】道，夕死可意（矣）。」

言君子渴道，无有醉飽之心，死而後已也。（頁498）

　　案：此章二人對「道」的認知不同。何晏無引古說，而自作注。邢昺依何晏之注曰：「此章疾世無道也。」此道乃指「世道」，謂政治

〔註49〕〔宋〕朱熹：《論語集註》，頁71。
〔註50〕〔日〕月洞讓：〈關於《論語鄭氏注》〉，《唐寫本論語鄭氏注及其研究》，頁193。

清明，天下太平。鄭玄則以「道」爲君子追求的目標。故邢昺認
爲孔子將死之際，遺憾不見世之有道。而鄭注則闡述君子慕道之
心，遠勝過物質的享受，死而後已。劉寶楠《論語正義》曰：「『聞
道』者，古先聖王君子之道，己得聞知之也。聞道而不遽死，則
循習諷誦，將爲德性之助。若不幸而朝聞夕死，是雖中道而廢，
其賢於無聞也遠甚，故曰『可矣』。《新序・雜事篇》載楚共王事，
《晉書・皇甫謐傳》載謐語，皆謂聞道爲己聞道，非如注云『聞
世之有道』也。」〔註51〕

二者並存。至朱熹解作：「道者，事物當然之理。」又引程子：「皆實理
也。」〔註52〕則已進入理學範疇了。

（四）子曰：「君子之於天下也，無適也，無莫也，義之與比。」

邢昺：此章貴義也。適，厚也。莫，薄也。比，親也。言君子於
天下之人，無擇於富厚與窮薄者，但有義者則與相親也。（頁37）

鄭玄：子曰：「君子〔至〕（之）【於天下】，【無】適，無慕（莫），
義之與比。」適，匹也。莫，無（慕）也。君子志平於天下，无常匹
偶，無所貪慕，唯義所在也。（頁504）

案：「天下」一詞，邢昺指「天下人」，鄭玄則是「天下國家」之義。「適」
與「莫」的字義，二人訓解也不同。此章何晏無解，邢昺自注：「適，
厚也。莫，薄也。」故「無適也，無莫也」解爲「無擇於富厚與
窮薄者。」全部串講爲：「言君子於天下之人，無擇於富厚與窮薄
者，但有義者則與相親也。」應是襲用了皇侃引范甯曰：「君子與
人無有偏頗厚薄，唯仁義是親也。」〔註53〕

鄭注：「適，匹也。莫，無（慕）也。」故「無適也，無莫也」解爲「无
常匹偶，無所貪慕。」《說文》、《爾雅》、《方言》皆訓「適」爲「之」、「往」，
鄭玄注爲「匹」，「匹偶」之義，爲通假。劉寶楠引惠棟所言，認爲「適」、「敵」
通用，並猜測道：「竊謂『敵』，當即仇敵之義，『無敵無慕，義之與比』，是
言好惡得其正也。鄭氏專就事言。」〔註54〕「適」字無法判斷，但其稱「是

〔註51〕〔清〕劉寶楠：《論語正義》，頁146。
〔註52〕〔宋〕朱熹：《論語集註》，頁71。
〔註53〕〔梁〕皇侃：《論語集解義疏》，卷2，頁30。
〔註54〕〔清〕劉寶楠：《論語正義》，頁147。

言好惡得其正也」，似可參考。

　　劉寶楠也注意到皇侃引范寧之言，及邢昺之因襲，故云「此與鄭氏義異。」並引〈李固傳〉、《白虎通》、《風俗通》認爲「『適』、『莫』皆就人言」，「則亦《論語》家舊說、於義並得通也」。〔註55〕所以邢昺是就人而言，鄭玄則就事而論，二者皆可通。但劉寶楠隨後又批評：「至邢疏又云『言君子於天下之人，無問富厚窮薄，但有義者，則與之爲親。』其義淺陋，不足以知聖言矣。」亦可做參酌。

　　（五）子曰：「君子懷德，小人懷土；君子懷刑，小人懷惠。」

　　　　邢昺：此章言君子小人所安不同也。「君子懷德，小人懷土」者，懷，安也。君子執德不移，是安於德也。小人安安而不能遷者，難於遷徙，是安於土也。「君子懷刑，小人懷惠」者，刑，法制；惠，恩惠也。君子樂於法制齊民，是懷刑也。小人唯利是親，安於恩惠，是懷惠也。（頁37）

　　　　鄭玄：子曰：「【君子懷】得（德），小人懷土；君子懷形（刑），小仁（人）懷惠。」懷，來也。形（刑），法也。（頁506）

　　　　案：此章「刑」字二人都訓爲「法」。而「懷」字，邢昺依孔注：「懷，安也。」鄭玄：「懷，來也。」

　　《爾雅·釋言》曰：「懷，來也。」《詩經·齊風·南山》：「既曰歸止，曷又懷止。」鄭玄箋：「懷，來也。」「歸」與「來」相對而言。則「懷」字訓「來」應可從。但鄭玄只有摘二字爲訓，未串講文意。

　　二者可並存。

　　（六）子曰：「不患無位，患所以立；不患莫己知，求爲可知也。」

　　　　邢昺：此章勸學也。「不患無位」者，言不憂爵位也。「患所以立」者，言但憂其無立身之才學耳。「不患莫己知」者，言不憂無人見知於己也。「求爲可知也」者，言求善道而學行之，使己才學有可知重，則人知己也。（頁37）

　　　　鄭玄：【子】曰：「不患無謂（位），患所以立。

　　患立身不處於仁義。

　　不患莫己知，求爲【可知也】。」

〔註55〕〔清〕劉寶楠：《論語正義》，頁147。

【求爲可知也】者。求善道而學行之，則仁（人）知之也。

案：對於「患所以立」的原因，邢昺解爲：「言但憂其無立身之才學耳。」

鄭玄則是：「患立身不處於仁義。」鄭注的道德性更強。

二者可並存。

（七）子曰：「參乎！吾道一以貫之。」曾子曰：「唯。」子出。門人問曰：「何謂也？」曾子曰：「夫子之道，忠恕而已矣！」

　　邢昺：此章明忠恕也。「子曰：參乎」者，呼曾子名，欲語之也。「吾道一以貫之」者，貫，統也。孔子語曾子言，我所行之道，唯用一理以統天下萬事之理也。「曾子曰：唯」者，曾子直曉其理，更不須問，故答曰唯。「子出」者，孔子出去也。「門人問曰：何謂也」者，門人，曾子弟子也。不曉夫子之言，故問於曾子也。「曾子曰：夫子之道，忠恕而已矣」者，答門人也。忠，謂盡中心也。恕，謂忖己度物也。言夫子之道，唯以忠恕一理，以統天下萬事之理，更無他法，故云而已矣。（頁37）

　　鄭玄：子曰：「參乎！吾道壹（一）以貫之哉！」曾子曰：「唯。」□呼曾子，仁（人）偶之辭。我之道雖多，一以貫知之。唯者，應敬之辭。子出。門仁（人）問曰：「何謂也？」

不曉一者□何謂□。

【曾子曰】：「夫子之道，中（忠）恕而已意（矣）。」

告仁（人）以善道，曰中（忠）。己所不欲，物（勿）施於仁（人），曰恕乎（也）。（頁517～518）

　　案：何晏只引孔說注解「唯」字，其他無訓，餘皆邢昺自注。「忠，謂盡中心也。恕，謂忖己度物也。」與鄭玄「告仁（人）以善道，曰中（忠）。己所不欲，物（勿）施於仁（人），曰恕乎（也）。」意義略近。

（八）子曰：「事父母幾諫。見志不從，又敬不違，勞而不怨。」

　　邢昺：此并下四章，皆明孝事父母。「幾諫」者，幾，微也。父母有過，當微納善言以諫於父母也。「見志不從，又敬不違」者，見父母志有不從己諫之色，則又當恭敬，不敢違父母意而遂己之諫也。「勞而不怨」者，父母使己以勞辱之事，己當盡力服其勤，不得怨父

母也。（頁 37）

　　鄭玄：子曰：「士（事）父母譏諫，

譏，猶懇。諫父母者剴切之。禮：子士（事）父（母），有隱無犯也。見志不從，又【敬】而無違，勞而無怨。」

孝子父母在，無所自專，邰唯□長道而已。（頁 526）

　　案：「幾」字，邢昺依包注：「幾，微也。」《說文》曰：「幾，微也。」〔註56〕《禮記‧坊記》：「子云：『從命不忿，微諫不倦，勞而不怨，可謂孝矣。』」〔註57〕指委婉的說話語氣。鄭玄則注為「懇」，意謂誠懇切實的態度。並引《禮記‧檀弓上》：「事親有隱而無犯」佐證。而鄭玄在注解《禮記》此語時，曰：「隱謂不稱揚其過失也。無犯，不犯顏而諫，《論語》曰『事父母幾諫。』」〔註58〕是二者並有和順之義，皆可通。

　　鄭玄「邰唯□長道而已」無法解。邢昺「見志不從，又敬不違」二句，連著上一句而串講文義，但最後一句「勞而不怨」則是另一事。但如以上引《禮記‧坊記》之語來看，「勞而不怨」亦是其中之一反應。劉寶楠就批評道：「邢昺疏曰：『父母使己以勞辱之事，己當盡力服其勤，不得怨父母。』則又與上文『幾諫』之事無涉，胥失之矣。」〔註59〕所以「事父母幾諫」是總綱，以下三句是就此事發揮。邢昺將最後一句「勞而不怨」，當作另一事較不佳。

（九）子游曰：「事君數，斯辱矣，朋友數，斯疏矣。」

　　邢昺：此章明為臣結交，當以禮漸進也。數，謂速數。數則瀆而不敬，故事君數，斯致罪辱矣；朋友數，斯見疏薄矣。（頁 38）

　　鄭玄：子遊（游）曰：「士（事）君數，斯辱矣，朋友數，斯疏矣。」

數，【謂數己】之功【勞也】。（頁 545）

　　案：邢昺依何晏注，「數」是「速數」之義。《爾雅‧釋詁下》：「肅、齊、遄、速、亟、屢、數、迅，疾也。」〔註60〕《禮記‧祭義》：

〔註56〕〔漢〕許慎撰、〔清〕段玉裁注、魯實先正補：《說文解字注》，頁 61。
〔註57〕《禮記注疏》，卷 51，頁 32。
〔註58〕《禮記注疏》，卷 6，頁 3。
〔註59〕〔清〕劉寶楠：《論語正義》，頁 156。
〔註60〕《爾雅注疏》，卷 1，頁 24。

「仲尼嘗，奉薦而進，其親也愨，其行趨趨以數。」注：「趨讀如促，數之言速也。」〔註61〕〈樂記〉：「衛音趨數煩志。」注曰：「趨數讀爲促速。」〔註62〕所以數、速音義接近，有「快」、「多」之意思。所以邢昺云：「爲臣結交，當以禮漸進也。」「數則瀆而不敬。」意謂經營君臣與朋友的關係，要慢慢來而勿躁進急切，否將適得其反。劉寶楠引吳嘉賓說：「『數』與『疏』對，《記》曰『祭不欲數』（案：《禮記‧祭義》），是也。君子之交淡如水，小人之交甘若醴。君子淡以成，小人甘以壞，事君與交友皆若是矣。『數』者，昵之至於密焉者也。惟恐其辱，乃所以召辱；不欲其疏，乃所以取疏。故曰上交不諂，下交不瀆。」〔註63〕此可詮釋邢昺之疏義。

鄭玄則是：「數，【謂數己】之功【勞也】。」即自我邀功。劉寶楠《論語正義》引其兄劉五河曰：「如鄭此說，則下『朋友數』不可通，當訓爲數君友之過。」〔註64〕反對鄭玄說法。然如果一個人經常在君友面前邀功，自我吹捧，恐怕也將會惹人厭惡，而致「辱」、「疏」的結果，是以鄭注「朋友數」當亦可通。

二者並存。

四、〈公冶長〉

（一）子謂公冶長「可妻也。雖在縲絏之中，非其罪也」。以其子妻之。子謂南容「邦有道，不廢；邦無道，免於刑戮」。以其兄之子妻之。

邢昺：此章明弟子公冶長之賢也。「子謂公冶長可妻也」者，納女於人曰妻。孔子評論弟子公冶長德行純備，可納女與之爲妻也。「雖在縲絏之中，非其罪也」者，縲，黑索；絏，攣也。古獄以黑索拘攣罪人。於時冶長以枉濫被繫，故孔子論之曰：「雖在縲絏之中，實非其冶長之罪也。」「以其子妻之」者，論竟，遂以其女子妻之也。注「孔曰」至「罪人」，正義曰：云「冶長，弟子，魯人也」者，案《家語‧弟子篇》云：「公冶長，魯人，字子長。爲人能忍恥，孔子以女

〔註61〕《禮記注疏》，卷47，頁7。
〔註62〕《禮記注疏》，卷39，頁4。
〔註63〕〔清〕劉寶楠：《論語正義》，頁160。
〔註64〕〔清〕劉寶楠：《論語正義》，頁160。

妻之。」又案《史記・弟子傳》云：「公冶長，齊人。」而此云魯人，用《家語》爲説也。張華云：「公冶長墓在陽城姑幕城東南五里所，基極高。舊説冶長解禽語，故繫之縲絏。」以其不經，今不取也。（頁41）

　　鄭玄：子謂公冶長「可妻也。雖在縲絏（絏）之中，非其罪」。以其子【妻之】。公冶萇，孔子弟子。縲絏（絏），微（徽）默（纆）之屬，所以執縛罪仁（人）之繩索。【公】冶萇嘗以他仁（人）之罪，爲執法吏所并制，時仁（人）或辱之，故孔子懈（解）焉。（頁548）

案：邢昺解釋公冶長繫獄的原因是「以枉濫被繫」，鄭玄則認爲：「【公】冶萇嘗以他仁（人）之罪，爲執法吏所并制。」二者意義差不多。

（二）子貢問曰：「賜也何如？」子曰：「女器也。」曰：「何器也？」曰：「瑚璉也。」

　　邢昺：此章明弟子子貢之德也。「子貢曰：賜也何如」者，子貢見夫子歷説諸弟子，不及於己，故問之曰：「賜也，已自不知其行何如也。」「子曰：女器也」，夫子答之，言女器用之人也。「曰：何器也」者，子貢雖得夫子言己爲器用之人，但器有善惡，猶未知己器云何，故復問之也。」「曰：瑚璉也」者，此夫子又爲指其定分。瑚璉，黍稷之器，宗廟之器貴者也。言女是貴器也。注「包曰」至「貴者」，正義曰：云「瑚璉，黍稷之器。夏曰瑚，殷曰璉，周曰簠簋」者，案〈明堂位〉説四代之器云：「有虞氏之兩敦，夏后氏之四璉，殷之六瑚，周之八簋。」注云：「皆黍稷器。制之異同未聞。」鄭注《周禮・舍人》云：「方曰簠，圓曰簋。」如《記》文，則夏器名璉，殷器名瑚。而包咸、鄭玄等注此《論語》，賈、服、杜等注《左傳》，皆云夏曰瑚。或引有所據，或相從而誤也。（頁41）

　　鄭玄：子貢問曰：「〔賜〕【也何】如？」子曰：「汝器。」

何如者，自敏（問）何所像似。

曰：「何器？」曰：「瑚（瑚）璉。」

瑚璉，黍稷之【器，夏曰瑚，殷】曰璉，州（周）曰【簠簋】。□食之生，若云汝有養仁之器。（頁557）

案：邢昺多方引證「瑚璉」是宗廟的貴器，是有形、具體的美器。鄭注「□食之生」，不可解。而謂：「若云汝有養仁之器。」指的是

無形的、抽象的器量。

鄭較深刻。

（三）子謂子貢曰：「女與回也孰愈？」對曰：「賜也何敢望回？回也聞一以知十，賜也聞一以知二。」子曰：「弗如也！吾與女弗如也。」

　　邢昺：此章美顏回之德。「子謂子貢曰：女與回也孰愈」者，愈，猶勝也。孔子乘間問弟子子貢曰：「女之才能與顏回誰勝？」「對曰：賜也何敢望回」者，望，謂比視。子貢稱名，言賜也才劣，何敢比視顏回也？「回也聞一以知十，賜也聞一以知二」者，子貢更言不敢望回之事。假設數名以明優劣，一者數之始，十者數之終，顏回亞聖，故始知終，子貢識淺，故聞一纔知二，以明已與回十分及二，是其懸殊也。「子曰：弗如也，吾與女弗如也」者，夫子見子貢之答識有懸殊，故云不如也。弗者，不之深也。既然答子貢不如，又恐子貢慚愧，故復云吾與女俱不如，欲以安慰子貢之心，使無慚也。（頁 43）

　　鄭玄：【子謂】子貢曰：「汝與回也熟（孰）愈？」

愈，由（猶）勝也。

　　對曰：「賜也何敢望回？【回也聞一以知十，賜也聞】一以知二。」

何敢望回者，不敢望如顏回之才也。

　　子曰：「弗如！吾與汝弗如也。」

言吾與汝者，明時人之才無及顏回也。（頁 582）

　　案：此章為讚美顏回。鄭注：「明時人之才無及顏回。」表示當時所有的人皆不如顏回，強調顏回之優異。而邢昺曰：「既然答子貢不如，又恐子貢慚愧，故復云吾與女俱不如，欲以安慰子貢之心，使無慚也。」可以從另一方面，呈現出孔子的細膩與因才施教。

二者皆通。

（四）子曰：「吾未見剛者！」或對曰：「申棖。」子曰：「棖也慾，焉得剛？」

　　邢昺：此章明剛。「子曰：吾未見剛」者，剛謂質直而理者也。夫子以時皆柔佞，故云吾未見剛者。「或對曰：申棖」者，或人聞孔子之言，乃對曰申棖性剛。「子曰：棖也慾，焉得剛」者，夫子謂或人言，剛者質直寡欲，今棖也多情慾，情慾既多，或私佞媚，安得剛

乎？注「包曰：申棖，魯人。」正義曰：鄭云：「蓋孔子弟子申續。」
《史記》云：「申棠字周。」《家語》云：「申續字周。」（頁43）

　　鄭玄：子〔曰：「吾〕未見剛者！」或對曰：「申棖也。」
剛，謂彊志不屈橈（橈）。申棖，蓋孔子弟子申綪（續）也。

　　子曰：「〔棖〕【也】慾，焉得剛？」
欲（慾），多嗜慾。（頁594）

　　案：1. 申棖，鄭玄注：「蓋孔子弟子申綪（續）也。」邢昺亦疏曰：
　　　　　「鄭云：『蓋孔子弟子申續。』」二者相同。

　　　　2. 邢昺依孔注，釋「欲」為「情慾」，鄭玄為「嗜慾」。朱熹《集
　　　　　注》：「慾，多嗜慾也。多嗜慾，則不得為剛矣。」是朱注與鄭
　　　　　玄同。「情慾」和「嗜慾」的區別，應是「情慾」偏向無形的
　　　　　精神慾望，「嗜慾」較著重於享用有形的物質層面。

　　　　3. 「剛」字，邢疏為：「剛謂質直而理者也。」同時其相反之意
　　　　　是「柔佞」，（因為「夫子以時皆柔佞」）當指能以正直的本性，
　　　　　循理而行，不善柔不便佞。鄭注：「剛，謂彊志不屈橈（橈）。」
　　　　　《說文》：「剛，彊斷也。」段注：「彊者，弓有力也，有力而
　　　　　斷之也。」〔註65〕較有心志堅毅，積極果決的精神。是以配合
　　　　　上所討論的「慾」，邢昺就質直者言，所以是情慾；而鄭注所
　　　　　謂強而不屈的剛直，才能抵擋嗜欲的引誘，阻而斷之。

二者皆通。

（五）子貢曰：「夫子之文章，可得而聞也；夫子之言性與天道，不可得
　　　而聞也。」

　　　邢昺：言夫子之道深微難知也。「子貢曰：夫子之文章，可得而
聞也」者，章，明也。子貢言，夫子之述作威儀禮法有文彩，形質著
明，可以耳聽目視，依循學習，故可得而聞也。「夫子之言性與天道，
不可得而聞也」者，天之所命，人所受以生，是性也。自然化育，元
亨日新，是天道也。與，及也。子貢言，若夫子言天命之性，及元亨
日新之道，其理深微，故不可得而聞也。注「性者」至「聞也」，正
義曰：云「性者，人之所受以生也」者，《中庸》云：「天命之謂性。」

〔註65〕〔漢〕許慎撰、〔清〕段玉裁注、魯實先正補：《說文解字注》，頁181。

注云：「天命，謂天所命生人者也。是謂性命。木神則仁，金神則義，火神則禮，水神則信，土神則知。《孝經說》曰：『性者，天之質命，人所禀受度也。』」言人感自然而生，有賢愚吉凶，或仁或義，若天之付命遣使之然，其實自然天性，故云：「性者，人之所受以生也。」云「天道者，元亨日新之道」者，案《易·乾卦》云：「乾，元亨利貞。」〈文言〉曰：「元者，善之長也。亨者，嘉之會也。利者，義之和也。貞者，事之幹也。」謂天之體性，生養萬物，善之大者，莫善施生，元爲施生之宗，故言元者，善之長也。嘉，美也。言天能通暢萬物，使物嘉美而會聚，故云嘉之會也。「利者，義之和也」者，言天能利益庶物，使物各得其宜而和同也。「貞者，事之幹」者，言天能以中正之氣成就萬物，使物皆得幹濟。此明天之德也。天本無心，豈造元亨利貞之德也？但聖人以人事託之，謂此自然之功，爲天之四德也。此但言元亨者，略言之也。天之爲道，生生相續，新新不停，故曰日新也。以其自然而然，故謂之道。云「深微，故不可得而聞也」者，言人禀自然之性，及天之自然之道，皆不知所以然而然，是其理深微，故不可得而聞也。（頁 43）

　　鄭玄：子貢曰：「夫子之文章，可得聞；

文章渭（謂）【六】藝之義里（理）也。

夫子〔之〕【言】性與天道，不可得文（聞）。」

性，謂仁（人）受血氣以生，【有】賢愚古（吉）凶。天道，謂七政變動之占。（頁 600）

　　案：1. 邢昺依何注，將「夫子之文章」斷句爲「夫子之文，章」，並解釋道：「章，明也。子貢言，夫子之述作威儀禮法有文彩，形質著明。」則「文」是統稱「夫子之述作威儀禮法」。所以「可以耳聽目視，依循學習，故可得而聞也」。故「文」與「章」分別有其意義，不合爲「文章」一詞看待。但觀原《論語》文句，應是一對比句式，就「可得聞」與「不可得聞」之相反意而言，「文章」可得聞，「言性與天道」不可得聞。如依邢昺之句讀，則顯得不自然。鄭玄則將「文章」視作一名詞，解作「【六】藝之義里（理）也。」劉寶楠據《史記·孔子世家》之記載，也認爲「夫子文章謂詩書禮樂也。」因爲「至春秋時，其學浸

廢，夫子特修明之，而以之爲教。故記夫子四教，首在於文，顏子亦言『夫子博我以文』，此群弟子所以得聞也」。〔註66〕指「文章」是六藝。

2. 「性」者，邢昺依何注，解爲：「天之所命，人所受以生，是性也。」即是「天命之性」。再引《中庸》「天命之謂性」之注：「天命，謂天所命生人者也。是謂性命。木神則仁，金神則義，火神則禮，水神則信，土神則知。《孝經說》曰：『性者，天之質命，人所稟受度也。』」言人感自然而生，有賢愚吉凶，或仁或義，若天之付命遣使之然，其實自然天性，故云：「性者，人之所受以生也。」鄭玄注曰：「性，謂仁（人）受血氣以生，【有】賢愚古（吉）凶。」二人皆從自然的人性著眼。

3. 至於「天道」，邢昺依何注，解爲：「自然化育，元亨日新，是天道也與。」又云「天道者，元亨日新之道」者，案《易·乾卦》云：「乾，元亨利貞。」〈文言〉曰：「元者，善之長也。亨者，嘉之會也。利者，義之和也。貞者，事之幹也。」鄭玄釋作：「天道，謂七政變動之占。」漢代儒者，多以五行說天道，鄭玄亦如此，這是當時的共義。但孔子的「天道」不可能有漢人五行之說，故鄭注的時代色彩不可取。而邢昺就《易》發揮，恐怕也不會是孔子的原意。

（六）子路有聞，未之能行，唯恐有聞。

　　邢昺：此章言子路之志也。子路於夫子之道，前有所聞，未能及行，唯恐後有聞不得並行也。（頁44）

　　鄭玄：子路【有聞】，朱（未）之能行，唯恐有聞。

恐有聞者，後有所文（聞），復行之汲汲如，然憂前所聞之未成之也。（頁602～603）

　　案：何晏引孔注：「前所聞未及行，故恐後有聞不得並行也。」表面上邢昺似依孔注，但卻增加了「子路於夫子之道」一語，補述子路所聞的內容，但鄭玄無。

　　而子路「恐」的原因，鄭玄認爲是「憂前所聞之未成之也。」邢昺則爲

〔註66〕〔清〕劉寶楠：《論語正義》，頁184。

「不得並行也。」語意稍有不同，但皆能呈現子路力行的精神。

　　二者皆可。

　（七）子貢問曰：「孔文子何以謂之文也？」子曰：「敏而好學，不恥下
　　　　問，是以謂之文也。」

　　　邢昺：此章言文為美謚也。「子貢問曰：『孔文子何以謂之文也』」
者，言文是謚之美者，故問衛大夫孔圉有何善行，而得謂之聞也？「子
曰：敏而好學，不恥下問，是以謂之文也」者，此夫子為子貢說文子
之美行也。敏者，疾也。下問，問凡在己下者。言文子知識敏疾，而
又好學，有所未辨，不羞恥於問己下之人。有此美行，是以謚謂之文
也。（頁44）

　　　鄭玄：〔子〕【貢問】曰：「孔文子何以謂之文也？」
孔文子，衛大夫孔圉之謚也。

　　　子曰：「敏而好學，不恥下問，是以謂之文矣。」
下問，問在己下位者。（頁606）

　　案：邢昺曰：「下問，問凡在己下者。」劉寶楠引俞樾之說：「下問者，
　　　非必以貴下賤之謂。凡以能問於不能，以多問於寡，皆是。」〔註
　　　67〕此可詮釋邢昺「凡在己下者」。而鄭玄云：「下問，問在己下位
　　　者。」指出下位者乃專就「官位」而言。孔叔圉貴為衛國大夫，
　　　位高權重，卻能問於在己下位者，此在一階級分明的時代，殊屬
　　　不易，故鄭注之義較邢昺明確。

　　二者皆可通。

　（八）子在陳，曰：「歸與！歸與！吾黨之小子狂簡，斐然成章，不知所
　　　　以裁之！」

　　　邢昺：「子在陳，曰：歸與！歸與！吾黨之小子狂簡，斐然成章，
不知所以裁之」。正義曰：此章孔子在陳既久，言其欲歸之意也。與，
語辭。再言「歸與」者，思歸之深也。狂者，進取也。簡，大也。斐
然，文章貌。言我所以歸者，以吾鄉黨之中，未學之小子等，進取大
道，妄作穿鑿，斐然而成文章，不知所以裁制，故我當歸以裁之耳。
遂歸也。不即歸而言此者，恐人怪已，故託此為辭耳。（頁45）

_____

〔註67〕〔清〕劉寶楠：《論語正義》，頁188。

　　　　鄭玄：子在陳，曰：「歸與！歸與！吾黨之小子。

　　吾黨之小子，魯仁（人）爲弟子，從孔子在陳者，欲與之俱歸於魯也。狂簡，斐然成章，吾不知所裁之。」

　　狂【簡】者進取而簡略於時事，謂時陳人皆高談虛論，言非而博，我不知所以裁制而止之，毀譽於此日眾，故欲避之歸爾。（頁640～641）

　　　　案：邢昺依孔注，「在陳，思欲歸去」，因「吾黨之小子狂簡，斐然成章」，轉而將希望寄託於魯家鄉的年輕人。《孟子‧盡心下》：「萬章問曰：「孔子在陳，曰：『盍歸乎來！吾黨之士狂簡，進取不忘其初。』孔子在陳，何思魯之狂士？」孟子曰：「孔子『不得中道而與之，必也狂狷乎！狂者進取；狷者有所不爲也。』孔子豈不欲中道哉？不可必得，故思其次也。」趙岐注曰：「孔子在陳，不遇賢人，上下無所交。蓋嘆息思歸，次見其鄉黨之士也。」〔註68〕可見孟子解「狂簡」者亦是吾黨之小子。《史記‧孔子世家》：「孔子居陳三歲，會晉楚爭彊，更伐陳，及吳侵陳，陳常被寇。孔子曰：『歸與！歸與！吾黨之小子狂簡，進取不忘其初。』於是孔子去陳。」又「（季康子）使使召冉求。冉求將行，孔子曰：『魯人召求，非小用之，將大用之也。』是日，孔子曰：『歸乎歸乎！吾黨之小子狂簡，斐然成章，吾不知所以裁之。』子貢知孔子思歸。」〔註69〕司馬遷二次引用此章，而狂簡者都是門人。

　　鄭玄之斷句爲：「歸與！歸與！吾黨之小子。狂簡，斐然成章，吾不知所裁之。」「狂簡，斐然成章」的主詞是「陳人」。孔子因對陳人「狂簡，斐然成章」的失望，故興起不如歸去之感。鄭玄之說甚爲獨特，日本學者月洞讓說：「這條鄭注與《集解》、《集注》不同之處在於至小子斷句。《經典釋文》也是這樣處理的。其他注在『歸歟』斷句。……我認爲鄭注把『狂簡』以下作爲陳人的情況，其中有二條伏線。第一條，〈先進篇〉有：子曰：『從我於陳蔡者，皆不及門也。』『德行：顏淵、閔子騫、冉伯牛、仲弓。言語：宰我、子貢。政事：冉有、季路。文學：子游、子夏。』鄭注把這二節看作連著的一章。總之，隨孔子在陳的門人，以所謂孔門十哲爲首，匯集的是一支主力，孔子理應以『吾黨之小子』召喚這些門人。雖然十哲之名，由於以字行，孔

────────────

〔註68〕《孟子注疏》，卷14下，頁12。
〔註69〕〔漢〕司馬遷：《史記》，卷47，頁20～21。

子敘述的語言不直接，但從前後關係看，可以說，德行以下存在說明上文的
內容。《集解》把這二節分別爲章，上記的十哲與在陳的事情沒有關係了。還
有一條伏線，就是《詩經》裏面，〈陳〉詩表現了風俗的紊亂。《詩經・毛傳》
特別強調了這點。陳是連接南方大國楚的平原國家，受諸國蹂躪，生活貧苦，
宮中風紀敗壞。在這種地方，言語浮華，且有行動，驅逐孔子的議論也許很
盛。附帶提一下，作爲老子出生地的苦縣，過去也是陳的領地。世奉帝舜之
祀的名門陳國正處於滅亡前的狀況。從這幾方面看，可以認爲此章是批評陳
人的語言。……在鄭注中，孔子難於調停陳人間的糾紛，毀譽褒貶較前更爲
盛行，只好避而歸魯。這與《集解》、新注相比，可以說是非常消極的孔子形
象。」〔註70〕可作參考。

　　未知孰是，二者並存。

五、〈雍也〉

　　（一）子謂子夏曰：「女爲君子儒，無爲小人儒。」

　　　　邢昺：此章戒子夏爲君子也。言人博學先王之道，以潤其身者，
　　　皆謂之儒，但君子則將以明道，小人則矜其才名。言女當明道，無得
　　　矜名也。（頁53）

　　　　鄭玄：子謂子夏曰：「女爲君子儒，無爲小人儒。」

　　儒主教訓，謂師也。子夏性急，教訓君子之人則可，教訓小人則愠恚，
故戒之。

　　《周禮》曰：儒以道德教人。（頁774）

　　　　案：何晏引孔曰：「君子爲儒，將以明道。小人爲儒，則矜其名。」未
　　　　對「儒」字說明。邢昺自定義爲：「言人博學先王之道，以潤其身
　　　　者，皆謂之儒。」鄭玄則曰：「儒主教訓，謂師也。」並引《周禮》：
　　　　「儒以道德教人。」意指老師。

　　　　二人闡釋方向全異。邢昺謂：「此章戒子夏爲君子也。」提醒子夏要去修
養爲有德者之君子。鄭注則是指出，孔子針對子夏的個性提醒他，如何成爲
一位好教師，無關乎道德。或許是因爲子夏後來成爲魏文侯之師，鄭才有此
說。又〈子路〉篇載子夏爲莒父宰，曾問政於孔子，孔子告曰：「無欲速，無

〔註70〕　〔日〕月洞讓：〈關於《論語鄭氏注》〉，《唐寫本論語鄭氏注及其研究》，頁194、
　　　　　231。

見小利。欲速則不達，見小利則大事不成。」〈子張〉也記：「子夏之門人問
交於子張。子張曰：『子夏云何？』對曰：『子夏曰：「可者與之，其不可者拒
之。」』子張曰：『異乎吾所聞，君子尊賢而容眾，嘉善而矜不能。我之大賢
與，於人何所不容？我之不賢與，人將拒我，如之何其拒人也？』」或許也可
以看出子夏的個性。

　　二者皆可通。

　　（二）子游爲武城宰。子曰：「女得人焉耳乎？」曰：「有澹臺滅明者，
　　　　行不由徑。非公事，未嘗至於偃之室也。」

　　　　邢昺：此章明子羽公方也。「子游爲武城宰」者，武城，魯下邑。
　　子游時爲之宰也。「子曰：女得人焉耳乎」者，孔子問子游言：「女在
　　武城，得其有德之人乎？」焉、耳、乎皆語助辭。「曰：有澹臺滅明」
　　者，此子游對孔子言己所得之人也，姓澹臺名滅明。「行不由徑，非
　　公事，未嘗至於偃之室也」者，此言其人之德也。行遵大道，不由小
　　徑，是方也。若非公事，未嘗至於偃之室，是公也。既公且方，故以
　　爲得人。（頁53）

　　　　鄭玄：子遊（游）爲武城宰。

武城，魯下邑也。

　　　　子曰：「女得人焉，耳乎？」曰：「有澹臺滅明者，行不由徑。非
　　公事，未嘗至於偃之室。」

澹臺滅明，孔子弟子子游之同門。徑，謂步道。女得人焉，耳乎？汝爲
此宰，寧得賢人，與之耳語乎。曰：有澹臺滅明者，修身正行，爲人如此，
因公事乃肯來我室。得與之耳語乎，言相親昵，非公事而不來，言無私欲。（頁
778）

　　　　案：何晏引孔曰：「焉、耳、乎皆辭。」邢昺依之。鄭玄句讀爲：「女
　　　　得人焉，耳乎？」解「耳」爲「耳語」，相親昵之義。但主旨皆解
　　　　作公正無私。

　　二者皆通。

　　（三）子曰：「不有祝鮀之佞，而有宋朝之美，難乎免於今之世矣！」

　　　　邢昺：此章言世尚口才也。佞，口才也。祝鮀，衛大夫子魚也。
　　有口才，時世貴之。宋朝，宋之美人，善淫，時世疾之。言人當如祝

鮀之有口才，則見貴重，若無祝鮀之佞，而反有宋朝之美，難乎免於今之世害也。（頁53）

　　鄭玄：子曰：「不有祝鮀之佞，而有宋朝之美，難乎免於今之世。」疾時道德不用。而巧言令色得寵。祝鮀，【衛】〔大〕夫宋祝，字子魚，以有口才，能治煩言，幸於靈公。宋【朝】，【宋國】〔之〕美人，與靈公夫人南子通焉。（頁784）

　　　　案：鄭玄曰：「疾時道德不用。而巧言令色得寵。」是祝鮀、宋朝二人皆不善，故以巧言令色形容之。皇侃云：「祝鮀，能作佞也；宋朝，宋國之美人，善能淫欲者也。當于爾時貴佞重淫，此二人竝有其事，故得寵幸而免患難。故孔子曰：言人若不有祝鮀佞，反宜有宋朝美，若二者並無，則難免今世之患難也。故范甯曰：祝鮀以諂佞被寵於靈公，宋朝以美色見愛於南子。無道之世，並以取容。孔子惡時民濁亂，唯佞色是尚，忠正之人不容其身，故發難乎之談，將以激亂俗，亦欲發明君子全身遠害也。」〔註71〕與鄭注義近。

　　而邢昺認爲「此章言世尚口才」，「言人當如祝鮀之有口才，則見貴重」。似只指責「佞」，宋朝只是以之襯墊而已。劉寶楠引劉五河《經義說略》曰：「美必兼佞，方可見容。美而不佞，衰世猶嫉之。……故夫子歎時世不佞之人，雖美難免，夫子非不惡宋朝也，所以甚言時之好佞耳。」〔註72〕只強調「佞」。

　　若以原文的語意看，此章在翻譯時爲「沒有……卻有……很難……」，似有比較而選擇前者的意味。如此則以邢昺之義較勝。

（四）子曰：「誰能出不由戶？何莫由斯道也？」

　　　　邢昺：此章言道爲立身之要也，故曰：「誰人能出入不由門戶？」以譬何人立身不由於此道也。言人立身成功當由道，譬猶出入要當從戶。（頁54）

　　鄭玄：子曰：「誰能出不由戶者？〔何〕莫由斯道？」由，用也。人出行必由戶，如人操行當用仁義之道，今何無用此道而學行之。（頁786）

〔註71〕〔梁〕皇侃：《論語集解義疏》，卷3，頁31。
〔註72〕〔清〕劉寶楠：《論語正義》，頁232。

案：「道」字，二人皆未摘字爲訓，但鄭玄說解時，指出斯道爲「仁義之道」，較邢昺明確。

（五）子曰：「人之生也直，罔之生也幸而免。」

邢昺：此章明人以正直爲德，言人之所以生於世而自壽終不橫夭者，以其正直故也。罔，誣罔也。言人有誣罔正直之道而亦生者，是幸而獲免也。（頁54）

鄭玄：子曰：「人之生也直，言人初生之性皆正直。罔之生也幸而免。」誣罔其生善之性，必有刑戮及之，幸而後免。（頁791）

案：「生」字，鄭玄解爲「人初生之性」，相當於告子說的：「生之謂性。」〔註73〕指人的原始本性，此處觸及對人性的看法——正直、生善之性。邢昺之「生」是動詞，「生於世」，意謂活在世上。「直」是外在的正直之道，不觸及人的本性。

二者皆通。

（六）子曰：「中人以上，可以語上也；中人以下，不可以語上也。」

邢昺：此章言授學之法，當稱其才識也。語，謂告語。上，謂上知之所知也。人之才識凡有九等，謂上上、上中、上下、中上、中中、中下、下上、下中、下下也。上上則聖人也，下下則愚人也，皆不可移也。其上中以下，下中以上，是可教之人也。中人，謂第五中中之人也以上，謂上中、上下、中上之人也，以其才識優長，故可以告語上知之所知也。中人以下，謂中下、下上、下中之人也，以其才識暗劣，故不可以告語上知之所知也。此應云「中人以上可以語上，以下不可以語上」，而繁文兩舉中人者，以其中人可上、可下故也。言此中人，若才性稍優，則可以語上；才性稍劣，則不可以語上，是其可上、可下也。（頁54）

鄭玄：子曰：「中人已上，可以語上；中人以下，不可以【語上】。」〔語〕，猶謀也。中人以上，乃可以謀論。□〔此〕以下，近愚，其智將無所及。（頁794）

案：何晏引王曰：「上，謂上知之所知也。兩舉中人，以其可上可下。」很平實的解釋。而邢昺大肆發揮九品中正制精神，曰：「人之才識

〔註73〕《孟子注疏》，卷11上，頁5。

凡有九等，謂上上、上中、上下、中上、中中、中下、下上、下
中、下下也。」顯然這不是在孔子之時的觀念，故不宜採用。

又「語」字，邢昺曰：「語，謂告語。」即一般理解的告訴、告知。鄭玄
則曰：「〔語〕，猶謀也。」《說文》云：「慮難曰謀。」〔註74〕《爾雅·釋言》：
「謀，心也。」〔註75〕則較偏向商量、思考的心智活動，而後才能「論」。如
此說法，似更細膩。

（七）子曰：「知者樂水，仁者樂山；知者動，仁者靜；知者樂，仁者壽。」

　　邢昺：此章初明知、仁之性，次明知、仁之用，三明知，仁之功
也。「知者樂水」者，樂，謂愛好。言知者性好運其才知以治世，如
水流而不知已止也。「仁者樂山」者，言仁者之性好樂如山之安固，
自然不動，而萬物生焉。「知者動」者，言知者常務進，故動。「仁者
靜」者，言仁者本無貪欲，故靜。「知者樂」者，言知者役用才知，
成功得志，故歡樂也。「仁者壽」者，言仁者少思寡欲，性常安靜，
故多壽考也。（頁 54）

　　鄭玄：〔子〕曰：「智〔者樂水〕，仁者〔樂山〕。

智者樂施生萬物，如水之〔性〕；仁者樂施與，如山之性。

知者動，仁者靜。

如水〔之流〕行，如山之安止。

知者樂，仁者壽。」

言性動者多所樂，性靜者多受（壽）考。（頁 799）

　　案：1.「知者樂水」，邢昺依包注為：「言知者性好運其才知以治世，
如水流而不知已止也。」鄭玄為「智者樂施生萬物，如水之〔性〕」。
「性好運其才」與「樂施生萬物」不同。2.「仁者靜」，邢昺言「仁
者本無貪欲，故靜。」鄭玄為「如山之安止」。3.「知者樂」，邢
昺言「知者役用才知，成功得志，故歡樂也。」鄭玄言「性動者
多所樂。」4.鄭玄解釋智者與仁者的特質，似乎較有連慣性，「知
者樂水」（因智者與水有相似處），而後「動」（如水流動不已，
活動力強），再「樂」（於過程中多所享受，實現自我）。「仁者樂

〔註74〕〔漢〕許慎撰、〔清〕段玉裁注、魯實先正補：《說文解字注》，頁 92。
〔註75〕《爾雅注疏》，卷 2，頁 20。

山」（仁者與山有相似處），而後「靜」（如山安定，靜默不動），
再「壽」（寧靜致遠，能長壽考）。從自然的山水啓發，就其單純
本性而言，不似邢昺有「治世」、「貪欲」、「成功得志」等人事、
道德之意。

二者皆可通。

（八）子曰：「觚不觚，觚哉！觚哉！」

　　邢昺：此章言爲政須遵禮道也。觚者，禮器，所以盛酒。二升曰
觚。言觚者，用之當以禮，若用之失禮，則不成爲觚也，故孔子歎之
「觚哉！觚哉！」言非觚也，以喻人君爲政當以道，若不得其道，則
不成爲政也。注「馬曰：觚，禮器。一升曰爵，二升曰觚，正義曰：
案〈特牲禮〉：「刑三、爵三、觚四、觶一、角三、散。」是觚爲禮器
也。異義：《韓詩》爲「一升曰爵。爵，盡也，足也。二升曰觚。觚，
寡也，飲當寡少。三升曰觶。觶，適也，飲當自適也。四升曰角。角，
觸也，不能自適，觸罪過也。五升曰散。散，訕也，飲不省節，爲人
謗訕。揔名曰爵，其實曰觴。觴者，餉也。觥亦五升。所以罰不敬。
觥，廓也。所以著明之貌。君子有過，廓然著明，非所以餉，不得名
觴」。此唯言爵、觚者，略言之也。（頁54）

　　鄭玄：子曰：「觚不觚，觚哉！觚哉！」

觚，爵名，容二升。孔子志有所念，觚不時成，故曰：「觚哉！觚哉！」
歎觚小器，心不專一尚不時，況於大事乎。（頁803）

　　案：二人之詮釋完全不同。邢昺依何注：「此章言爲政須遵禮道也。」
認爲孔子藉觚起興，慨歎國君治國不以道，故發此語。並對於「觚」
之形制，引注詳細。鄭玄則就孔子某次失敗的經驗反省，即使是
這樣簡單的工作，如果分了心，也有可能失敗，強調做事宜用心
專一。日人月洞讓曰：「很多注都把觚作爲有稜角的酒杯，即一種
禮器。朱子《集注》舉別說釋作木簡。即操觚之士所操之觚。這
個譬喻意義爲何？存在各種說法。《集解》說：規定只承一杯酒的
酒器，卻不按規定，錯誤地濫用。當時的政治也不遵從規章。《集
注》說：那時雕花酒杯不雕花。世上之事都像那樣，失去了本來
面目。鄭玄注僅說：即使是微不足道的事，馬馬虎虎也會弄糟。

似乎不是直接批判當時社會和政治的解釋。」〔註76〕可做參考。
因原文實在太簡略,無法判斷,故二者皆通。

六、〈述而〉

（一）子曰:「述而不作,信而好古,竊比於我老彭。」

邢昺:此章記仲尼著述之謙也。作者之謂聖,述者之謂明。老彭,
殷賢大夫也。老彭於時,但述脩先王之道而不自制作,篤信而好古事。
孔子言,今我亦爾,故云比老彭。猶不敢顯言,故云竊。注「包曰」
至「之耳」,正義曰:云,「老彭,殷賢大夫」者,老彭即《莊子》所
謂彭祖也。李云:「名鏗,堯臣,封於彭城。歷虞、夏至商,年七百
歲,故以久壽見聞。」《世本》云:「姓籛名鏗,在商爲守藏史,在周
爲柱下史,年八百歲。籛音翦。一云即老子也。」崔云:「堯臣,仕
殷世。其人甫壽七百年。」王弼云:「老是老聃,彭是彭祖。老子者,
楚苦縣屬鄉曲仁里人也,姓李氏,名耳,字伯陽,謚曰聃,周守藏室
之史也。」云「好述古事。我若老彭,但述之耳」者,言老彭不自制
作,好述古事。仲尼言,我亦若老彭,但述之耳。（頁60）

鄭玄:子曰:「述而不作,信而好古,竊比於我老、〔彭〕。」
【老,老聃,周之太史;彭,彭祖】,□,比於此二人者,謙。（頁817）

案:「老彭」一詞,邢昺曰:「老彭,殷賢大夫也。」指一喚作「老彭」
之人。鄭玄注:「【老,老聃,周之太史;彭,彭祖】。」則是不同
的二個人。

二者皆可通。

（二）子曰:「德之不修,學之不講,聞義不能徙,不善不能改,是吾憂
也。」

邢昺:此章言孔子憂在脩身也。德在脩行,學須講習,聞義事當
徙意從之,有不善當追悔改之。夫子常以此四者爲憂,憂己恐有不脩、
不講、不徙、不改之事。故云「是吾憂也」。（頁60）

鄭玄:【子】曰:「德之不修,學之不講,聞〔義〕【不】能徙,
不善不能改,是吾憂。」

〔註76〕 〔日〕月洞讓:〈關於《論語鄭氏注》〉,《唐寫本論語鄭氏注及其研究》,頁197。

德，謂六德。【講，猶習也。】（頁 821）

案：「德」字，邢昺未摘字為訓，只視作一般泛稱的道德。鄭玄則特別
指出其為「六德」，所謂「六德」，與鄭玄同時代的徐幹（170～218）
說：「六德，曰智、仁、聖、義、中、和。」〔註77〕《周禮・地官・
司徒》亦載：「六德，知、仁、聖、義、忠、和。」〔註78〕可知是
此六種德行的合稱。

二者皆通。

（三）子之燕居，申申如也，夭夭如也。

邢昺：此章言孔子燕居之時體貌也。申申、夭夭，和舒之貌。如
者，如此義也，謂體貌和舒，如似申申、夭夭也。故〈玉藻〉云：「受
一爵而色酒如也。」及〈鄉黨〉每云「如也」者，皆謂容色如此。（頁
60）

鄭玄：子之燕居，申申如也，夭夭如【也】。
申申，伐視聽。夭夭，安容貌。（頁 823）

案：「申申」二人解法不同，邢昺是和緩舒泰，鄭玄為「伐視聽」。若
依邢疏，申申與夭夭是義近之詞，但同時使用二詞，恐有重覆之
嫌。劉寶楠曰：「胡氏紹勳《拾義》：『《漢書・萬石君傳》：「子孫
勝冠者在側，雖燕必冠，申申如也。」師古注云：「申申，整敕之
貌。」此經記者先言「申申」，後言「夭夭」，猶〈鄉黨〉先言「踧
踖」，後言「與與」也。「申申」言其敬，「夭夭」言其和。馬注「申
申」亦訓「和舒」，失之矣。』案：胡說是也。漢〈安世房中歌〉：
『敕身齊戒，施教申申。』《說文》：『申，神也。七月陰氣成體，
自申束，從臼自持也。』是申有約束之義。『申申如』者，所謂『望
之儼然』；『夭夭如』者，所謂『即之也溫』。」〔註79〕指出孔子平
時的態度，是嚴整中帶著安閒，知其分寸，不壞規矩。

二者皆通，當以鄭玄為勝。

（四）子曰：「甚矣，吾衰也！久矣，吾不復夢見周公。」

〔註77〕〔漢〕徐幹：《中論》（臺北市：臺灣商務印書館，2009 年《景印文淵閣四庫全
書》），頁 469。
〔註78〕《周禮注疏》，卷 10，頁 35。
〔註79〕劉寶楠：《論語正義》，頁 256。

邢昺：此章孔子歎其衰老，言我盛時嘗夢見周公，欲行其道，今則久多時矣，吾更不復夢見周公，知是吾衰老甚矣。（頁 60）

鄭玄：子曰：「甚矣，〔吾〕衰久矣，吾不復夢見周公。」

孔子昔時，庶幾於周公之〔道〕，□見之，末年已來，聖道既備，不復夢見之。今□道，深〔自〕勉勵也。（頁 825）

案：對於不復夢周公的解釋，邢昺認爲是孔子感嘆自己衰老，無法行道。鄭玄所見則是愈老愈精進的孔子，已達到周公境界。二人對孔子的形象描繪完全不同。但若依鄭注，「衰」字無著落，邢昺較佳。

（五）子曰：「志於道，據於德，依於仁，遊於藝。」

邢昺：此章孔子言己志慕、據杖、依倚、遊習者，道德仁藝也。注「志，慕也。道不可體，故志之而已」，正義曰：道者，虛通無擁，自然之謂也。王弼曰：「道者，無之稱也，無不通也，無不由也。況之曰，道寂然無體，不可爲象。」是道不可體，故但志慕而已。注「據，杖也。德有成形故可據」，正義曰：德者，得也。物得其所謂之德，寂然至無則謂之道，離無入有而成形器是謂德業。〈少儀〉云：「士依於德，遊於藝。」文與此類。鄭注云：「德，三德也，一曰至德，二曰敏德，三曰孝德。」《周禮‧師氏》：「掌以三德教國子，一曰至德，以道爲本；二曰敏德，以行爲本；三曰孝德，以知逆惡。」注云：「德行，內外之稱，在心爲德，施之爲行。至德，中和之德，覆幬持載，含容者也。孔子曰：『中庸之爲德也，其至矣乎！』敏德，仁義順時者也。〈說命〉曰：『敬孫務時敏，厥修乃來。』孝德，尊祖愛親，守其所以生者也。孔子曰：『武王、周公，其達孝矣乎！』夫孝者，善繼人之志，善述人之事者也。」是德有成形者也。夫立身行道，唯杖於德，故可據也。注「依，倚也。仁者功施於人，故可倚」，正義曰：博施於民而能濟衆，乃謂之仁。恩被於物，物亦應之，故可倚賴。注「藝，六藝也，不足據依，故曰遊」，正義曰：六藝謂禮、樂、射、馭、書、數也。《周禮‧保氏》云：「掌養國子，教之六藝，一曰五禮，二曰六樂，三曰五射，四曰五馭，五曰六書，六曰九數。」注云：「五禮：吉、凶、軍、賓、嘉也。六樂：〈雲門〉、〈大咸〉、〈大韶〉、〈大夏〉、〈大濩〉、〈大武〉也。五射：白矢、參連、剡注、襄尺、井儀也。

五馭：鳴和鸞、逐水曲、過君表、舞交衢、逐禽左也。六書：象形、
會意、轉注、處事、假借、諧聲也。九數：方田、粟米、差分、少廣、
商功、均輸、方程、贏不足、旁要也。」此六者，所以飾身耳，劣於
道德與仁，故不足依據，故但曰遊。（頁60）

　　鄭玄：子曰：「志於【道】，據於德，依於仁，遊於藝。」
道謂師儒之所以教誨者，藝謂六藝。（頁827）

　　案：邢昺依何注：「道者，虛通無擁，自然之謂也。」並引王弼曰：「道
　　　　者，無之稱也，無不通也，無不由也。況之曰，道寂然無體，不
　　　　可為象。」「是道不可體，故但志慕而已。」此是玄學時代對道的
　　　　體悟，不可能是孔子之意。

鄭玄為優。

（六）子曰：「自行束脩以上，吾未嘗無誨焉。」

　　　邢昺：此章言己誨人不倦也。束脩，禮之薄者。言人能奉禮，自
　　行束脩以上而來學者，則吾未曾不誨焉，皆教誨之也。注「孔曰」至
　　「誨之」，正義曰：云「言人能奉禮，自行束脩以上」者，案書傳言
　　束脩者多矣，皆謂十脡脯也。〈檀弓〉曰：「古之大夫束脩之問不出竟。」
　　〈少儀〉曰：「其以乘壺酒束脩一犬賜人。」《穀梁傳》曰：「束脩之
　　問不行竟中。」是知古者持束脩以為禮。然此是禮之薄者，其厚則有
　　玉帛之屬，故云「以上」以包之也。（頁60）

　　　鄭玄：子【曰：「自行束脩以上】，〔吾〕未〔嘗〕無誨焉。」

1. 自□酒脯。十五已上有□經說曰：臣〔無意外〕之交，弟子有束□與
人交者，〔當〕有所教誨以忠信之道也。「誨」魯讀為「悔」字，今從古〕。

2. 自行束脩□施遺焉，諸□〔脩〕之好，孔子□

3. 束脩，謂年十五已上也。（頁829）

　　案：「束脩」一詞，邢昺認為是「十脡脯」，乃「禮之薄者」。孔子有教
　　　　無類，並不在意禮物的價值。然之所以仍需執禮，大概是「爾愛
　　　　其羊，我愛其禮」的精神吧。鄭注部分較複雜，有三處記錄，第
　　　　3.曰「束脩，謂年十五已上也。」則「束脩」表示十五歲以上的年
　　　　齡，但 1.又有「自□酒脯」一句，雖有缺字，無法明確判定，似
　　　　乎與「脯」又有關。

　　另〈述而〉篇記有：「互鄉難與言，童子見，門人惑。子曰：『與其進也，

不與其退也,唯何甚!人潔己以進,與其潔也,不保其往也。』」看來從互鄉來者雖是童子,未行束脩,孔子亦教誨之。則此年齡之說可通。

二者皆可。

（七）子曰:「加我數年,五十以學《易》,可以無大過矣。」

　　邢昺:此章孔子言其學《易》年也。加我數年,方至五十,謂四十七時也。《易》之爲書,窮理盡性以至於命,吉凶悔吝豫以告人,使人從吉,不從凶,故孔子言己四十七學《易》可以無過咎矣。注「《易》窮」至「大過」,正義曰:云「窮理盡性以至於命」者,〈說卦〉文也。命者生之極,窮理則盡其極也。云「五十而知天命」者,〈爲政篇〉文。云「以知命之年讀至命之書,故可以無大過矣」者,《漢書·儒林傳》云孔子「蓋晚而好《易》,讀之韋編三絕,而爲之傳」,是孔子讀《易》之事也。言孔子以知天命終始之年,讀窮理盡性以至於命之書,則能避凶之吉而無過咎。謙不敢自言盡無其過,故但言「可以無大過矣」。（頁62）

　　鄭玄:子曰:「加我數年,年至五十以學《易》,可以無大過矣。」
加我數年,年至五十以學此《易》,其義理可以無大過。孔子時年冊五六,好易,翫讀不敢懈倦,汲汲然,自恐不能究竟其意,故云然也。【魯讀「易」爲「亦」,今從古。】（頁857）

　　案:1. 何晏自注此章,並未引用古說,亦未提到當時孔子的年齡。邢昺超出何注,逕自云孔子當時「四十七時也」。鄭玄則曰:「孔子時年冊五六。」但都未說明其根據,恐猜測之成分較大。鄭注也未特別解釋五十歲有何特別意義。

　　　2. 「可以無大過」一句,何晏注:「《易》「窮理盡性以至於命」。年五十而知天命,以知命之年讀至命之書,故可以無大過。」邢昺依何注,將〈爲政〉篇的「五十而知天命」和《易·說卦》「窮理盡性以至於命」結合。然而,孔子當時是否對《易》有「窮理盡性以至於命」、「天命」如此觀念,很難確定。而鄭玄將「其義理可以無大過」解爲對《易》的內容可以「究竟其意」,充分了解掌握,則與個人的道德修養無關。二說皆待商榷。

（八）葉公問孔子於子路,子路不對。子曰:「女奚不曰:其爲人也,發

憤忘食，樂以忘憂，不知老之將至云爾。」

邢昺：此章記孔子之爲人也。「葉公問孔子於子路，子路不對」者，葉公名諸梁，楚大夫，食菜於葉，僭稱公。問孔子爲人志行於子路，子路未知所以答，故不對。「子曰：女奚不曰，其爲人也。發憤忘食，樂以忘憂，不知老之將至云爾」者，孔子聞子路不能答，故教之。奚，何也。言女何不曰，其孔子之爲人也，發憤嗜學而忘食，樂道以忘憂，不覺老之將至云爾乎。（頁63）

鄭玄：葉公問孔子於子路，子路不對。

葉公，楚縣公也，名諸梁，字子羔。問孔子者，冀得可法行也。

子曰：「女奚不曰：其爲人也，發憤忘食，樂以忘憂，不知老之將至云爾。」

奚，何也。汝何不云，我樂堯舜之道，思六藝之文章，忽然不知老之將至云爾也。（頁861）

　　案：邢昺曰：「發憤嗜學而忘食，樂道以忘憂。」偏向字面上解釋。鄭注：「我樂堯、舜之道，思六藝之文章。」有具體的內容，較爲明確。

二者皆可通。

（九）子不語：怪力亂神。

邢昺：此章記夫子爲教，不道無益之事。怪，怪異也。力，謂若奡盪舟、烏獲舉千鈞之屬也。亂，謂臣弒君、子弒父也。神，謂鬼神之事。或無益於教化，或所不忍言也。李充曰：「力不由理，斯怪力也。神不由正，斯亂神也。怪力亂神，有與於邪，無益於教，故不言也。」注「烏獲舉千鈞」，正義曰：烏獲，古之有力人。三十斤爲鈞，言能舉三萬斤之重也。（頁63）

鄭玄：子不語：怪力、亂神。

爲淺識者將爲之有精氣，不脩其德，而徒祈福祥，以或（惑）世沮功。怪力，謂若石立社移。亂神，謂神降于莘之屬也。（頁863）

　　案：鄭玄將怪力、亂神視爲二詞，「怪」、「亂」爲形容詞。邢昺將怪、力、亂、神分別解釋，成爲四事。而「亂，謂臣弒君、子弒父也」。最是不同於鄭玄處。邢昺特別指出：「此章記夫子爲教，不道無益之事。」是從教育的立場著眼。鄭玄的「不語」，只因「爲淺識者

將爲之有精氣，不脩其德，而徒祈福祥，以或（惑）世沮功」。故不加以談論，乃避免生誤導之意。

二者皆可通。

（十）子曰：「天生德於予，桓魋其如予何？」

> 邢昺：此章言孔子無憂懼也。案〈世家〉：「孔子適宋，與弟子習禮大樹下。宋司馬桓魋欲殺孔子，拔其樹。孔子去。弟子曰：『可速矣』。」故孔子發此語。言「天生德於予」者，謂天授我以聖性，德合天地，吉無不利，桓魋必不能害我，故曰「其如予何」。（頁63）

> 鄭玄：子曰：「天生德於予者，桓魋其如予何？」

天生德於予者，謂授我以聖性，欲使我制作法度。桓魋，宋大夫，司馬牛之兄，疾孔子，欲煞（殺）之。孔子時在宋也。（頁867）

> 案：邢昺引《史記·孔子世家》，具體解說此語生發的情境，這是邢昺注經的風格。而鄭注則看不出其中的過程。邢昺依包注言：「天生德於予者，謂天授我以聖性，德合天地，吉無不利。」「德合天地，吉無不利。」表現了孔子自信無畏，境界崇高，此乃從道德著眼。鄭玄曰：「謂授我以聖性，欲使我制作法度。」「欲使我制作法度」則是強調其救世的姿態，外王的形象。

二者皆通。

（十一）子以四教：文、行、忠、信。

> 邢昺：此章記孔子行教以此四事爲先也。文謂先王之遺文。行謂德行，在心爲德，施之爲行。中心無隱謂之忠。人言不欺謂之信。此四者有形質，故可舉以教也。（頁63）

> 鄭玄：子以四教：文、行、中（忠）、信。

行謂六行：孝、友、睦、因（婣）、任、恤。（頁870）

> 案：鄭玄明確指出「行」的內容爲「六行」。《周禮·地官·司徒》曰：「六行，孝、友、睦、姻、任、恤。」徐幹《中論·治學》：「教以六行，曰孝、友、睦、婣、任、恤。」〔註80〕可見是六種德行。而邢昺泛說之，即一般的道德。

二者皆通。

〔註80〕〔漢〕徐幹：《中論》，頁469。

（十二）子曰：「文莫吾猶人也。躬行君子，則吾未之有得。」

　　　　邢昺：此章記夫子之謙德也。莫，無也。文無者，猶俗言文不也。

文不吾猶人者，言凡文皆不勝於人，但猶如常人也。躬，身也。言身

為君子，已未能也。（頁65）鄭玄：子曰：「文，莫吾猶人。

莫，無也。猶，若也。言文章之事，無我若人耳，言我最與有才等也。

躬行君子，則吾未之有得。

德，猶等也。躬行君子之道，則我未有〔敢〕與之等者，謙也。（頁889）

　　　案：二人標點斷句不同。邢昺依何注，作：「文莫，吾猶人也。」故「言

　　　　凡文皆不勝於人，但猶如常人也。」意謂和一般人差不多。鄭玄

　　　　則曰：「文，莫吾猶人。」解作「言文章之事，無我若人耳，言我

　　　　最與有才等也。」可見孔子的自信。就像他曾說過的：「十室之邑，

　　　　必有忠信如丘者焉，不如丘之好學也。」邢、鄭二者文意恰巧相

　　　　反。但若再與下句「則吾未之有得」，稱自己未能行君子之道合觀，

　　　　則鄭玄之解較有對比意味。

二者皆通。

（十三）子疾病，子路請禱。子曰：「有諸？」子路對曰：「有之。〈誄〉
　　　　曰：『禱爾于上下神祇。』」子曰：「丘之禱久矣。」

　　　　邢昺：此章記孔子不諂求於鬼神也。「子疾病，子路請禱」者，

孔子疾病，子路告請禱求鬼神，冀其疾愈也。「子曰：有諸」者，諸，

之也。孔子以死生有命，不欲禱祈，故反問子路曰：「有此禱請於鬼

神之事乎？」「子路對曰：有之。〈誄〉曰：『禱爾于上下神祇』者，〈誄〉，

禱篇名。誄，累也。累功德以求福。子路失孔子之指，故曰有之。又

引禱篇之文以對也。「子曰：丘之禱久矣」者，孔子不許子路，故以

此言拒之。若人之履行違忤神明，罹其咎殃則可禱請。孔子素行合於

神明，故曰「丘之禱久矣」也。（頁65）

　　　　鄭玄：子疾病，子路謂禱。

禱，謂謝過於鬼神乎？

子曰：「有諸？」

觀子路曉禱禮不（否）也。

子路對曰：「有之。〈誄〉曰：『禱乎上下神祇。』」

誄，六祈之辭。子路見禱辭云爾，謂孔子今有疾，亦當謝過於鬼神。

子曰：「丘之禱久矣。」

孔子自知無過可謝，故云禱久矣，明素恭肅敬於鬼神，且順子路之言也。（頁894）

> 案：對於「子曰：『有諸？』」鄭玄曰：「觀子路曉禱禮不（否）也。」重點在詢問是否知道此儀式。邢昺則曰：「諸，之也。孔子以死生有命，不欲禱祈，故反問子路曰：『有此禱請於鬼神之事乎？』」以問句反詰，表現孔子的不迷信。若輔以孔子曾說過的「未知生，焉知死」來看，當以邢說較佳。

七、〈泰伯〉

（一）子曰：「恭而無禮則勞，慎而無禮則葸，勇而無禮則亂，直而無禮則絞。君子篤於親，則民興於仁；故舊不遺，則民不偷。」

> 邢昺：此章貴禮也。「子曰：恭而無禮則勞」者，勞謂困苦，言人為恭孫，而無禮以節之，則自困苦。「慎而無禮則葸」者，葸，畏懼之貌。言慎而不以禮節之，則常畏懼也。「勇而無禮則亂」者，亂謂逆惡。言人勇而不以禮節之，則為亂矣。「直而無禮則絞」者，正曲為直。絞謂絞刺也。言人而為直，不以禮節，則絞刺人之非也。「君子篤於親則民興於仁，故舊不遺則民不偷」者，君子，人君也。篤，厚也。興，起也。偷，薄也。言君能厚於親屬，則民化之，起為仁行，相親友也。君不遺忘其故舊，故民德歸厚不偷薄也。（頁70）
>
> 鄭玄：子曰：「恭而無禮則勞，順而無禮則葸，勇而無禮則亂，直而無禮則絞。」言此四者雖善，不以禮節之，亦不可行。葸，愨。絞，急也。

子曰：「君子篤於親，則民興於仁；故舊不遺，則民不偷。」

舊，厚。偷，苟且。君子厚於骨肉之親，則民效為之，多仁恩。故舊無大故，不相遺棄，則民不相與不苟且也。（頁904）

> 案：1. 「慎而無禮則葸」，鄭玄作「順而無禮則葸」，非「慎」而是「順」字。
>
> 2. 「順而無禮則葸」，鄭玄注：「葸，愨。」《說文》：「愨：謹也。」愨大概是恭謹、忠厚意。「慎而無禮則葸」，邢昺疏曰：「葸，畏懼之貌。」因「慎」、「順」二字不同，故整句的詮釋亦有別。

3. 鄭玄：「絞，急也。」邢昺：「絞謂絞刺也。」劉寶楠曰：「『絞』
　者，兩繩相交之名，故引申爲乖刺之義。鄭注云：『絞，急也。』
　與馬義不異。」〔註81〕是二人之意相當。

4. 鄭玄訓：「偷，苟且。」「則民不相與不苟且也。」「相與」一詞，
　有「共同、互相」之義，筆者認爲「不相與不苟且」此句，可
　能多了一個「不」字，應作「不相與苟且」或「相與不苟且」，
　如此文意才通。故君子不無故遺棄故舊，則人民不會隨便亂來。
　邢昺解：「偷，薄也。」則民德歸厚不刻薄。

二者皆通。

（二）曾子曰：「以能問於不能，以多問於寡；有若無，實若虛，犯而不
　　　校，昔者吾友嘗從事於斯矣。」

　　邢昺：此章稱顏淵之德行也。「曾子曰：以能問於不能，以多問
　　於寡，有若無，實若虛，犯而不挍」者，挍，報也。言其好學持謙，
　　見侵犯而不報也。「昔者吾友嘗從事於斯矣」者，曾子云：「昔時我同
　　志之友顏淵嘗從事於斯矣。」言能行此上之事也。（頁71）

　　鄭玄：曾子曰：「以能問於不能，以多問於寡；有若無，實若虛，
　　犯而不校，昔者吾友嘗從事於斯矣。」

效，報也。言人見侵犯不報。顏淵、仲弓、子貢等也。（頁913）

　　案：何晏引馬融：「友，謂顏淵。」邢昺依之。鄭玄則認爲是「顏淵、
　　　　仲弓、子貢等也。」不獨顏淵一人。

無法判斷，未知孰是。

（三）曾子曰：「可以託六尺之孤，可以寄百里之命，臨大節而不可奪也。
　　　君子人與？君子人也。」

　　邢昺：此章論君子德行也。「曾子曰：可以託六尺之孤」者，謂
　　可委託以幼少之君也。若周公、霍光也。「可以寄百里之命」者，謂
　　君在亮陰，可當國攝君之政令也。「臨大節而不可奪也」者，奪，謂
　　傾奪。大節，謂安國家，定社稷。言事有可以安國家，定社稷，臨時
　　固守，羣眾不可傾奪也。「君子人與？君子人也」者，言能此已上之
　　事，可以謂之君子人與？與者，疑而未定之辭。審而察之，能此上事

〔註81〕〔清〕劉寶楠：《論語正義》，頁1290。

者，可謂君子，無復疑也，故又云君子人也。注「孔曰：六尺之孤，幼少之君」，正義曰：鄭玄注此云：「六尺之孤，年十五已下。」言「已下」者，正謂十四已下亦可寄託，非謂六尺可通十四已下。鄭知六尺年十五者，以《周禮‧鄉大夫職》云：「國中自七尺以及六十，野自六尺以及六十有五，皆征之。」以其國中七尺爲二十，對六十，野云六尺對六十五，晚校五年，明知六尺與七尺早校五年，故以六尺爲十五也。（頁71）

　　鄭玄：曾子曰：「可以託六尺之孤，可以寄百里之命，臨大節而不奪。君子仁（人）與？君子仁（人）也。」

六尺之孤，謂年十五以下。百里之命，謂一國之政令。《周禮》：小國百里。大節，謂廢立之事。（頁915）

　　案：鄭玄：「六尺之孤，謂年十五以下。」邢昺依孔注，曰：「六尺之孤，幼少之君。」「幼少」與「年十五以下」比較而言，邢昺說得籠統。邢昺又在疏文中，提到鄭注，並再引《周禮‧鄉大夫職》對於鄭玄之說加以補充，是肯定鄭之說法。「大節」之定義，邢昺曰：「大節，謂安國家，定社稷。」鄭玄特指：「謂廢立之事。」劉寶楠曰：「『大節』猶大事，故注以國家、社稷言之。明此『大節』所關在宗社安危存亡也。能安國家社稷，則不得以利害移、威武屈，故知不可傾奪。傾者，覆也，謂覆而取之也。」〔註82〕

二者皆可通。

（四）子曰：「民可使由之，不可使知之。」

　　邢昺：此章言聖人之道深遠，人不易知也。由，用也。「民可使用之，而不可使知之」者，以百姓能日用而不能知故也。（頁71）

　　鄭玄：子曰：「民可使由之，不可使知之。」

由，從也。民者，冥也。以正道教之，人必從；如知其本末，則暴者或輕而不行。（頁921）

　　案：二人對「由」字皆作訓解，鄭玄曰：「由，從也。」意謂使人民服從。邢昺曰：「由，用也。」釋整句爲「百姓能日用而不能知」。

二者皆通。

〔註82〕　〔清〕劉寶楠：《論語正義》，頁1296。

（五）子曰：「三年學，不至於穀，不易得也。」

　　邢昺：此章勸學也。穀，善也。言人勤學三歲，必至於善。若三歲學，不至於善，不可得，言必無也，所以勸人學也。（頁72）

　　鄭玄：子曰：「三年學，不至於穀，不易得也。」

穀，祿也。人學者必志於得祿，三年久矣，而心不念祿，不易得，言是人好學難得也。（頁926）

　　案：《說文》：「穀，續也。百穀之總名也。」段注：「穀與粟同義，引伸爲善也。」〔註83〕在《論語》中，除了此章，出現「穀」字還有三處：子曰：「邦有道，穀；邦無道，穀，恥也。」（〈憲問〉）、「舊穀既沒，新穀既升。」（〈陽貨〉）、「四體不勤，五穀不分。」（〈微子〉）「五穀」、「舊（新）穀」都實指穀物。「邦有道，穀。」此「穀」字，原亦指穀物，而以實物爲俸祿。故鄭玄作：「穀，祿也。」當較符合《論語》一貫的用法。

（六）子曰：「巍巍乎！舜、禹之有天下也，而不與焉。」

　　邢昺：此章美舜、禹也。巍巍，高大之稱。言舜、禹之有天下，自以功德受禪，不與求而得之，所以其德巍巍然高大也。（頁72）

　　鄭玄：子曰：「巍巍乎！舜有天下也，而不與焉。」美其有成功，能擇任賢臣。（頁934）

　　案：就文本而言，鄭玄只言「舜有天下也」，只談到舜，而無禹。

　　對於孔子稱讚舜、禹的原因，邢昺依何注：「以功德受禪，不與求而得之，所以其德巍巍然高大也。」強調禪讓之美德。劉寶楠曰：「魏篡漢得國，託於舜、禹之受禪，故平叔等解此文，以『不與』爲『不與求』也。……當時援舜、禹以文其奸逆，大約皆以爲不求得之矣。」〔註84〕可做參考。

　　鄭玄則認爲舜因「擇任賢臣」，故能垂拱而治國有成。《孟子·滕文公上》：「堯以不得舜爲己憂，舜以不得禹、皋陶爲己憂。」又：「爲天下得人者謂之仁。是故以天下與人易，爲天下得人難。孔子曰：『大哉堯之爲君！惟天爲大，惟堯則之，蕩蕩乎民無能名焉！君哉舜也！巍巍乎有天下而不與焉！』堯、舜之治天下，豈無所用其心哉？亦不用於耕耳。」〔註85〕可見舜之「用其心」，

〔註83〕〔漢〕許慎撰、〔清〕段玉裁注、魯實先正補：《說文解字注》，頁329。
〔註84〕〔清〕劉寶楠：《論語正義》，頁307～308。
〔註85〕《孟子注疏》，卷5下，頁6。

得人而治。但一樣的未提到禹。

　　未知孰是，二者皆通。

（七）子曰：「禹，吾無間然矣！菲飲食，而致孝乎鬼神；惡衣服，而致美乎黻冕；卑宮室，而盡力乎溝洫。禹，吾無間然矣！」

　　邢昺：此章美夏、禹之功德也。「子曰：禹，吾無間然矣」者，間謂間廁。孔子推禹功德之盛美，言己不能復間廁其間也。「菲飲食而致孝乎鬼神」者，此下言其無間之三事也。菲，薄也。薄己飲食，致孝鬼神，令祭祀之物豐多絜靜也。「惡衣服而致美乎黻冕」者，黻冕，皆祭服也。言禹降損其常服，以盛美其祭服也。「卑宮室而盡力乎溝洫」者，溝洫，田間通水之道也。言禹卑下所居之宮室，而盡力以治田間之溝洫也。以常人之情，飲食務於肥，禹則淡薄之；衣服好其華美，禹則麤惡之；宮室多尚高廣，禹則卑下之。飲食，鬼神所享，故云致孝；祭服備其采章，故云致美；溝洫人功所為，故云盡力也。「禹，吾無間然矣」者，美之深，故再言之。注「孔曰：損其常服，以盛祭服」，正義曰：鄭玄注此云：「黻，是祭服之衣。冕，其冠也。」《左傳》「晉侯以黻冕命士會」，亦當然也。黻，蔽膝也。祭服謂之黻，其他謂之韠，俱以韋為之，制同而色異。韠，各從裳色。黻，其色皆赤，尊卑以深淺為異，天子純朱，諸侯黃朱，大夫赤而已。大夫以上，冕服悉皆有黻，故禹言黻冕。《左傳》亦言黻冕，但冕服自有尊卑耳。《周禮·司服》云：「王之服，祀昊天上帝則服大裘而冕，祀五帝亦如之，享先王則袞冕，享先公饗射則鷩冕，祀四望山川則毳冕，祭社稷五祀則希冕，祭羣小祀則玄冕。」「孤之服，自希冕而下。」《左傳》士會黻冕，當是希冕也。此禹之黻冕，則六冕皆是也。注「包曰」至「八尺」，正義曰：「方里為井，井間有溝，溝廣深四尺。十里為成，成間有洫，洫廣深八尺」者，案《考工記》：「匠人為溝洫。耜廣五寸，二耜為耦。一耦之伐，廣尺深尺謂之畎。田首倍之，廣二尺深二尺謂之遂。九夫為井，井間廣四尺深四尺謂之溝。方十里為成，成間廣八尺深八尺謂之洫。方百里為同，同間廣二尋深二仞謂之澮。」鄭注云：「此畿內采地之制。九夫為井。井者，方一里，九夫所治之田也。采地制井田異於鄉遂及公邑。三夫為屋。屋，具也。一井之中，三屋九夫，三三相具以出賦稅。共治溝也，方十里為成，成中容一甸，甸方

八里出田稅，緣邊一里治洫。方百里爲同，同中容四都六十四成，方八十里出田稅，緣邊十里治澮。」是溝洫之法也。（頁74）

　　鄭玄：子曰：「禹，吾無間然矣！菲飲食，而致孝乎鬼神；惡衣服，而致美乎黻冕；卑宮室，而盡力乎溝洫。禹，吾無間然矣！」

間，非。菲，薄也。致孝乎鬼神，祭祀豐潔。黻，際服之衣。冕，其冠也。方里爲井，井間有溝，溝廣四尺深四尺。十里爲城，城間有洫，洫廣八尺深八尺也。（頁941～942）

　　案：「間」字，邢昺曰：「間謂間厠。」「間厠」亦作「閒厠」，夾雜，相雜。鄭玄則曰：「間，非。」意指批評。

鄭玄之注簡要。相較下，邢昺多方徵引，務求完備，豐富。

八、〈子罕〉

（一）子罕言利與命與仁。

　　邢昺：此章論孔子希言難及之事也。罕，希也。與，及也。利者，義之和也。命者，天之命也。仁者，行之盛也。孔子以其利、命、仁三者常人寡能及之，故希言也。注「罕者」至「言也」，正義曰：〈釋詁〉云：「希，罕也。」轉互相訓，故罕得爲希也。云「利者，義之和也」者，《乾卦‧文言》文也。言天能利益庶物，使物各得其宜而和同也。此云利者，謂君子利益萬物，使物各得其宜，足以和合於義，法天之利也。云「命者，天之命也」者，謂天所命生人者也。天本無體，亦無言語之命，但人感自然而生，有賢愚、吉凶、窮通、夭壽，若天之付命遣使之然，故云天之命也。云「仁者，行之盛也」者，仁者愛人以及物，是善行之中最盛者也。以此三者，中知以下寡能及。

　　鄭玄：子罕言利與命與仁。

罕，希也。利有貨之殖否，命有壽之長短，仁有行之窮達。孔子希言利者，爲其傷行也。希言命與仁者，爲民不可使知也。（頁944）

　　案：鄭玄：「利有貨之殖否。」指一般的錢財利益。邢昺依何注，用《乾卦‧文言》之語解釋爲：「利者，義之和也。」將利字抬高了層次，有形上的思考。

「命」二人之意可相通，皆是自然的命限義。

至於「仁」，邢昺對何注的「仁者，行之盛也」，疏曰：「仁者愛人以及物，

是善行之中最盛者也。」應是因襲皇侃所言:「仁者,惻隱濟眾,行之盛者也。」〔註 86〕即「仁」是實際的行為踐履,是能為人群服務,貢獻是「德行」而非「德性」。〔註 87〕從行為角度去看待,而非從心性著眼。鄭玄曰「行之窮達」,「窮達」二字,殊不易解。若以「窮則獨善其身,達則兼濟天下」解之,則是用行捨藏的智慧。若是「行為之好壞」,從「行」的角度看,則似乎與邢昺「行之盛」有類似處。

而三者罕言之因,邢昺曰:「以此三者,中知以下寡能及。」鄭玄則是——利「為其傷行也」。餘二者「為民不可使知也」。邢昺一併認為是層次境界問題。鄭注後二者同之,但「利」則回到現實面說。

此章自古以來多有異解,二者皆可參考。

(二) 子曰:「麻冕,禮也;今也純,儉。吾從眾。拜下,禮也;今拜乎上,泰也。雖違眾,吾從下。」

　　邢昺:此章記孔子從恭儉。「麻冕,禮也。今也純,儉,吾從眾」者,冕,緇布冠也。古者績麻三十升布以為之,故云「麻冕,禮也。」今也,謂當孔子時。純,絲也。絲易成,故云純,儉。用絲雖不合禮,以其儉易,故孔子從之也。「拜下,禮也。今拜乎上,泰也。雖違眾,吾從下」者,禮,臣之與君行禮者,下拜然後升成拜,是禮也。今時之臣,皆拜於上長驕泰也。孔子以其驕泰則不孫,故違眾而從下拜之禮也。下拜,禮之恭故也。注「孔曰」至「從儉」,正義曰:云「冕,緇布冠也」者,冠者,首服之大名;冕者,冠中之別號,故冕得為緇布冠也。〈士冠禮〉曰:「陳服,緇布冠頬項青組,纓屬于頬。」《記》曰:「始冠緇布之冠也。大古冠布,齊則緇之,其緌也,孔子曰:『吾未之聞也。冠而敝之,可也。』」云「古者績麻三十升布以為之」者,鄭注〈喪服〉云:「布八十縷為升。」注「王曰」至「恭也」,正義曰:云「臣之與君行禮者,下拜然後升成禮」者,案〈燕禮〉,君燕卿大夫之禮也。其禮云:「公坐取大夫所媵觶,興以酬賓。賓降西階下,再拜稽首。公命小臣辭,賓升成拜。」鄭注:「升成拜,復再拜稽首也。先時君辭之,於禮若未成然。」又〈覲禮〉:「天子賜侯氏以車服。

〔註 86〕 〔梁〕皇侃:《論語集解義疏》,卷 5,頁 1。

〔註 87〕 高荻華:《皇侃《論語集解義疏》研究》,(新北市:花木蘭文化出版社,2007年),頁 43～54。

諸公奉篚服，如命書于其上。升自西階東面，大史氏右。侯氏升西面立，大史述命。侯氏降兩階之間，北面再拜稽首，升成拜。」皆是臣之與君行禮，下拜然後升成禮也。（頁77）

鄭玄：子曰：「麻冕，禮也；今也純，儉。吾從眾。

純當爲緇，古之緇字以才爲聲，此緇謂黑繒也。儉，猶約也。績麻卅升以爲冕，其功難成，今人用繒，其功約，故從眾。冕者，卿、大夫助祭於君之服也。

拜下，禮也；今拜乎上，泰也。雖違眾，吾從下。」

臣祭於君，相酬酢受爵，當拜於堂下。時臣驕泰，故拜於堂上。（頁949～950）

案：1. 邢昺：「純，絲也。」鄭玄：「純當爲緇，古之緇字以才爲聲，此緇謂黑繒也。」《說文》：「繒：帛也。」〔註88〕

　　2. 邢昺：「冕，緇布冠也。」鄭玄：「冕者，卿、大夫助祭於君之服也。」《說文》：「冕：大夫以上冠也。」〔註89〕《釋名》：「祭服曰冕。」〔註90〕

二人之說各有所據，未知孰是。

（三）子絕四：毋意，毋必，毋固，毋我。

邢昺：此章論孔子絕去四事，與常人異也。毋，不也。我，身也。常人師心徇惑，自任己意。孔子以道爲度，故不任意。常人行藏不能隨時用舍，好自專必。惟孔子用之則行，舍之則藏，不專必也。常人之情，可者與之，不可者拒之，好堅固其所行也。孔子則無可無不可，不固行也。人多制作自異，以擅其身。孔子則述古而不自作處，羣眾萃聚，和光同塵，而不自異，故不有其身也。（頁77）

鄭玄：子絕四：毋億，毋必，毋固，毋我。

億，謂以意，意有所疑度。必，謂成言未然之事。固，謂已事因然之。我，謂己言必可用。絕此四者，爲其陷於專愚也。（頁952）

案：邢昺依何晏注，雜染了玄學色彩；鄭注平實。前已敘述，茲不再贅。

〔註88〕　〔漢〕許慎撰、〔清〕段玉裁注、魯實先正補：《說文》，頁654。
〔註89〕　〔漢〕許慎撰、〔清〕段玉裁注、魯實先正補：《說文》，頁410。
〔註90〕　〔漢〕劉熙：《釋名》，卷4，頁12。

（四）顏淵喟然歎曰：「仰之彌高，鑽之彌堅，瞻之在前，忽焉在後！夫子循循然善誘人，博我以文，約我以禮。欲罷不能。既竭吾才，如有所立卓爾。雖欲從之，末由也已！」

　　邢昺：此章美夫子之道也。「顏淵喟然歎曰：仰之彌高，鑽之彌堅。瞻之在前，忽焉在後」者，喟，歎聲也。彌，益也。顏淵喟然發歎，言夫子之道高堅不可窮盡，恍惚不可爲形象，故仰而求之則益高，鑽研求之則益堅，瞻之似若在前，忽然又復在後也。「夫子循循然善誘人」者，循循，次序貌；誘，進也。言夫子以此道教人，循循然有次序，可謂善進勸人也。「博我以文，約我以禮，欲罷不能。既竭吾才，如有所立卓爾，雖欲從之，末由也已」者，末，無也。言夫子既開博我以文章，又節約我以禮節，使我欲罷止而不能。已竭盡我才矣，其夫子更有所創立，則又卓然絕異，己雖欲從之，無由得及。言己雖蒙夫子之善誘，猶不能及夫子之所立也。（頁79）

　　鄭玄：顏淵喟然歎曰：「仰之彌高，鑽之彌堅。瞻之在前，忽焉在後！夫子循循然善誘人，博我以文，約之以禮。欲罷不能。

忽，謂如恍惚之惚。誘，進也。顏淵初學於孔子，其道若卑，將可及。若濡，將可入。其後日高而堅，瞻之堂堂在我目前，忽焉復在我後，言其廣大而近。夫子之容貌，循循然，善於教進人，一則博我以文章，一則約我以禮法，乃使我暫欲罷倦，而心不能。

既竭吾才，如有所立卓爾。雖欲從之，末由也已！」

竭，盡也。立，謂立言也。此言聖人不可及。卓爾，絕望之辭也。既，已也。

我學才力已盡矣，雖欲復進，猶登天之無諧（階）。（頁969～970）

　　案：對於章旨，二人皆解爲顏淵對孔子的歎美之辭。只是有二處不同。

　　1. 「如有所立」，邢昺：「夫子之所立。」鄭玄：「立，謂立言也。」「所立」範圍廣，不只在言語。

　　2. 鄭玄：「卓爾，絕望之辭也。」邢昺：「卓然絕異。」劉寶楠曰：「鄭注云：『卓爾，絕望之辭。』絕望者，言絕於瞻望也。此探下文『欲從』、『末由』爲義。……『卓爾』，乃言夫子之道極精

微者，不敢必知，不可灼見，故以『如有』形之。」〔註91〕
二者皆通。

（五）子在川上曰：「逝者如斯夫！不舍晝夜。」

　　邢昺：此章記孔子感歎時事既往，不可追復也。逝，往也。夫子
因在川水之上，見川水之流迅速，且不可追復，故感之而興歎，言凡
時事往者，如此川之流夫，不以晝夜而有舍止也。（頁80）

　　鄭玄：子在川上曰：「逝者如斯夫！不舍晝夜。」

逝，往也。言人年往如水之流行，傷有道而不見用也。（頁983）

　　案：皆感歎歲月之消逝，鄭玄再深入感嘆懷才不遇。

二者皆通。

（六）子曰：「譬如為山，未成一簣，止，吾止也！譬如平地，雖覆一簣，
　　　　進，吾往也！」

　　邢昺：此章孔子勸人進於道德也。「譬如為山，未成一簣，止，
吾止也」者，簣，土籠也。言人之學道，垂成而止，前功雖多，吾不
與也。譬如為山者，其功雖已多，未成一籠，而中道止者，我不以其
前功多而善之，見其志不遂，故吾止而不與也。「譬如平地，雖覆一
簣，進，吾往也」者，言人進德脩業，功雖未多，而強學不息，則吾
與之也。譬如平地者，將進加功，雖始覆一簣，我不以其功少而薄之，
據其欲進，故吾則往而與之也。（頁80）

　　鄭玄：子曰：「譬如為山，未成一匱，止，吾止也。

匱，盛土器也。以言有人君為善政者，少未成匱而止，雖來求我，我止
不往也。

何者？人之解（懈）倦日日有甚也。

譬如平地，雖覆一簣，進，吾往也！」

覆，猶寫也。以言有人君為善政者，昔時平地，今而日益，雖少行進，
若來求我，我則往矣。何者？君子積小以成高大也。（頁986）

　　案：二人章旨不同。邢昺謂孔子勉人「進德脩業，功雖未多，而強
　　　　學不息」。鄭玄則提出此是孔子的出處原則，觀國君之所為，決
　　　　定自己的進退。當然其中也有鼓勵君主為德之意，但並不是就一

〔註91〕〔清〕劉寶楠：《論語正義》，頁339。

般人的進德脩業而言。日人月洞讓說：「這裡超出經文範圍的解
釋，是根據有施行善政的人君前來招聘我，即孔子的情況安排
的。在這種場合下，君主若求上進，孔子就接受聘禮。不論以前
如何，現在停止不前，孔子就不出山。這是因為如果懶惰下來，
就會一天比一天更甚。這可以說是相當特殊得解釋。《集解》包
曰：『簣，土籠也。此勸人進於道德。為山者，其功雖已多，未
成一籠，而中道止者，我不以其前功多而善之。見其志不遂，故
不與也。』馬曰：『平地者，將進加功，雖始覆一簣，我不以其
功少而薄之，據其欲進而與之。』前半是包咸注，後半是馬融注，
但解釋和結構都是一致的。這裡沒有鄭玄那樣超出經文範圍的解
釋，這是適合《論語》經文的解釋。即使還差一簣，也不能算最
終完成，不貫徹初衷為不善，自然不能贊成。相反，雖然僅運了
一杯土，但由於永進不懈的精神可貴，對這種精神也就贊成。把
《集解》的解釋和鄭玄的解釋相比，可以發現，表現的孔子的形
象完全不一樣。《集解》把『與』、『不與』釋作『贊成』、『不贊
成』，雖然稍有發揮，但在實踐中並不是不能理解的。而如鄭玄
注所見，施行善政的君主前來招聘，被迫進行受聘或不受聘的實
踐，這種積極具體的實踐的姿勢，在《集解》中卻不存在。《集
解》表現的孔子，如果需要分類，那就是冷靜的批評家，是旁觀
者。把『未成一簣而止』一類事情，作為客觀事實，提出來進行
批評。按照鄭玄的解釋文字『吾止』、『吾往』的吾，是身體力行
的孔子，而包咸、馬融寧可當作第三者的評論者的孔子。在考察
鄭玄注《論語》的風格時，最好把這作為非常重要的事實。」〔註
92〕可做參考。

二者皆通。

（七）子謂顏淵，曰：「惜乎，吾見其進也，未見其止也！」

邢昺：此章以顏回早死，孔子於後歎惜之也。孔子謂顏淵進益未
止，痛惜之甚也。（頁80）

鄭玄：子謂顏淵曰：「惜乎，吾見其進也，未見其退也！」

〔註92〕　〔日〕月洞讓：〈關於《論語鄭氏注》〉，《唐寫本論語鄭氏注及其研究》，頁1224。

顏淵病，孔子往省之，故發此言，痛惜之甚。（頁988）

　　案：何晏引包注曰：「孔子謂顏淵進益未止，痛惜之甚。」並未提
　　　　出當時顏淵是否已逝的時間問題。而邢昺自己解為：「此章以
　　　　顏回早死，孔子於後歎惜之也。」是孔子的懷念感嘆心情。鄭
　　　　玄曰：「顏淵病，孔子往省之。」則二人的時間點不同。未知
　　　　孰是。

（八）子曰：「苗而不秀者有矣夫！秀而不實者有矣夫！」

　　　邢昺：此章亦以顏回早卒，孔子痛惜之，為之作譬也。言萬物有
　　生而不育成者，喻人亦然也。（頁80）

　　　鄭玄：子曰：「苗而不秀【者】有矣夫！秀而不實者有矣夫！」
不秀，論（喻）項託。不實，論（喻）顏淵。（頁990）

　　案：何晏引孔曰：「言萬物有生而不育成者，喻人亦然。」只是泛稱此
　　　　情況，並未提到顏淵。但邢昺和顏淵連結，明言為痛惜顏回之早
　　　　卒。鄭玄將二句分開看待，代表不同狀況，「秀而不實者」指顏淵，
　　　　「苗而不秀者」則是項託。項託據說是一早慧兒童，王充《論衡·
　　　　實知》及《淮南子·脩務訓》皆曾提到。

未知孰是。

（九）子曰：「後生可畏，焉知來者之不如今也？四十、五十而無聞焉，
　　　斯亦不足畏也已！」

　　　邢昺：此章勸學也。「子曰：後生可畏，焉知來者之不如今也」
　　者，後生謂年少也。言年少之人，足以積學成德，誠可畏也，安知將
　　來者之道德不如我今日也？「四十、五十而無聞焉，斯亦不足畏也已」
　　者，言年少時不能積學成德，至於四十、五十而令名無聞，雖欲強學，
　　終無成德，故不足畏也（頁80）

　　　鄭玄：子曰：「後生可畏，焉知來者之不如今也？
後生，謂幼稚，斥顏淵也。可畏者，言其才美服人也。
孟子曰「吾先子之所畏，是時顏淵死矣，故發言，何知來世將無此人。」
四十、五十而無聞焉，斯亦不足畏也已。」（頁992～993）
言年如此，而才德不聞，此不足畏也。

案：邢疏泛言之，鄭注特別指出此章仍論顏淵。但所引孟子之言，不知出於何處。未知孰是。

（十）子曰：「法語之言，能無從乎？改之爲貴。巽與之言，能無說乎？繹之爲貴。說而不繹，從而不改，吾末如之何也已矣！」

　　邢昺：此章貴行也。「子曰：法語之言，能無從乎？改之爲貴」者，謂人有過，以禮法正道之言告語之，當時口無不順從之者。口雖服從，未足可貴，能必自改之，乃爲貴耳。「巽與之言，能無說乎？繹之爲貴」者，巽，恭也；繹，尋繹也。謂以恭孫謹敬之言教與之，當時聞之，無不喜說者。雖聞之喜說，未足可貴，必能尋繹其言行之，乃爲貴也。「說而不繹，從而不改，吾末如之何也已矣」者，謂口雖說從，而行不尋繹追改，疾夫形服而心不化，故云末如之何，猶言不可奈何也。（頁80）

　　鄭玄：子曰：「法語之言，能無悅（從）乎？改之爲貴。

人有過行，以正道告之，口無不順從之者，能必改，乃爲貴。巽與之言，能無說乎？繹之爲貴。

選，讀爲詮，詮，言之善者。繹，陳也。人心志有所不達，發善言以告之，無不解說者，能必陳而行之，乃爲貴也。

說而不繹，從而不改，吾末如之何已矣！」

末，無也。言人操行如此，我無奈之何也。（頁996）

　　案：1. 邢昺曰：「巽，恭也。」串講爲：「以恭孫謹敬之言教與之。」鄭玄：「選，讀爲詮。詮，言之善者。」串講爲：「發善言以告之。」二者可通。

　　　　2. 鄭玄：「繹，陳也。」乃依《爾雅·釋詁》文。〔註93〕又《禮記·射義》：「射之爲言者繹也，或曰舍也。繹者，各繹己之志也。」孔穎達疏：「繹，陳也，言陳己之志。」〔註94〕指說明想法。邢昺：「繹，尋繹也。」意謂思考推求。

皆可通。

〔註93〕《爾雅注疏》：「繹，尸旅陳也。」疏：「繹者，復陳也。」卷1，頁15。
〔註94〕《禮記注疏》，卷62，頁11。

（十一）子曰：「衣敝縕袍，與衣狐貉者立，而不恥者，其由也與！『不忮不求，何用不臧？』」子路終身誦之。子曰：「是道也，何足以臧？」

邢昺：此章善仲由也。「子曰：衣敝縕袍，與衣狐貉者立而不恥者，其由也與」者，縕枲，著也。縕袍，衣之賤者。狐貉，裘之貴者。常人之情，著破敗之縕袍，與著狐貉之裘者並立，則皆慙恥。而能不恥者，唯其仲由也與？「不忮不求，何用不臧」者，忮，害也。臧，善也。言不忮害，不貪求，何用爲不善？言仲由不忮害，不貪求，何用爲不善？此《詩・邶風・雄雉》之篇，疾貪惡忮害之詩也。孔子言之，以善子路也。「子路終身誦之」者，子路以夫子善己，故常稱誦之。「子曰：是道也，何足以臧」者，孔子見子路誦之不止，懼其伐善，故抑之。言人行尚復有美於是者，此何足以爲善？注「孔曰：縕枲，著」，正義曰：〈玉藻〉云：「纊爲繭，縕爲袍。」鄭玄云：「衣有著之異名也。纊謂今之新緜，縕謂今纊及舊絮也。」然則今云枲著者，雜用枲麻以著袍也。（頁 81）

鄭玄：子曰：「衣敝縕袍，與衣狐貉者立，而不恥者，其由也與！

言此者，矯時奢也。襦以故絮曰縕。袍，今時襺也。狐貉，謂裘也。

『不忮不求，何用不臧？』

忮，害也。求，謂判人之過惡。臧，善也。作詩之意，言人之行不有此二者，何用爲不善，言其直善。

子路終身誦之。子曰：「是道也，何足以臧？」

子路於詩事太簡略，故抑之，云：不忮不求之道，何足以爲善也。（頁 1003）

案：邢昺「不忮不求，何用不臧」者，忮，害也。臧，善也。言不忮害，不貪求，何用爲不善？」依馬注訓「求」爲「貪求」。鄭玄則曰：「求，謂判人之過惡。」

《詩・邶風・雄雉》「不忮不求」，鄭玄箋曰：「不疾害，不求備於一人。」〔註 95〕則「求」是「求備於一人」。可與此處鄭注相通。

全章的解說，邢昺較有連貫性。不貪求狐貉，故能不以爲恥。「子路終身誦之」可見其性格樣貌。邢昺較勝。

〔註 95〕《毛詩注疏》，卷 3，頁 31。

九、〈鄉黨〉

（一）色斯舉矣，翔而後集。曰：「山梁雌雉，時哉！時哉！」子路共之，三嗅而作。〔註96〕

邢昺：此言孔子審去就也。謂孔子所處，見顏色不善，則於斯舉動而去之。將所依就，則必迴翔審觀而後下止。此「翔而後集」一句，以飛鳥喻也。正義曰：此記孔子感物而歎也。梁，橋也。共，具也。嗅，謂鼻歆其氣。作，起也。孔子行於山梁，見雌雉飲啄得所，故歎曰：「此山梁雌雉，得其時哉！」而人不得其時也。子路失指，以爲夫子云時哉者，言是時物也，故取而共具之。孔子以非已本意，義不苟食，又不可逆子路之情，故但三嗅其氣而起也。（頁91）

鄭玄：色斯舉矣，翔而後集。

此謂士見君之有異志，見於顏色，則去。迴翔審觀而後下止也。

曰：「山梁雌雉，時哉！時哉！」子路共之，三臭而作。

作，起也。孔子山行，見一雌雉食其梁粟，無有驚害之志，故曰：時哉時哉！感而自傷之言也。子路失其意，謂可捕也，乃捕而煞之，烹而進之。三臭之者，不以微見人之過，既嗅之而起，不食之也。（頁1070）

案：邢昺直指是孔子，鄭玄籠統指「士」，但下面仍說以孔子。「梁」，邢昺云：「梁，橋也。」鄭玄曰：「梁粟。」雖有字句解釋的小差異，但二者於文義解說差不多，皆可通。

十、〈顏淵〉

（一）子張問崇德、辨惑。子曰：「主忠信，徙義，崇德也。愛之欲其生，惡之欲其死；既欲其生，又欲其死，是惑也。『誠不以富，亦祗以異。』」

邢昺：此章言人當有常德也。「子張問崇德辨惑」者，崇，充也；辨，別也。言欲充盛道德，袪別疑惑，何爲而可也。「子曰：主忠信，徙義，崇德也」者，主，親也。徙，遷也。言人有忠信者則親友之，見義事則遷意而從之，此所以充盛其德也。「愛之欲其生，惡之欲其

〔註96〕邢昺將「色斯舉矣，翔而後集」與「曰：『山梁雌雉，時哉！時哉！』子路共之，三嗅而作。」分爲兩章。但鄭玄合爲一章，此處則依鄭注合二爲一。

死。既欲其生，又欲其死，是惑也」者，言人心愛惡當須有常。若人
有順己，己即愛之，便欲其生；此人忽逆於己，己即惡之，則願其死，
一欲生之，一欲死之，用心無常，是惑也。既能別此是惑，則當袪之，
「誠不以富，亦祇以異」者，此《詩・小雅・我行其野》篇文也。祇，
適也。言此行誠不足以致富，適足以為異耳。取此詩之異義，以非人
之惑也。注「鄭曰」至「非之」，正義曰：案詩刺淫昏之俗，不思舊
姻，而求新昏也，彼誠作成。鄭箋云：「女不以禮為室家，成事不足
以得富也，女亦適以此自異於人道，言可惡也。」此引《詩》斷章，
故不與本義同也。（頁108）

　　鄭玄：子張問崇德、辨惑。

崇，猶曾（尊）。辨，猶別。

　　子曰：「主忠信，徙義，崇德也。愛之欲其生，惡之欲其死；既
　欲其生，又欲其死，是惑也。

徙義，見義事，徙義而從之。愛惡當有常，於一人之身，一欲生之，一
欲死之，是惑。

『誠不以富，亦祇以異。』」

此《詩・小雅・我行其野》之句。祇，適也。言此行誠不可以致富，適
可見其心志與人有〔異〕而口之。（頁1074）

　　案：鄭玄：「崇，猶曾（尊）。」邢昺：「崇，充也。」意謂「充盛道德」，
　　二者可通。另外〈顏淵〉篇樊遲從遊於舞雩之下，曰：「敢問崇德、
　　修慝、辨惑。」子曰：「善哉問！先事後得，非崇德與？攻其惡，
　　無攻人之惡，非修慝與？一朝之忿，忘其身以及其親，非惑與？」
　　邢昺疏：「脩，治也。慝，惡也。此樊遲因從行而問孔子，曰：『敢
　　問欲充盛其德，治惡為善，袪別疑惑，何為而可也？』」一樣的解
　　法。

邢疏「誠不以富，亦祇以異」引了鄭玄的箋注，但認為是斷章取義不足
為訓。

（二）季康子患盜，問於孔子。孔子對曰：「苟子之不欲，雖賞之不竊。」

　　邢昺：此章言民從上化也。「季康子患盜，問於孔子」者，時魯多
　　盜賊，康子患之，問於孔子，欲以謀去也。「孔子對曰：苟子之不欲，
　　雖賞之不竊」者，孔子言，民化於上，不從其令，從其所好。苟，誠

也。誠如子之不貪欲，則民亦不竊盜。非但不爲，假令賞之，民亦知恥而不竊也。今多盜賊者，正由子之貪欲故耳。注「孔曰」至「所好」，正義曰：云「民化於上，不從其令，從其所好」者，《大學》曰：「堯、舜率天下以仁，而民從之；桀、紂率天下以暴，而民從之。」注云：「言民化君行也。君若好貨，而禁民淫於財利，不能正也。」（頁109）

　　鄭玄：季康子患〔盜，問於〕孔子。孔子【對曰：「茍】子之不欲，雖賞之不竊。」患，憂也。〔茍〕比且也。竊，小盜。且使子□嗜欲，人雖賞之使盜，猶不爲之。人化於上，不從其令，從好也。（頁1078）

案：鄭玄：「〔茍〕比且也。」邢昺：「茍，誠也。」未知孰是。但主旨之解相同。

（三）**樊遲問仁。子曰：「愛人。」問知。子曰：「知人。」樊遲未達。子曰：「舉直錯諸枉，能使枉者直。」樊遲退，見子夏，曰：「鄉也吾見於夫子而問知，子曰：『舉直錯諸枉，能使枉者直』，何謂也？」子夏曰：「富哉言乎！舜有天下，選於眾，舉皋陶，不仁者遠矣。湯有天下，選於眾，舉伊尹，不仁者遠矣。」**

　　邢昺：此章明仁、知也。「樊遲問仁。子曰：愛人」者，言汎愛濟眾是仁道也。「問知。子曰：知人」者，言知人賢才而舉之，是知也。「樊遲未達。子曰：舉直錯諸枉，能使枉者直」者，樊遲未曉達知人之意，故孔子復解之，言舉正直之人而用之，廢置邪枉之人，則皆化爲直，故曰能使枉者直也。「樊遲退，見子夏曰：鄉也吾見於夫子而問知，子曰：舉直錯諸枉，能使枉者直。何謂也」者，樊遲雖問舉直錯枉之語，猶自未喻，故復問子夏也。「子夏曰：富哉言乎」者，子夏聞言即解，故歎美之曰：「富盛哉，此言乎！」「舜有天下，選於眾，舉皋陶，不仁者遠矣。湯有天下，選於眾，舉伊尹，不仁者遠矣」者，此子夏爲樊遲說舉直錯枉之事也。言舜、湯有天下，選擇於眾，舉用皋陶、伊尹，則不仁者遠矣，仁者至矣。長其能使邪枉者亦化爲直也。（頁110）

　　鄭玄：樊遲問仁。子曰：【「愛人。」問知。子曰】：「知人。」〔樊〕遲未〔達〕。

未達，知●□。

【子】曰：「舉直錯諸枉，能使〔枉〕【者直】。」

□●（說）知人爲智之意。

樊遲退，見子夏曰：「嚮也，吾見於夫子而問智，【子】〔曰〕：『舉〔直〕錯諸枉，能使枉者直』，何謂？」

子夏曰：「富哉【言】乎！舜〔有〕天下，選於眾，舉皋陶，不仁者〔遠矣〕。湯有天下，選於眾，舉伊尹，不仁者遠矣。」

富，備也。皋陶爲仕（士）師，號【曰】庭堅。伊尹相湯，號【曰】阿衡。（頁 1086～1087）

案：鄭玄：「富，備也。」邢昺：「富盛哉。」

二者可通。

十一、〈子路〉

（一）子曰：「剛毅木訥，近仁。」

邢昺：此章言有此四者之性行，近於仁道也。仁者靜，剛無欲亦靜，故剛近仁也。仁者必有勇，毅者果敢，故毅近仁也。仁者不尚華飾，木者質樸，故木近仁也。仁者其言也訒，訥者遲鈍，故訥近仁也。（頁 119）

鄭玄：子曰：「剛毅木訥，斯近仁。」

【剛毅，謂彊而能斷。木，樸愨貌。】訥【，忍於言也。四者皆仁之質，若】加文，則成仁也。【故言近仁。】（頁 1097）

案：鄭玄之文爲「斯近仁。」多了一個「斯」字。

何晏引王曰：「剛無欲，毅果敢，木質樸，訥遲鈍。有斯四者，近於仁。」邢昺在此基礎上，直接就仁者特質言。鄭玄曰：「剛毅，謂彊而能斷。」將「剛毅」視爲一詞解釋，但觀其「木」、「訥」皆分開摘釋，應該「剛」也自有字義說解。然無法證明。劉寶楠曰：「上篇言申棖欲，不得爲剛，是剛爲無欲也。」﹝註97﹞從王、何、皇、劉皆釋作「剛無欲」，此以《論語》中經文自證亦合理，故取邢昺。

（二）子路問曰：「何如斯可謂之士矣？」子曰：「切切、偲偲、怡怡如也，可謂士矣。朋友切切、偲偲，兄弟怡怡。」

﹝註97﹞〔清〕劉寶楠：《論語正義》，頁 548。

　　　　邢昺：此章問士行也。「子路問曰：何如斯可謂之士矣」者，問
士之行何如也。「子曰：切切偲偲，怡怡如也，可謂士也」者，此荅
士行也。「朋友切切偲偲，兄弟怡怡」者，此覆明其所施也。切切偲
偲，相切責之皃。朋友以道義切瑳琢磨，故施於朋友也。怡怡，和順
之皃。兄弟天倫，當相友恭，故怡怡施於兄弟也。（頁 119）

　　　　鄭玄：子路問曰：「何如斯可謂之士矣？」子曰：「切【切偲偲、
怡怡如，可謂士矣。】

切切，勸競貌。偲偲，謙順貌。怡怡，和協貌。朋友切切偲偲，兄弟怡
怡如。」

　　子路好勇，性近剛，故為重說之。（頁 1098）

　　案：1. 邢昺依馬融注：「切切偲偲，相切責之皃。」鄭玄云：「切切，
　　　　　勸競貌。偲偲，謙順貌。」將「切切」與「偲偲」分開解釋。
　　　　　劉寶楠曰：「鄭注云：切切，勸競貌，即切責之義。」〔註 98〕
　　　　　故不同者在於「偲偲」。

　　　　2. 邢昺認為此為一般士行。但鄭玄指出此章是針對子路而言。朱
　　　　　熹《集注》：「胡氏曰：『切切，懇到也。偲偲，詳勉也。怡怡，
　　　　　和悅也。皆子路所不足，故告之。又恐其混於所施，則兄弟有
　　　　　賊恩之禍，朋友有善柔之損，故又別而言之。』」〔註 99〕和鄭玄
　　　　　有相似處，可見孔子因材施教的精神。然《禮記・檀弓上》記：
　　　　　「子路有姊之喪，可以除之矣，而弗除也，孔子曰：『何弗除也？』
　　　　　子路曰：『吾寡兄弟而弗忍也。』孔子曰：『先王制禮，行道之
　　　　　人皆弗忍也。』子路聞之，遂除之。」〔註 100〕[100] 則子路無兄弟，
　　　　　孔子應不是有意針對他。

　　未知孰是。

　　（三）子曰：「善人教民七年，亦可以即戎矣。」

　　　　邢昺：此章言善人為政之法也。善人，謂君子也。即，就也。戎，
　　　　兵也。言君子為政教民至於七年，使民知禮義與信，亦可以就兵戎攻
　　　　戰之事也。言七年者，夫子以意言之耳。（頁 119～120）

〔註 98〕〔清〕劉寶楠：《論語正義》，頁 549。
〔註 99〕〔宋〕朱熹：《論語集註》，頁 148。
〔註 100〕《禮記注疏》，卷 6，頁 33。

　　　　　鄭玄：【子曰：「善人教民】七年，亦可以即戎矣。」

　　即，就也。戎，兵也。天以七紀滿其七數，恩愛足以〔著〕於人，有軍
旅之事，人必爲之致死也。（頁1099）

　　　　　案：此章何注引包曰：「既，就也；戎，兵也，言以攻戰。」未注解「七
　　　　　　年」。關於「七年」，邢昺自注：「言七年者，夫子以意言之耳。」
　　　　　　當爲約略之詞，未有實際的意義。鄭玄則曰：「天以七紀滿其七
　　　　　　數」，《左傳》昭公十年記「天以七紀」，杜預注：「二十八宿面七。」
　　　　　〔註101〕《孟子・離婁上》：「諸侯有行文王之政者，七年之內，必
　　　　　　爲政於天下矣。」趙岐注：「天以七紀，故云七年。」孫奭引《左
　　　　　　傳》昭公十年文，疏曰：「杜注二十八宿四七是其旨也。」〔註102〕
　　　　　　故鄭玄之說是古已有之。

　　未知孰是。

　　以上共八十五章。鄭注較佳者十五章，邢昺勝者六章，餘爲二者皆通或
尚無法判斷。

第二節　小結

一、《論語注疏》的特點

　　透過與何晏《論語集解》、皇侃《論語集解義疏》及唐寫本《論語鄭氏注》
比較，可以呈現《論語注疏》的最大特點──精於訓詁名物制度。而要能做
好此注解梳理的工作，需要有紮實的功夫，掌握大量資料的能力。經筆者歸
納統計，全書中邢昺所運用的篇籍資料（參附表六），共包括了五十九種，經、
史、子、集等各領域的作品皆有，涵蓋面非常廣，甚至有些今日已佚失。而
以統計數字來看，引經解經是最重要的注疏方式，前十三部經書，就將近使
用了六百次，佔全數的八成以上；其中記典章制度之書的《周禮》、《儀禮》、
《禮記》，合計則有二百五十六次之多，更證明此書之精於名物制度。除了引
用典籍篇章，爲了全面性的疏解經注，邢昺也徵引相關人物之說法，〔註103〕

〔註101〕《左傳注疏》，卷45，頁782。
〔註102〕《孟子注疏》，卷7下，頁134。
〔註103〕由於邢昺在疏解時，參考了皇侃《論語義疏》，故皇疏中所引用的人物，此處
　　　　將之排除，如此方更能見邢疏旁徵博引的價值。

茲整理如附表七。共計二十位，三十三次。有古人，有今人，有不知姓名無
法詳考者。邢昺廣稽古籍外，又援引各家說法，使全書更爲詳賅豐富。

　　和皇侃的《論語集解義疏》對照下，《論語注疏》的名物制度豐富甚多；
甚至透過與唐寫本鄭玄注比較，可觀察到邢疏較漢人鄭玄作更多的說釋，是
比「漢學」更「漢學」了。所以邢疏著意訓詁名物考訂，常引書籍各方說法
徵實之，此即儒者之守經精神，亦即邢疏之用心注意者。〔註104〕在此，已是
達到《論語》注疏學的高峰頂點，後更無超越者。爾後，北宋雖義理說經興
起，拋開訓詁名物，但至南宋朱熹的《集注》又恢復注經原本型態，唯多有
簡化，此亦可見《論語注疏》對日後《論語》學的影響。《中興書目》云：「其
書於章句訓詁名物之際詳矣。」〔註105〕的確能指出《論語注疏》的特色。

二、《論語注疏》的義理思想

　　至此，已可很清楚的看到，邢昺詳於訓詁名物制度，乃以漢學家的方式，
疏解經文注義，豐贍詳賅。之後心性之學大興，被後人呼爲「宋學」，〔註106〕
其特色是——思考精微，尤其如天、性、道等範疇是其新開闢的哲學領域。
那在《論語注疏》中是否有此意態呢？茲以宋儒最常引用辨析的幾章，簡單
的來探討，如：

（一）道

1.〈述而〉：「志於道，據於德。」

　　　　何晏：志，慕也。道不可體，故志之而已。據，杖也。德有成形，
　　故可據。

　　　　邢疏：道者虛通無擁，自然之謂也。王弼曰：「道者，無之稱也。
　　無不通也，無不由也，況之曰道，寂然無體，不可爲象。」是道不可

〔註104〕李紹戶：〈唐論語注本及邢昺疏〉，《論語學源流及書評》（三）（臺北：國立編
　　　　譯館編）

〔註105〕《中興書目》已佚，參見〔清〕永瑢等：《欽定四庫全書總目》，卷39，頁9。

〔註106〕〔清〕紀昀曰：「要其歸宿，則不過漢學、宋學兩家互爲勝負。夫漢學具有根
　　　　柢，講學者以淺陋輕之，不足服漢儒也。宋學具有精微，讀書者以空疏薄之，
　　　　亦不足服宋儒也。」「《尚書》、三《禮》、三《傳》、《毛詩》、《爾雅》諸注疏，
　　　　皆根據古義，斷非宋儒所能。《論語》、《孟子》，宋儒積一生精力，字斟句酌，
　　　　亦斷非漢儒所及。蓋漢儒重師傳，淵源有自。宋儒尚心悟，研索易深。漢儒
　　　　或執舊聞，過於信傳。宋儒或憑臆斷，勇於改經，計其得失，亦復相當。」
　　　　《閱微草堂筆記・灤陽消夏錄》（南京：鳳凰出版社，2007年），卷1，頁8。

體，但志慕而已。……德者，得也。物得其所謂之得。寂然至無則謂
之道。離無入有而成形器，是謂德業。……是德有成形者也。夫立身
行道，唯杖於德，故可據也。

2.〈衛靈公〉：「人能弘道，非道弘人。」

何晏：王曰：「才大者道隨大，才小者道隨小，故不能弘人。」

邢疏：此章論道也。弘，大也。道者，通物之名，虛無妙用，不
可須臾離。但仁者見之謂之仁，知者見之謂之知，是人才大者，道隨
之大也，故曰人能弘道。百姓則日用而不知，是人才小者，道亦隨小，
而道不能大其人也，故曰非道弘人。

〈志於道〉章，已於前指出，乃何晏帶有玄風的代表，而邢昺不但承襲
之，甚至明引王弼之語為證。此二章，邢昺皆以道為自然、為無、虛無，顯
非儒家之道。

3.〈里仁〉：子曰：「朝聞道，夕死可矣。」

邢昺依何晏之注曰：「此章疾世無道也。」此道乃指「世道」，謂
政治清明，天下太平。鄭玄則以「道」為君子心裡追求的目標。故邢
昺認為孔子將死之際，遺憾不見世之有道。而鄭注則闡述君子慕道之
心，遠勝過物質的享受，死而後已。較之後的程子曰：「皆實理也。」
朱熹云：「道者，事物當然之理。」〔註107〕則不論是外在的世道或內
在的志向，皆無本體之意味。

可見邢昺對儒家義理之學尚未能深契。

（二）「天」、「性」、「命」

1.〈公冶長〉：「夫子之言性與天道，不可得而聞也。」

何晏：性者，人之所受以生也。天道者，元亨日新之道。深微，
故不可得道而聞也。

邢疏：「性者，人之所受以生也」者，《中庸》云：「天命之謂性。」
注云：「天命謂天所命生人者也，是謂性命，木神則仁，金神則義，
火神則禮，水神則信，土神則知。」《孝經說》曰：「性者，天之質，
命人所稟受度也。」言人感自然而生，有賢愚吉凶，或仁或義，若天

〔註107〕〔宋〕朱熹：《論語集註》，頁71。

之付命遣使之，然其實自然天性，故云：「性者，人之所受以生也。」
「天道者，元亨日新之道」者，案《易・乾卦》云：「乾，元亨利貞。」
〈文言〉曰：「元者，善之長也。亨者，嘉之會也。利者，義之和也。
貞者，事之幹也。」謂天之體性，生養萬物。善之大者，莫善施生，
元為施生之宗，故言「元者，善之長也。」嘉，美也。言天能通暢萬
物，使物嘉美而會聚，故云「嘉之會」也。「利者，義之和也」者，
言天能利益庶物，使物各得其宜而和同也。「貞者，事之幹。」者，
言天能以中正之氣成就萬物，使物皆得幹濟，此明天之德也。天本無
心，豈造元亨利貞之德也？天本無心，豈造元亨利貞之名也？但聖人
以人事托之，謂此自然之功為天之四德也。此但言「元亨」者，略言
之也。天之為道，生生相續，新新不停，故曰「日新」也。以其自然
而然，故謂之道。云「深微，故不可得而聞也」者，言人稟自然之性
及天之自然之道，皆不知所以然而然，是其理深微，故不可得而聞也。

此章是宋儒討論的重點，何晏各以一句話，解釋「性」與「天道」，實是
太簡單，大概就是自然的人性與上天，看不出有何特別道理。邢昺用了許多
篇幅來解釋「性」與「命」。其實《易》中只言「元亨」（如「坤」、「大有」、
「蠱」、「升」、「鼎」）或「元亨利貞」（如：「乾」、「屯」、「隨」、「臨」、「无妄」、
「革」），並無「元亨日新」一語，邢疏則引《中庸》、《孝經說》、《易》之文，
詳述「性」、「元」、「亨」、「利」、「貞」、「嘉」等詞語之義，先解說天道日新
生物的特質，再說明人承天秉自然之道，而後方有「賢愚吉凶」、「或仁或義」。
這些用語與之後宋人的性命天道之論，頗有近似之處。其中值得注意的是，
邢昺引用《中庸》鄭玄注，雖不免有漢人五行說思考，卻也隱約透露出人性
的內容是仁義禮信知五種倫理道德，只是未多作發揮。

故邢昺基本上仍停留在人的自然之性及天之自然之道，未臻至後來所謂
天人性命相與的論述。

2. 〈八佾〉：子曰：「不然。獲罪於天，無所禱也。」

何晏：孔曰：「天，以喻君。孔子拒之曰：如獲罪於天，無所禱
於眾神。」

邢疏：「子曰：不然。獲罪於天，無所禱也」者，孔子拒貫之辭
也。然，如此也。

言我則不如世俗之言也。天，以喻君。獲，猶得也。我道之行否，由於

時君，無求於眾臣。如得罪於天，無所禱於眾神。

可見邢昺的天仍是原始信仰的天，是有意志的人格神，能左右人事，掌世間禍福。

3.〈子罕〉：子罕言利與命與仁。

> 何晏：罕者，希也。利者，義之和也。命者，天之命也。仁者，行之盛也。寡能及之，故希言也。
>
> 邢疏：此章論孔子希言難及之事也。罕，希也。與，及也。利者，義之和也。命者，天之命也。仁者，行之盛也。孔子以其利、命、仁三者常人寡能及之，故希言也。……云「利者，義之和也」者，《乾卦‧文言》文也。言天能利益庶物，使物各得其宜而和同也。此云利者，謂君子利益萬物，使物各得其宜，足以和合於義，法天之利也。云「命者，天之命也」者，謂天所命生人者也。天本無體，亦無言語之命，但人感自然而生，有賢愚、吉凶、窮通、夭壽，若天之付命遣使之然，故云天之命也。

人之命來自於天，而「有賢愚、吉凶、窮通、夭壽」，此是限定的命運之義。不涉心性主體的活動存在。故邢昺的天是自然的天，秉天而有的命，亦是自然的命定。而「仁」是「行之盛也」，乃從實際的行為角度著眼，而非道德的根源。凡此種種，皆於前有所論述。

以上由道、天、性、命、仁等觀念可見《論語注疏》的義理性格，的確是如四庫館臣所言：「今觀其書，大抵翦皇氏之枝蔓，而稍傅以義理，漢學、宋學茲其轉關。是疏出而皇疏微，迨伊洛之說出而是疏又微。故《中興書目》曰：『其書於章句訓詁名物之際詳矣。』蓋微言其未造精微也。」〔註108〕所謂宋學未興，義理未造之時。

另外在唐寫本鄭玄注的對照下，如〈朝聞道〉章，〈夷狄之有君〉章、〈不患無位〉章、「智者樂水」、「夢見周公」、「怪力亂神」等，強調世道、才學、治世，可以嗅出邢昺以此書為應用的經術思想。

三、《論語注疏》的缺失

《論語注疏》資料豐富，取捨用心，已如上述。但嚴格而言，不免仍有可議處：

〔註108〕〔清〕永瑢等：《欽定四庫全書總目》，卷39，頁9。

（一）有引用不察者

如：〈爲政〉：子曰：「溫故而知新，可以爲師矣。」

何注曰：「溫，尋也。尋繹故者，又知新者，可以爲人師矣。」

邢疏曰：此章言爲師之法。溫，尋也。言舊所學得者，溫尋使不忘，是溫故也。素所未知，學使知之，是知新也。既溫尋故者，又知新者，則可以爲人師矣。注「溫，尋也」，正義曰：案《中庸》云：「溫故而知新。」鄭注云：「溫讀如燖溫之溫，謂故學之熟矣，後時習之謂之溫。」案《左傳》哀十二年：「公會吳于橐皋。太宰嚭請尋盟。子貢對曰：『盟可尋也，亦可寒也。』」賈逵注云：「尋，溫也。」又〈有司徹〉云：「乃熱尸俎。」是尋爲溫也。言人舊學已精熟，在後更習之，猶若溫燖故食也。」

此處邢昺引《儀禮・有司徹》「乃熱尸俎」〔註109〕爲證，但句中並無「尋」或「溫」字，不宜引作證據。

（二）有明顯錯誤者

1. 〈憲問〉：公伯寮愬子路於季孫，子服景伯以告。

何注曰：「孔曰：魯大夫子服何忌也。」

邢昺疏曰：「案《左傳》哀公十二年，吳人將以公見晉侯，子服景伯對使者，吳人乃止，既而悔之，將囚景伯。景伯曰：『何也立後於魯矣。』杜注云：『何，景伯名。』然則景伯單名何。而此注云何忌，誤也。」

邢昺於此引《左傳》糾正注文「景伯」之名錯誤，此已於前陳述。然邢昺亦有誤，非《左傳》哀公十二年，而是十三年。

2. 〈衛靈公〉：服周之冕。

包曰：「冕，禮冠。周之禮文而備，取其黈纊塞耳，不任視聽。」

邢昺疏曰：司馬彪《漢書・輿服志》云：「孝明帝永平二年，初詔有司采《周官》、《禮記》、《尚書》之文制冕，皆前圓後方，朱裏玄上，前垂四寸，後垂三寸，天子白玉珠十二旒，三公諸侯青玉珠七旒，卿大夫黑玉珠五旒。皆有前無後。」

〔註109〕《儀禮注疏》，卷17，頁3。

《漢書》無〈輿服志〉，此非《漢書》，而是《續漢書》。

3.〈公冶長〉：子曰：「臧文仲居蔡。」

　　　包曰：「臧文仲，魯大夫臧孫辰。文，謚也。蔡，國君之守龜，
　　出蔡地，因以爲名焉，長尺有二寸。居蔡，僭也。」

　　　邢昺疏曰：〈食貨志〉云：「龜不盈尺，不得爲寶。」

《漢書・食貨志》原文爲：「龜不盈五寸，貝不盈六分，皆不得爲寶貨。」
「尺」與「五寸」有別。

（三）雖已避皇疏之玄言，但猶有釋道之語者

1.〈學而〉：人不知而不慍

　　　邢昺疏曰：「一云：君子易事不求備於一人，故爲教誨之道，若
　　有人鈍根，不能知解者，君子恕之，而不慍怒也。」

「鈍根」一詞爲佛家語。

2.〈子罕〉：子絕四：毋意，毋必，毋固，毋我。

　　　邢昺疏曰：此章論孔子絕去四事，與常人異也。毋，不也。我，
　　身也。常人師心徇惑，自任己意。孔子以道爲度，故不任意。常人行
　　藏不能隨時用舍，好自專必。惟孔子用之則行，舍之則藏，不專必也。
　　常人之情，可者與之，不可者拒之，好堅固其所行也。孔子則無可無
　　不可，不固行也。人多制作自異，以擅其身。孔子則述古而不自作處，
　　羣眾萃聚，和光同塵，而不自異，故不有其身也。

「和光同塵」、「不有其身」爲老子思想用語，不適合來形容孔子。

3.〈雍也〉：哀公問：「弟子孰爲好學？」孔子對曰：「有顏回者好學，不
　　遷怒，不貳過。不幸短命死矣。今也則亡，未聞好學者也。」

　　　何注：凡人任情，喜怒違理。顏回任道，怒不過分。遷者，移也。
　　怒當其理，不移易也。不貳過者，有不善，未嘗復行。

　　　邢昺疏曰：「有不善，未嘗復行」者，《周易・繫辭下》文。彼云：
　　「子曰：顏氏之子，其殆庶幾乎！有不善未嘗不知，知之未嘗復行也。」
　　韓康伯注云：「在理則昧，造形而悟，顏子之分也。失之於幾，故有
　　不善；得之於貳，不遠而復，故知之未嘗復行也。」

邢昺引韓康伯之語，有濃厚玄味。

（四）有完全照錄者

如：子曰：「鄉原，德之賊也。」

何注：周曰：「所至之鄉，輒原其人情，而爲意以待之，是賊亂德也。」一曰：「鄉，向也，古字同。謂人不能剛毅，見人輒原其趣嚮，容媚而合之，言此所以賊德。」邢昺疏曰：此章疾時人之詭隨也。

舊解有二：周曰：「所至之鄉，輒原其人情，而爲意以待之，是賊亂德也。」何晏云：「一曰：鄉，向也，古字同。謂人不能剛毅，而見人輒原其趣嚮，容媚而合之言，此所以賊德也。」

邢疏宜有說解或分判。

（五）有說服力不足者

如〈述而〉：子曰：「加我數年，五十以學《易》，可以無大過矣。」

何注：《易》「窮理盡性以至於命」。年五十而知天命，以知命之年讀至命之書，故可以無大過。

皇侃：子曰：加我數年，五、十以學《易》，可以無大過矣。此孔子重《易》。故欲令學者加功於此書也。當孔子爾時年已四十五六。

邢昺疏曰：此章孔子言其學《易》年也。加我數年，方至五十，謂四十七時也。

《易》之爲書，窮理盡性以至於命，吉凶悔吝豫以告人，使人從吉，不從凶，故孔子言己四十七學《易》可以無過咎矣。

邢昺直接說孔子「謂四十七時也」，但從《論語》原文是看不出的，何晏也未提到孔子年齡。邢昺可能是受皇侃影響，但又不從皇侃言，而自認爲是「謂四十七時也」，但這個年齡並無根據。

《論語注疏》以漢學方式解經注，達至高峰，之後學風不變，性理之學大興，看待《論語》的角度，大不相同，從此進入百家齊放的義理說經階段，茲待下章繼續敘述介紹。